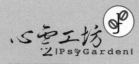

心靈工坊
[Psy Garden]

Master

對於人類心理現象的描述與詮釋
有著源遠流長的古典主張，有著速簡華麗的現代議題
構築一座探究心靈活動的殿堂
我們在文字與閱讀中，尋找那奠基的源頭

輕舟已過萬重山

四分之三世紀的
生命與思想

李明亮——著

目次

【自序】

一個知識份子的流浪記

近年來很多學有所成已經功成身退的朋友，陸陸續續出書。他們都是很有成就的人，有很多事蹟值得世人一讀。我身邊不少朋友也一直勸我應該把我的經歷寫下來，但我一直抗拒。最大的原因是我無法說服我自己，讓別人為了我生平這些芝麻小事花費他們寶貴的時間，如果因此浪費了別人的時間，我覺得是罪過的。當然找不到適當的時間、適當的心情來寫，也是原因之一。

過了七十有五，突然間覺得我所餘時間不多。如果要寫，就要趁記憶還在的時候寫，才不至於掛一漏萬。近來深深感覺到身體一日不如一日，如果不寫，再過一段日子，要寫可能也不從心了。有一天心血來潮，心裏一狠，就動筆了，心想寫了放著，除了浪費一點紙張之外，應該不致於對不起地球。

我寫的這一小傳不是高科技的產物，我不會打電腦，錄音筆也不會用，只好用最原始的方法，一個字一個字手寫。兩、三個月下來，一口氣寫了幾百頁，由好友王碧霞小姐幫忙打字，我每寫四、五十頁就寄給她，她在很短時間就打好寄回來給我，就這麼一來一往累積出一、二十

萬字，自己也很驚訝。

　　本書寫作，非百分百依年代而記。無論在任何時段，只要對我有各種影響的事我都順便記下。所以在時間軸上，對事對物會是縱式描述，因此看起來有時會時空錯亂，但因為我找不出來更清楚的架構，只好如此書寫，對讀者造成不便深以為歉。

　　我一生可以說極其平凡，值得留下來者無幾。像這種人可以說比比皆是，但像我這樣運氣好的人就少了。我一生最值得驕傲的是我的好朋友很多，給我的不啻千財萬貫。可惜我的文筆很差，無法形之於文。我一生比較值得留下的書有兩本：一本是得過國內外不少獎項的《台灣民主國——郵史及郵票》，另外一本是《走過SARS》。前者是我用三十年業餘時間所寫下的東西；後者是我冒著生命危險渡過猛爆式生活的記實。二書內涵都不在此重複。除此之外，本書附錄尚有我在國際重要場合的演講稿。值得一提的是這英文翻譯都是出自內人Y.H.手筆。她英國文學出身，用字精準簡潔，使文章生色不少，在國際上得到不少正面迴響，很多人皆說我英文不錯，其實皆出於Y.H.之手。

　　本書嚴格說起來不是傳記，因為它並非完全按年照月記下來的實錄，而是有我平生觀念的陳述及各種紀錄，有散文之形、論述之實。此外，我只是一個平凡的知識份子，我不敢用×××傳記，僅是個人零零碎碎拾遺之記而已，因此書名令我困擾多時。好友李淑娟小姐知道後：「既然你那麼偏愛舟，何不用李白『早發白帝城』的最後一句『輕舟已過萬重山』？」真是神來一句，也幫我渡過七十五歲這一座重山。台大內科楊偉勛教授看了我的初稿，也說既然我已走過四分之三世紀的醫學人生，何不把「走過四分之三世紀」當成次標題上去，我也很贊成。之

後我讀了物理學家Erwin Schrödinger（1887～1961）的傳記，其次標是「生命與思想」（life and thought）。我深覺本書除了記載我四分之三世紀之生命之外，也有不少我的思想，於是我決定加上次標題：四分之三世紀的生命與思想。

本書的成書要感謝很多人：慈濟大學王碧霞小姐幫我打字、李家萱小姐幫我整理照片；初稿完成之後，還有台大高等人文研究學院院長黃俊傑、台大醫學院教授謝豐舟及其女兒謝曉英醫師、我的學生陳立威醫師及夫人、前同事張鴻仁董事長、國家衛生研究院邱亞文博士、資深媒體人廖筱君、慈濟大學呂麗粉博士等多人看過。至於書稿如何處理，我本人也經過一番掙扎。有三種方式：第一、收在抽屜裏，留給子孫，將來由他們丟到垃圾桶去；第二、印一、二百本送給親戚好友，給他們當做茶餘飯後消遣品；第三、正式出版。結果看過初稿的朋友，一致要我出版上市，所以有本書之出籠。但是我還是堅持一原則，不請人寫序。國人寫序都是寫得很客氣、太完美，不真實，自己看起來都覺得汗顏。如果有緣看到本書，就謝了；無緣，看官也沒什麼損失，也是謝了！

今年適逢七十五歲，謹此為誌，感恩感恩。

李明亮
2012年，寫於台北，台灣

Ⅰ｜出生到大學畢業

我出生在二次世界大戰中的日本殖民地——台灣，

當了日本帝國二等公民八、九年。

我有不錯的基因，生在一個中等小康的家庭，在戰亂中長大。

我認真求學，其實一開始並不想學醫，反倒對哲學更有興趣。

但因父親希望，最後是以志願分發，進入學醫之路。

其後將近一甲子我沒離開過這一條路，

對醫學涉入愈來愈深，

由醫學而生物學、而生物化學、而理論化學，

終點竟然也是哲學。

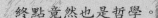

家族史

我生於1936年6月26日。1936年這一年，世界發生了三件大事。第一、德國納粹黨得到國會控制權，自此世界正式進入一無法避免之浩劫——二次世界大戰。第二、世界奧林匹克大會在柏林舉行。美國黑人Jesse Owens創下了多項世界紀錄：100公尺、200公尺、400公尺接力及跳遠，把希特勒氣炸了，他甚至拒絕跟Owens握手，被美國人大為臭罵。可笑的是，這一位運動場上的奇才回到美國坐公車，居然還不能坐到公車的前半段（只有白人才可），只能坐後半部，真是諷刺。世界上所謂的公平正義很多是假的。

第三是義大利Cremona提琴製作人Antonio Stradivarius，在1713年製作了一把非常出名的小提琴，名Gibson。此琴一直在波蘭名小提琴家Bronislaw Huberman（1882～1947）手上。1936年2月28日他在紐約卡內基大廳演奏，用的是另一把名琴——1731年製的Guarnerius，因此將Gibson置於琴箱內放在後台。不料卻被一業餘小提家Julain Altman偷走，從此在人間消失了半個世紀，直到1985年Julain Altman臨終時告訴他的妻子，此琴才重見天日，結束了1936年以來小提琴瑰寶遺失半世紀的流浪。此琴今在名提琴家Joshua Bell手上。

不久之前，我二女兒康舟的大兒子Max（六歲）在學簡單的數學。媽媽教他如何算一個人的年齡。Max問媽媽，阿公是幾年生的？媽媽答「36」（外國人講西元幾年常常把前面二位數字省掉，因此1936就說是36）。Max再問他媽媽：「是1936或是1836？」女兒把這個問題轉寄來給我們。表面上似乎很好笑，但最近我愈來愈覺得，記憶也好，身體狀

況也好，我似乎是1836年生的，讓我懷疑我證照上的記載是否是錯的，應該是1836才對！

半調子草地囝仔

　　我的祖先在清乾隆年代，由福建省漳洲府龍溪縣二三四都北溪磁磘隨鄭成功抵台，先住安平，後遷屏東高樹鄉，再遷至高雄覆鼎金，終於落腳於台南縣歸仁鄉紅瓦厝。據歸仁鄉誌，歸仁原為平埔西拉雅族新港社舊地，荷領時期即見耕墾，明鄭時期，閩籍漳泉爭地盤，漳人敗走，歸仁成為泉州人大本營。該地二大姓陳、李，墾戶於今歸仁國小南側，屋多紅瓦，故早名為「紅瓦厝」。又歸仁鄉看東村近期發現十三遺址，明鄭參軍陳永華故居在此，而本地可能是台灣窯業發源地。

　　歸仁第一代祖先李駿，第二代李典，第三代開始分房：一房雲龍，二房雲騰，我們是從二房延續下來的。經過三、四、五、六、七代，我是第八代。所有內祖父這邊，我只知道到祖父（第六代）。曾祖父當時共有八房，第一房是曾祖父李萬銓（第五代），其第二子即家祖父，他原名李金蓮，因為參加抗日，假扮為和尚逃亡，後來人稱他為李和尚。當時祖父因排行老二，在社內大家稱他為「二伯公」。

　　祖父二伯公是一小地主，因為識字也懂記帳，又是社內最長壽的，因此身兼社長，也是社內的「法官」，族人有紛爭都會來找他說理；二伯公的話一言九鼎，通常大家都能當場和解。因為他懂算數，所以歸仁大道公廟仁壽宮（保生大帝）的帳，由祖父管了五十年，直到他八十多歲，身體不支才交棒，從無財務紛爭，眾人心服口服。

　　祖父是一道地的古早人，一身中華古舊文化，重男輕女，重內輕

外。我祖父有十來個外孫，其中表哥許金隆多我哥哥明星一歲，多我三歲。他少時常到我家，稱祖父為「阿公仔」，我們內孫則稱「俺公」。祖父給零錢，哥哥一角，我五分，表兄金隆一分，差別有夠大。連我小小年紀也感覺非常不公，但也不敢抗議，相信年紀最大的表兄感觸更多。祖父過世後，有一次掃墓，妹妹春芳也一起去，墓碑上刻有我們四個男孫的名字，列為孝孫，但卻沒有她的名字，她很不解，問為什麼沒有她的名字（她心裏想，那我來掃墓幹嗎？），一再問父親為何不見她的名字？當場父親也不知如何回答。我們幾個男的也很尷尬。這個碑應是父親訂做的，受過西方高等教育的人為什麼有這麼腐老文化的遺毒我也不解，也許只是父親一時疏忽。

祖父是標準的草地人，一生沒離開過台南府，據我所知，他南至高屏，北至、嘉義。對他來講，世界真是小。雖然如此，他有空即看書看報，記得當年美國總統艾森豪威爾訪台，他還會與我討論，只是他用台語唸「艾森豪威爾」聽起來完全不像Eisenhower，真是啼笑不得。

我對我的祖籍一點感情都沒有。福建龍溪對我來講跟中國大陸某某省某某縣沒有二樣，同樣虛無飄渺。我一生中向外只提過這個地方一次：當我還在大學時讀到羅貫中《三國演義》卷首那一首明代楊慎的詞〈臨江仙〉：

滾滾長江東逝水，浪花淘盡英雄。
是非成敗轉頭空，青山依舊在，幾度夕陽紅。
白髮漁樵江渚上，慣看秋月春風。
一壺濁酒喜相逢，古今多少事，都付笑談中。

我很心儀，想把它翻成英文，試了幾次，力不從心。有一天心血來潮，想請同為福建龍溪同鄉的林語堂大師幫忙，曾經以同鄉的名義寫了一封信給大師，請他幫忙。搬出了同為龍溪人，結果石沈大海，連得到一封 I am sorry 的回信也沒有，應該是沒有自知之明的一個懲罰吧！還好，他也沒有罵我這個小子膽大包天，也許心裏覺得這個小子頗有點幽默感。直到今天我還是承認我是外省第八代移民，也深信我是百分之百土生土長的台灣人，台灣是我的土、我的地。

二、三十年前，中國剛剛開放，我們族內有一位堂哥隻身回到心儀已久的內地祖籍福建龍溪。那個時候，中國大陸還很窮，很落後。他回來說他非常失望，只遇到很多很多的李家小孩，一個一個拉著他的衣服、褲子，拚命喊「阿伯恭喜、阿伯恭喜」，圖的是他身上的東西。剛開始的時候他給他們一點小錢，後來來的人愈來愈多，大人、小孩、老人都有，結果他的衣服，新的舊的，錢包，甚至褲帶都給剝光⋯⋯他叫我們不要再回去，那個地方對我們已經沒有任何意義了。

我內祖母是歸仁附近一村莊叫花園的人，也是農家子女，她給我最大的印象是人很粗壯，人高馬大，可以一個人用特大鍋子做飯給半個庄裏的人吃。二次大戰中，米特別缺乏，雖然自家也種稻，但大部分要交給公家，自家只留一點點，當然不夠吃。記得家裏也偷藏一些稻米，但要自己用米槌把米殼弄掉。只記得內祖母一個人，三更半夜天未亮，袖子捲起來在後院偷偷槌米，一人一手就可以拿起大槌子，用大杵子一上一下槌稻子。因為警察知道了會抓人的，所以都夜裏做，看不到她面部表情，只聽得到她老人家急速的呼吸，覺得她很勇敢（尤其是當年被抓是會被拷打的）。她沒給我們留下什麼，唯留下身材高大的基因。她

的哥哥、弟弟都是180公分上下的大漢，在一個世紀前，這是很大塊頭的。她這個基因代代相傳，雖然我不過是中等身材（170公分），但我女兒悅舟身高近180公分。

我的母親這一邊就是完全不同的故事。外祖父姓葉名聰，幾乎沒有親戚。我姨母絕口不談她的家世，我們認為他可能是一個棄兒。他滿臉鬍子，渾身皆毛，我也記得姨母經常在剃她的腿毛。我有一個弟弟，明道，面像看起來有點像西班牙的人，所以我懷疑我外祖父是否是純種的華人。他沒念書，喜品酒、下圍棋，日語全部自學，能以非常流利日語和日本人交談，在當年是非常少見的。我一輩子花在語言的心力很少，且可以應付自如，可能有些基因也是來自他吧。很可惜他在二次大戰中因糖尿病過世，到現在全家找不到一張他的照片，甚引以為憾。我也曾經一度想找出我是否有其他人種的基因，曾在馬偕醫院林媽俐教授研究室做了DNA檢驗，很可惜，她只查台灣原住民基因，結果我是有原住民血統的（希拉雅族？）。

外祖母也是一典型的古代婦女，不識字，只認得她的名字葉張錦鷄，字寫草一點她還認不得呢。我對外祖母的記憶不多，只記得她胖胖的、矮矮的，走路很慢。我中學時候有一位台東來的好朋友，很會照顧自己，長褲常常燙出一條折痕，有一天他告訴我，這折痕是他把洗好的褲子放在床舖棉被底下，晚上就睡在上頭，過了一、二個晚上拿出來就有折痕了。我一想，外祖母的體重一定不輸他，於是有天晚上偷偷地把洗好的長褲放在她床舖棉被底下，隔了一、二天拿出來，結果折子是二邊向外的，不是二條向前的，我很懊惱，祖母也發現我的惡作劇不是很高興，因此我也不敢再試了。

外祖母是一個清末無才便是德的典型女性，我所了解的她知道的東西很少，但是對孫子的疼愛令人感動，我還清清楚楚記得她經常抱著我弟妹在家裏走來走去，不斷哼著搖籃曲「搖啊搖，搖囝仔睏睏ㄟ搖，搖囝仔搖；搖囝仔睏睏ㄟ搖」，一直反覆。那個簡單的台語調子，至今我都沒有忘記，每次想起來都會很難過。這短短一個調子，代表了一時代的結束，何止是幽幽淡淡的哀愁。

後來我大女兒悅舟出生，她上床前，我也常在她小床前哼一首歌是莫札特（Mozart）做的一首搖籃曲（Wiegenlied，K350，此曲據說是一無名作曲家所寫，作者為求留傳，而借用莫札特之名）。這首曲子，是我最早聽的西方曲子之一。我把它改成台語版，每天晚上唱著：「Li—Liㄟ乖乖睏睏，Li—Liㄟ乖乖睏睏，Li—Liㄟ乖乖，Li—Liㄟ乖乖睏睏。」（大女兒悅舟之英文名是Charissa，為慈善、仁慈之意，小名為Cherry，櫻桃，但是雙方的阿公阿嬤r及l發音都不清，Cherry叫成Chely或cheli，所以我們乾脆叫她阿莉ㄟ或lili）。我也是一再地重複哼，希望的也是要把我這一代的祝福留下去。

外祖母結婚得很早，所以我唸小學的時候她的媽媽還在，我叫她「阿祖」。阿祖有一双很漂亮的小三寸金蓮腳，走起路來搖搖晃晃的，是十足的清朝婦女。我最得意，也被罵的最慘的，是我曾問阿祖，一斤鐵重還是一斤棉花重？她的回答很可愛：「當然是鐵重了。」馬上再補上一句「憨囝仔」。然後我就很得意的嘻嘻笑，到處告訴親戚，說阿祖被我騙了。長大之後我常想這個問題，雖然同是一斤，但真實的重量是不一樣的，因為我們看到的一斤是各自減了空氣浮力後的重量，棉花體積大，空氣浮力大，所以的確是比較重的。我知道了這個小物理之後沒

跟阿祖談過，因為她早已不在了，即使在的話，我會再被她罵一次「憨囝仔」。

淡泊明志的父親

我父親李清輝如果今日（2013年）還在的話，一百零二歲。他是大正元年，也是民國元年生的，獨生子，有三個姊妹。但他其實不是真的獨生子，有五個兄弟，但出生後不久便一個個過世，只有父親僥倖活了下來，因此他特別受寵愛，吸母乳到八歲入小學時，被同學笑了才斷奶（我不知道這是否是金氏紀錄，只是未免誇張了一點）。

我父親中學讀的是日據時代的台南二中（今南一中），之後進入台南高工（今成功大學工學院）之前身，是應用化學科第二屆畢業生。當年一班三、四十人，大多為日本人，每班只有四、五個台灣人，他們常聚集在當時台灣人精神領袖林茂生教授門下（他是德文教授）。二二八事件林教授從人間消失，至今不見屍骨。1999年父親過世，我整理他的遺物，發現他當年工學院的畢業紀念冊，我重訂之後送給成大馬哲儒校長（他是成大化工系主任出身，所以認家父為學長），由他轉贈成大圖書館，成為成大最老的畢業紀念冊。

父親畢業後在今永康區創立台灣第一所蕃茄汁製造工廠。當年的應用化學科相當於早期之農化系，做蕃茄汁是他的專長。二次大戰中，我常看父親在家做肥皂，跟做豆腐很像。做好後由我們小孩子分送給鄰居，我很得意父親可以做別人不會做的事情。我高中唸了化學之後才知道肥皂是高級脂肪酸的鈉鹽，其實是沒什麼了不起的事。蕃茄汁工廠不久就關門了，父親轉入台糖服務，先是台東糖廠，後轉新營烏樹林糖

廠，再遷入嘉義南邊的南靖糖廠。二二八事件後他遁入高雄縣大崗山山內一家私人黑糖廠，終其一生。

　　1947年的二二八事件，可以說是父親一生最重大的事故。當年我小學四年級，在南靖糖廠北方數公里的水上國小唸書。父親擔任糖廠內台灣人最高的職位：工務課長，是廠內最懂得製糖實務的人物。二二八事件爆發時，南靖距離二二八大戰場嘉義很近，因此我們糖廠宿舍內收容了幾個外省籍高職位的人，擠在我家宿舍一起吃、住。有一天父親無緣無故地被抓去，後來聽說是有一位父親專心在培養的外省人（其實他也是躲在我家被父親收容的人），是他去告發父親要害外省人，於是家父莫名其妙被抓去。那時根本沒法律，被抓去就是死路一條，父親臨時想出一逃生之計，向看管他的警備人員說：「我跟你一樣，有太太有小孩子。我有手錶、錢包裏也有些錢，全部給你，你是否可以上廁所，讓我由後門逃走，」這位老兄一時糊塗居然答應，讓我父親從此脫身。最近我看了描述嘉義畫家陳澄波一生的音樂劇「我是油彩的化身」，他在二二八事件後擔任和平使者，但卻被抓，沒經審判就遭槍決。這個故事聽來非常熟悉，我覺得父親當年這個憨厚的人竟然有那種神來一逃，撿回老命一條，真是不可思議（可惜我不知道後來這位警備人員下落如何）。

　　父親回家後開始逃亡，家人化整為零分藏在不同親友家。記得我跟哥哥（明星），被寄託在糖廠李仲宗先生家。李先生因同為姓李，很驕傲他有這麼一位姓李的小弟（家父），所以以大伯身份收藏我們兄弟二人，我還記得他對我們視如己出，當年米不夠吃，家家煮飯都加一些地瓜籤，叫「蕃薯籤」，李伯母會把蕃薯籤放在米上煮，不與米混合在一

起，煮成飯之後先把上面的蕃薯籤撥開，裝純白飯給我們兄弟，然後再將蕃薯籤與白米混在一起，他們全家吃混合的飯；現在想起來真感動。他們還設計了一個我們躲藏之處，在放棉被櫃子天方板上方開了一個口，上面放一張木板，有水及花生，壁上釘了二個小木塊，讓我們可以踩著上去。如果有人來抓人，他們會故意延遲幾分鐘才開門，讓我們火速爬到天花板上。我們練習了幾次之後，因為年輕，身手矯健，逃起來一點也不難。在那裏我們隱藏了半年左右，沒上學，沒外出玩；運氣好，也沒人來抓。我姨媽及二位弟弟（明典、明道）及妹妹（春芳）藏哪裏到現在我還不知道，這期間我不知道父母是否還在人間，不知道其他家人在何處。經過這起事件之後，父親真的「看破紅塵」，覺得這個政府之可怕、社會之惡劣，使得他在三十七歲的年齡決定從此離開這個社會，隱居到山中一私人小黑糖工廠任職，低收入維持家計，終其一生。對我們小孩子來說，我因為半年沒上學，曠課太多，老師不知我們家發生什麼事情，也不知如何問起，不得已把我從第一名降到第二名，還一再交代我回家要跟爸爸媽媽說本來是要留級的，但給我第二名，且再道歉。我當然也莫名其妙，據實轉告父母。世界怪事年年有，有可笑的，有可哭的，有哭笑不得的。

2010年時，我弟弟明道在一個非常偶然的機會碰到一位已退休老先生（王伯雄）的兒子，他在家裏常聽他父親談起二二八當年的老闆，叫李清輝的，是如何被迫害，到現在不知下落。我弟弟聽了非常詫異，說李清輝就是他父親，六十年的斷線居然連結了起來。事後我也專程去拜訪王老先生，看了一些當年的老照片，他老先生也極為驚訝，以為李清輝當年不告而別，居然還活了半個世紀。

父親對我的教導非常有限，因為這個小孩沒有一樣事情是要他操心的。日據時代他一直勸我不要跟日本小孩子打架，被打也不可以還手，要忍氣吞聲，我都照辦，雖然不清楚為什麼。記得鄰居有一日本有小兒麻痺小孩，比我年紀小，個子也小，欺侮我我都忍了。奇怪的是父親交代只有一種情形，不管對方體型大小，不管打得過打不過，都要拚命跟他打，那就是如果日本小孩子罵我「秦國奴」（Chian-Ko-Lo）時，我一定要跟他打，甚至主動找他打，真是一架兩打。我居然也和人打了一、二次，但我是有選擇性的，柿子挑軟的吃，所以戰果還可以。當時小小的心靈無法了解的是父親為什麼那麼奇怪，對人的態度有那麼大的道德差別，秦國奴對我們小孩也沒有實質的意義，為什麼反應要那麼極端。

戰爭結束時，台灣囝仔將日本小孩子一個個叫出來，要他們站好，由台灣囝仔一個個上去打他，算是復仇記。我也偷偷去參加這個行列，結果我對自己很失望，輪到我的時候，只是從後面輕輕推一下，讓他晃一下，也沒真的打下手，推了一下就趕快逃跑了，總算報了幾年的仇，一推泯恩仇。這點日本小孩子真的很有骨氣，站在草地上一動也不動，任我們搥打，完全不回手，口唇緊緊咬住也不流淚，勇哉！真有武士道精神。

父親給我印象最深的是他那一種無可救藥的淡泊，小時候我們坐在他的腳踏車上他總是騎得很慢，小小的坡就下來推車，長大之後了解他是害怕如果摔倒我們會受傷。他那種缺乏戰鬥精神的個性常常令我驚訝。二二八之後，在三十多歲年輕黃金時期，他選擇逃避到山中。他這個淡薄的基因，我承認無形中也流到我的血液中來，使我不想爭吵、偶爾打個架而已。目睹當時社會的各種不平也不想捲起袖來，跟人家大

吵大爭，雖然內心上憤憤不平，讓我深感「無路用」（台語）。我這種消極態度最好的證明是反應在我給三個女兒的命名上，自己希望像是一葉扁舟，悠遊山水之間，與世無爭，因此我給三個女兒的中文名是悅舟、康舟及培舟，希望她們會自樂於「舟」式理念（悅舟），身體是健康的（康舟），如果欠少，則培育之（培舟）。到今天她們都已三、四十歲了，Yuehjou、Kanjou、Peijou是什麼意思她們也莫名其妙，也不想問我，問了，我也不想回答。

父親一生對我的期待是將來好好做一個醫師（台灣南部人父母的共同願望），但是除了當年中學畢業、是否保送台大醫學院時我們有過稍微爭執之外，他沒有向我要求過任何事情，更沒有給我壓力。我當醫學生時，父親在台南市中心黃金地帶中正路與忠義路交叉處，買了一塊近二百坪的老房屋及土地，當時我不知道他老人家的用意，留美期間（1970～1980）有一次我回台灣，父親問我要在美國長留嗎？當時我沒有返台念頭，我回答他大概會永久留在美國了，還進一步告訴他，即使回來也不會開業行醫。他不發一語，沒有再進一步的商討。回美國不久，家裏就來信告訴我，父親已經把那一塊黃金地段賣掉了，搬到西區較安靜的地方。我聽了之後心裏非常難過。我一生行醫都在教育機構，在教學問診，一邊看病，一邊教學生，從來沒有在外面開業賺過一毛錢，很遺憾父親對我只有這個小小卑微的期待，我卻讓他失望，真是殘忍。不過如今回想過來，當時的決定是沒有錯的，不開業有不同的生活模式，生命更豐富些。

簡單說來，我們李家沒有顯赫家世，找遍整個村莊沒有一幅匾額，沒有任何達官貴人的賜字，沒有出過文官，也沒出過武將，是不折不扣

典型的小市民，所以我應該是一道地的草地囝仔。但我沒種過田，也沒放過牛，只是半生遊走於城市／鄉下之間，半調子而已矣。我寫這些瑣事，對父母雙方沒有絲毫不敬之意。

一生最大的痛

2005年9月，我應母校台灣大學共同教育委員會之邀回校演講，題目是「我的學思歷程」（後來匯整成書，2010年台大出版社出版）。演講之後有一位同學因為聽到我的演講，似乎一生順遂，無論國內、國外，人生各階段似乎看不出不如意事，問我一生最大的挫折是什麼？我一時答不出來，支支吾吾，真的想不出來，說沒有大的挫折是不可能的，不是說謊者，就是無可救藥的樂觀者，未免太矯情，我當時居然沒給答案，回到家裏我一直在想這個問題，不得其解。幾天之後，我突然想起我一生中最大的不幸，最無法克服的傷痛——母親早年過世。

我六歲的時候（1942年），父親在台東糖廠任職，我們全家住在台東糖廠宿舍。當年夏天父親出差西部，我記憶猶新，我與哥哥二人都發燒，昏昏沈沈睡在窗前座台上，母親自己也生病，也昏睡在床。不知何時，鄰居看到了趕緊通知在西部的父親，他馬上趕回台東。那時台東沒有什麼醫院，只有鹿野附近有一野戰軍醫站，母親就住進去。那裏沒有病床，是日式榻榻米房間改裝的，時稱鹿野醫療所（後改為龍田醫務所），醫師為日人神田全次（1878年生，1946離台返日），為台東地區最著名醫師，也是人道主義者，原為製糖株式會社專屬醫師。當時台東地

區流行性疾病猖獗，醫療設施匱乏，醫務人員嚴重不足，附近人民皆求助於神田醫師。母親當年被送鹿野想必是因神田醫師之故。據文獻記載，當時常見疾病多為流行性疾病，包括肺病、痢疾、胃腸病、流行性腦炎、脊髓炎及瘧疾。過了不久，我內祖父也趕來幫忙。他住了多久我不知道，只記得有一天，母親已進入半昏迷狀態，醫師也知道應是命近尾聲，於是由祖父帶領我們三兄弟一個個依序進去給母親看最後一眼。我當然不知其意，帶著一份猜疑恐懼的心進去看她，她躺在榻榻米上，眼睛半開，看到的白色比黑色的多。她抓著我的手緊緊不放（據說我是母親最疼愛的小孩），她抓得又緊又久，但無法發一語。當天父親就聽醫師建議將一息尚存的母親送回家，借用了一部當時台東唯一的「黑頭車」（小轎車）把母親帶離鹿野，上路不久她就斷了氣，結束了她極短的一生，得年二十九歲。

我在署長任內曾去看台東地區醫療設施，遇見一位從事台東文化工作者林勝賢先生，他送我一本書《龍田》，書上有一篇有關鹿野神田醫師之記事，裏面有一歷史照片，是神田醫師及他的工作團隊的合照，我當然認不出其中任何一個人，但看到一部黑色轎車，我馬上認出這部車子就是七十年前載著母親回台東糖廠的那部，母親就是在這部車上結束她的生命……真是感慨萬千，人生際遇是這麼不可思議。

我對母親的記憶很少，連她長相怎樣早已記不清。對一個五、六歲的小孩，死亡的意義是極其模糊的，我只知道我再也看不到她。棺木要上車往火葬場的時候，親戚告訴我母親將會火化，我拒絕上車，因為我怕我也會順便被燒掉，經過他們一再勸說和保證之後我才上車。接下來的記憶幾乎是零了。2001年到台東醫院巡視，順便去看了一下台東糖

廠，記憶中六十年前的糖廠跟眼前所見完全不一樣，一家人病在榻榻米上的景象完全沒有一點痕跡，只看到糖廠前面通往高雄的公路。母親火化後父親抱著母親骨灰，我們三個兄弟緊跟在後面，在公路旁等客運汽車的情景，倒是記憶猶新。搬回台南之後，我們就住台南外祖父家，我也開始進入幼稚園，開始人生的另一個段落——受教育。

　　我是學醫的，對母親到底生了哪種病而往生，一直耿耿於懷，事後聽父親跟朋友談到母親的病時，曾聽過她患的是腦底腦膜炎；唸了醫學院，我知道這是一種結核病。結核菌全身可以到處跑，到處興風作浪。以我事後了解，她患這個病的可能性不高，倒是病毒引起的腦炎（encephalitis）或是腦膜炎（meningitis）較有可能。當年醫學還非常落後，沒有醫院，沒有醫生，更沒有治療，就這麼造成我一生的最痛。

　　母親受的正式教育不多，她只唸了小學，雖然當時的婦女很少讀中學，更不用說大學，但最少我姨媽就畢業於高女（今高中）。當我寫字不工整的時候，外祖母常說：「你寫字跟你媽媽一樣，沒人看懂。」雖然母親字寫得不美，但人卻長得很漂亮。常聽到來我家的友人提起我媽媽長得很水（台語）。我們家今只存有母親一張照片，是她抱著我二、三歲時照的，確實是美女一個。我一輩子努力要想起她的面貌，一直無法如願。2008年我在紐約市出了一場車禍，顱內出血，當場昏迷過去，被送進紐約大學加護病房。通常腦傷之後會有各種後遺症，可能會失智，但失去的記憶有時也可以復出，復智。當時我有一個奇怪的希望，希望兒時記憶可以重現。我真幸運，完全復原，幸運的是沒有失智，但卻也沒有恢復兒時的記憶，真是失望。另外我也希望夢到她，夢中或許可以看到兒時記憶的重現，但幾十年來我只夢到她一、二次，不解的

是都沒有出現她的臉孔。有一次夢到她出現站在我前面，奇怪的是有身、有髮、有臉形，卻沒有耳、鼻、眼、口，可見我對她的記憶，連最深的潛意識也消失了，現在我能做的就是把所有僅存的記憶好好封存。

生離死別無盡期

　　母親過世不久，因為有三個小孩要照顧的壓力，父親就再婚了，結婚的對象是我的親阿姨（母親沒有兄弟，只有這個親妹妹）。當年的社會，這種的安排是很平常的，妹妹有社會義務，幫忙姊姊照顧留下來的子女。其實我們從小就在阿姨的照顧下長大，她一直很照顧她姊姊的這三個小孩。我對她最怕是每次她看到我們，一定抓我們來看看指甲有沒有乾淨，如果太長，馬上幫我們剪短（我母親要照顧三男孩，沒心思顧到我們的指甲）。剪指甲沒什麼問題，最可怕的是她會用舊牙刷刷洗指甲與指肉中間的肉，清除一切污垢，刷得我們哇哇叫，所以能逃則逃。這個當時受過「高等教育」的女性的確有點潔癖。此後幾十年，我們就在繼母的悉心照顧中長大。人說繼母會「苦毒（台語）前人子」，對我們來講是絕對沒有的，我們也沒有改變對她的稱呼，一輩子叫她「阿姨」。阿姨生一男（明道）一女（春芳），所以我們家共四男一女，從來不分出身，如親兄弟姊妹至今，這一點可以說是我們不幸中的大幸。我朋友中不少來我家找我，聽我總以阿姨稱呼我母親，他們一定深為疑惑，我也沒向他們解釋過，想來他們也不好意思問我。我們兄弟姊妹一共五人，從小一起長大，從來沒為家產或任何分配爭吵過。所以我常說我有一個半（1又1／2）母親，何其不幸，也何其有幸。人生的遺憾有的可以彌補，有的的確是無法彌補的，早年失母是介於兩者的。

　　小時常聽家人說我與大哥「氣管很弱」，每次感冒都很容易惡化成各種肺炎。當時也沒有什麼藥可治，只好靠自己的命。台灣人有一習慣，人之將死，是要把身體搬到大廳，不可斷氣於自己的房間。祖母曾經不只一次告訴我，我跟大哥二人，一人生病，馬上傳給另外一人。有一、二次，我們病情嚴重到醫生和父母親都放棄了，以為不久人間了，於是我與哥哥二人都被搬到客廳，準備後事了。但奇蹟式的二人都恢復過來，終於再抱回房間。我學醫之後，尤其唸了小兒科之後，我認為當時得的病一定是小支氣管發炎（bronchiolitis）。這是病毒引起的，咳起來聲音很淒厲，好像不會活得很久的樣子，其實並沒什麼可怕的，大咳一陣子後通常都自己會好的。

　　除了上述小支氣管炎嚇了家人二、三次之外，我一生中可以說沒經過什麼大災大難，說一帆風順也不為過（有時覺得平順得有點無聊），如果說一事無成，對我自己也不公平。從小讀書可以說一路順暢，除了小學考初中外，高中、大學都沒上過聯考大戰場。半個世紀以來，也略有貢獻於社會。美國、台灣的教授也當了，研究也做了，大學校長、衛生署長都當過了，也帶領全國人民幸運渡過台灣社會最兇猛之疫災——SARS。每次有一點點小收穫，我都會想如果母親還在多好，她一定會樂於知道這些消息，甚至會有點驕傲。這一點，母親與我都沒這份福氣感受到。

　　母親的骨灰隨父親工作地點變動，已遷了不少納骨塔，直到三、四十年前外祖母過世，我父親把他岳父母及我母親的骨灰一起合葬在台南市郊一墳場。近年墳場愈來愈髒亂，國人入土隨風水而異，雜亂至極，於是我決定遷葬，把他們三人墳墓打開，重新整理骨灰，放入台南

市公有納骨塔。整理骨灰時，打開母親的骨灰甕，看到一片片白骨，心裏非常激動，四分之三世紀沒看到的母親，重新看到，也是第一次看到的，竟然是她的骨灰！我還是沒有辦法自這一盆骨灰當中重塑出母親的身影。誰說生離死別是一時的？

小學，二次大戰

　　1942年，我們由台東搬回台南，我很快就上幼稚園。失母，又到一個新環境，一個朋友也沒有，要上學實在心不甘。不久我們又移居到新營附近父親服務的烏樹林糖廠。當時因為父親不願接受日本皇化，不肯改為日本名字，因此沒能享受一些日本人才有的特權。當時食物配給，尤其肉類，都是小孩子去排隊領取，看到日本人領得比我們多，心中非常不平；對父親堅持不改姓名，心中也頗不諒解。此外，因沒改為日本姓名的的關係，我也不能讀糖廠的小學，要到附近台灣人讀的安溪寮小學就讀。

　　安溪寮距糖廠有好幾公里。那時沒鞋子穿，七、八歲小孩子成群結隊赤足步行上學。冬天天未亮，地上冰冷，照樣赤腳，咬牙也得走。為了抄捷徑，我們經常走糖廠火車道，為了避開鐵路小石頭我們走在鐵軌上。但是鐵軌很難走，走不了二、三步就掉下來。於是我們想了一個方法，二人同時走上鐵軌，一左一右，一人伸出左手，一人伸出右手，二人十指交握緊扣，相互扶持同步於鐵軌上。令人驚奇的是走鐵軌變成很穩定，也很好走，甚至可以稍微在鐵軌上跑步。二人各自付出一點點，

彼此相互幫忙居然可以形成另外一種格局。長大之後，我突然想到走鐵軌與人生的關係：夫婦二人就是要這樣走，每人伸出一支手，互相扶持，可以走得很穩、很快樂。我第三女兒Mae結婚時我特別告訴他們這個走鐵軌的故事，要他們夫婦好好深思其義。回到台灣，偶爾當結婚證人或貴賓致詞，我也會講這個小故事，而不是要人早生貴子（生男生女關我何事？什麼時候生小孩也與我無關），這個走鐵軌理論也得到了不小迴響。

安溪寮國小（今改名為安溪國小）我唸了沒多久，因為盟軍轟炸糖廠甚烈，父親把我們送回歸仁鄉下跟內祖父母們住在一起，而轉學到歸仁國小。雖然沒有讀到畢業，但因為曾在歸仁國小上學過，有機會我總是喜歡回去走走。當署長時我也回去，見了校長、老師及同學，他們把我當成校友般歡迎我，我當然很感動。SARS風暴來襲時，安溪國小一群小學生寄了一箱卡片來給我，給我加油，其中一張卡片說：「我以為你很年輕，看到電視才知道你已經很老了。」我真欣賞他的誠實，這個年頭說老實話的人愈來愈少了。

我在歸仁國小唸到二次大戰戰爭結束，雖然只有短短半年左右，他們仍把我當成畢業生一份子，選我為優良校友，送我一件印有校徽的T恤，我常常很高興地穿著它在台北街上到處跑。

我在歸仁國小還結識了一位至友陳錦芳博士，他是隔壁村的人，藝術天份極高，自小喜愛畫畫，師長嘆為難得奇才。我們倆人，自小無話不談，常常躺在田梗小路上看星星，每次都談到深夜，結論都是他未來當畫家，我當科學家，他畫畫，我賺錢。後來，我和他都考入台南一中，高三畢業他保送台大外文系，1963年考取法國政府獎學金赴法留

學，獲巴黎大學美術史博士學位，建立「五次元世界文化觀」，創立「新意象派」畫派，成為「後現代」派巨擘，其作品被編入三百多種教科書。2001年獲頒聯合國之「全球寬容獎」及「寬容及和平文化大使」，執行「為人類與藝術世界巡迴展」，可以說是世界藝術界難得的大人物。他的畫作非常豐富，經常巡迴世界展出，作為他少年時朋友，我與有榮焉。今日他的夢已經實現，但「我賺錢」的夢卻一直非常愧疚，一輩子窮教授，溫飽而已。

戰爭結束後我又回到糖廠跟父親、阿姨同住，又上安溪國小，不久父親調職南靖糖廠工務部，全家再遷新址，我轉到南靖糖廠附近的水上國小，也是要赤腳走幾公里路上下學，只是沿途有芒果可以偷摘，一邊上學，一邊摘芒果。水上國小四年級一位年輕蔡老師教我們唱歌，每次上課前都要先唱一首台語歌才上課，我不記得歌的名字，但其中有一句「一寸光陰一寸金」到現在不曾遺忘。

不久，二二八事件爆發了，我們家陷入另一次的橫禍，父親被抓，逃脫後全家四處分逃，到二二八結束，父親又離開南靖遁入山內，我們小孩子與姨媽留在台南市上學，我唸立人國小，我小學六年級的老師姓張。張老師似乎舌頭很大，在嘴巴裏面轉不太過來，教學認真，管教也很嚴格。有一天早上升旗時，我們六年甲班被校長公開指明點班，有些不光榮的事（實情我不記得了），讓張老師面子掛不住，非常生氣。升旗結束解散時他把班留下來站在操場上，當然少不了痛罵一場，然後全班分列四排，每排由高而低，我是班長，站在第一排第一個。張老師由第一人開始，每人賞一大巴掌，我因為是全班第一個人被打，他怒氣沖天，手掌力氣十足，所以第一個巴掌打下來非常堅實，趴一聲，連頭、

耳、鼻、面額，通通無一倖免，打得我差一點昏倒，耳朵轟轟隆隆了好幾天，回家也不敢向家人講。當時我覺得非常不公平，也不是我的錯，身為班長擔點責任是應該的，但絕不是轟天雷第一砲，可以說是五星級的巴掌，最重，最痛。但當我看他巴掌一路打下來，他自己也有一點受不了，整個手掌發紅，由右掌改為左掌，而且力氣愈來愈小，自己也有點下不了台，我心中竊喜。體罰式的教育聽說到現在不少老師還是照做，這些被打的學生，長大當老師後，教學生時也是照打，這個傳統會這樣代代相傳下去。

張老師有一次帶我們全班去看電影，演的是蘇聯的運動大會記錄，雄壯得很，讓我印象特別深刻。他也教我們唱一首歌，到現在記憶猶深，就是〈義勇軍進行曲〉：「起來，不願做奴隸的同胞，建設我們新的國家，⋯⋯起來，起來，起來，⋯⋯，前進，前進，前進進。」過不了多久，中華人民共和國成立，這一首歌居然變成他們的國歌。後來我聽說張老師的妹婿是匪諜，被抓且槍斃了，張老師也被抓，被關了好多年。現在回想起來，當年他帶我們看蘇聯的電影、唱共產黨的歌，會不會與他被抓有關係，我也不確定。我當兵的時候，想辦法找到他的地址，不怕被嫌疑為共黨同路人，我去看他，看他蒼老了許多，他很感激這個年頭還有人敢去看他這個被認定是思想犯而被關入獄的人。他告訴我因為他被認定是思想有問題，無法找到工作，只有窩在家裏。我也只能表示希望他早點恢復正常生活。其後不久我就出國，三十年後回來也沒有再找上他，不知他還健在否？

一首國歌的產生一定要經過大家廣泛討論，民眾普遍的認同及愛護，產生的過程要公正、公平，這點中華人民共和國似乎做到了。他們

國歌的產生過程，文獻上有著詳盡的記錄，「起來，不願做奴隸的人
們……起來，起來，起來，……前進！前進！前進進！」這些字還原封
不動地存在，聽起來當年澎湃的感覺還在。這一首歌有很久一段時期在
台灣都被當成禁歌。諷刺的是，現在偶爾可以聽到小卡車裝廣播，揚著
人民共和國的國旗播著這首歌，在台北市街頭呼嘯過去。時代是很難了
解的。

　　至於我們中華民國的國歌，我不知道當年決定曲調及歌詞的人及其
過程如何，但是結果是令我很難認同，曲調很陳悶，如果在奧林匹克得
獎，升旗奏這首曲子，也沒什麼感覺或激勵人的。其歌詞更是荒唐，世
界上民主國家把自己的黨歌當成國歌的，企圖長久專制統治的意圖不是
很明顯嗎？這種以欺人、自私、詐騙的黨，居然可以存在這麼多年，台
灣的人可以接受，實在很難了解！真「無路用」（台語）。

　　有一次，我在聽芬蘭的國歌，之前我一直向人說芬蘭的國歌是西比
流士（J. Sibelius, 1865-1957）的〈芬蘭頌〉（Finlandia）改編而成的。
結果，證明我是錯的，芬蘭的國歌另有一首，因為這兩首很不一樣。我
覺得中華人民共和國之歌與法國國歌〈馬賽進行曲〉有異曲同工之妙：
「……爭正氣，求自由，前進，前進，敵軍震驚，或戰死，或逃亡」。

　　在世界各國的國歌中，我認為大同小異，都是一些愛國激勵之歌。
好的國家我認為有美國的、英國的、法國的等，最令我驚異的是我們的
〈吾黨所宗〉，決定這個歌詞的人頭腦有問題。我也看過由文學家、詩
人、音樂家等組成的團體，對世界各國的國家做一個評比排行，第一
名是祕魯共和國的國歌，很意外。我二女兒的先生是祕魯後裔，我把這
首歌放給他聽，他說他不認得，我說：「這是你祖國國歌，排名世界第

一。」他有點不好意思自己不知道。我本來想K他一下，可是突然想到我三個女兒沒有一個認得中華民國國歌，也就不好再訓這位祕魯女婿。想到要告訴我的女兒，我們的國歌有「吾黨所宗」，我自己也覺得羞愧無地！

赤足的點滴時光

短短的小學六年，除了寒暑假，扣掉空襲逃難、二二八避難，真正上課的日數不多，但我唸了五間小學，幾乎一年一換，所以到現在我小學校友特別多，好在大家都接受我，都樂於承認我是他們的校友。2005年12月10日立人國小畢業的一位同學，花了二年時間通盤追查畢業同學的地址，一個個聯絡、通知，成功召開了畢業六十多年來首次同學會，三百多個畢業生有七十多人參加，在台南市造成小轟動，電視來拍，市長也來祝賀。同學半世紀多沒相會，相見如一場夢，知道姓名之後仔細端視還看得出當年小孩時的面部輪廓，但大部分可以說完全認不出來。我說在街道打架打得遍體鱗傷都還不知道是老同學。那一天我做了一個簡單的估計，如果每人血壓平均略高，140-150mmHg，七十人的血壓有10500mmHg，如果平均一人體重七十公斤，那一批人共有五噸的體重。老師也來了三位，年事甚高，有一人坐輪椅，看起來很虛弱，隔年就聽說他過世了。我不參加民意代表選舉，不然這些小學的同學加起來的樁腳就比別人多很多。

小學中有幾樣特別可以寫的地方，例如戰爭末期，盟軍飛機天天來炸，當時美軍麥克阿瑟決定跳過台灣直取琉球（Okinawa），在那裏經歷了史無前例的血戰。美軍飛機每天飛經台灣上空去炸琉球，順路經過

台灣有什麼可以炸就順便炸一炸。當時日本的空軍已全無反抗能力，全台領空美軍可以自由進出，如入無人之境。每次經過台灣時大約早上九點左右，警報一響，小孩就趕快收拾書包，個個笑瞇瞇，因為可以回家了，當天的課到此為止，表面上害怕，心底下有無言之快樂。我雖然唸了三年的日本小學教育，但實際上課的時數及品質都非常有疑問，好在也學了一些日語，到現在還很管用。我去日本，日常會話我都可以應付自如，算是額外收穫。軍國政府下的兒童教育是日以繼夜的軍國思想教育，天天教唱日本軍歌，就如同其後的反共抗俄歌。

二十一世紀初我跟Y.H.去日本鹿兒島遊覽，其南端有一當年神風突擊隊出入的空軍基地，隊員在那裏吃最後一餐，隔天上飛機就不再回來。這個基地叫知覽基地，不少年輕小伙子由此出發戰死。現在留下來的基地成為一紀念博物館，有當年那些飛行員寫給家人的信、留下的衣物、照片等等。我印象最深刻的是這些隊員寫給家人的告別信都是寫給母親的，極少是向父親道別的，隊員年紀有的小到還抱著洋娃娃。當天的導遊是一位日本醫院的退休人員，年齡與我差不多，我們都經過大戰時的軍事教育，可說是唱軍歌長大的。記得戰爭末期，日軍需要很多金屬做砲彈之用，於是向民間蒐購可能的金屬物。當年我們制服的鈕扣是銅合物做的，我們要把它們通通剪下來，交給政府，政府就發給我們木製的扣子取代，並教我們唱一首海軍軍機訓練員的軍歌〈七個鈕釦是櫻の光〉，這首軍歌現在我還會唱，但其中很多歌詞我始終不知其意，就請教那位導遊先生。他非常驚奇居然有外國人會唱他小孩時的軍歌，他說現在的日本人早已經沒人在唱了，於是我們二人說呀說呀，在博物館角落，二人居然唱起當年日本軍歌，聲音蠻大的，旁邊的人一定認為這

二人是瘋子，可以去加入神風突擊隊。這件事使我想起當年國民政府來台，也是天天叫我們唱反共歌曲，天天唱，一天照三餐唱，像瘋子。這也告訴我們統治階段用的方法都是一樣的，洗腦、洗腦、再洗腦，洗到有一天你要去除它都不可能，也就是醫學上的fixation。fixation當然很好，但有一致命的缺點，就是它的不可逆性，到現在政治人物要我們開始親共，我打從心底只能唱反攻、反攻、反攻大陸去，很難真的要去親共，絕佳的教育方法真的很難找。

六年的小學我唸了五所，這記錄還略遜於某一位長官（前行政院院長劉兆玄教授？），他一年換一學校，唸了六個小學，真是同學滿天下。無論哪一所學校，我唸起來都很輕鬆，一直名列前茅，記得六年級那年經常有初中入學模擬考試，考六個科目，我幾乎每次600分，因此被取了一個綽號「六百的」，599分就變成學校的新聞。長大後有一次和一位小學老同學談起此事，她說當時有一位老師不相信我會考得這麼順，懷疑我是否作弊，還暗中派一些同學監視我，我們的文化就是不相信別人的。

1945年大戰結束，台灣光復，對小孩子也是大事一件。第一，全台人民衷心歡迎祖國的軍隊來台，我們每天排隊練習歡迎儀式。雖苦，但內心喜歡，每天晚上去學校學中文歌，到處歌唱歡迎歌曲，最記得的二首是「台灣今日慶昇平，仰首青天白日青，六百萬民同快樂，吾眾旦夕表歡迎，啊到處是歡迎啊，啊到處是歡迎，六百萬民同快樂，吾眾旦夕表歡迎」。另一首是「青天白日高高照，世界光明了，光明世界新改造，革命成功了，一切強權惡勢力，一切全打倒，人人平等無煩惱，快樂亦逍遙」。當我們唱到「惡勢力」三個字時聲音特別大，因為當時

所謂的國語實際上是台語化的國語，而惡勢力三個字發音成「Oh-Shi-Li」，剛好是日語的「屁股」（Oh-Shi-Li），小孩子特別興奮，聲音就特別大，一邊唱，一邊咯咯地笑。當年全民真是由心底高興，歡迎王師。萬萬沒想到過了不久就發生二二八事件，其變化之過程令人很難了解。

記得當年進駐烏樹林糖廠駐有一排軍隊，其中一位班長對我們特別好，常帶我們兄弟出去，也去新營照相館照了很正式的相，可惜照片已流失，我們不知道這位班長的姓名，他常到我家來。一來二話不說，就連鞋走上我們家榻榻米。他大概沒住過日式房子，他走了後我負責清掃榻榻米上的髒東西，當時有點不耐；如今想起來心中還是希望這位班長今天還活著。

另外一件事，我們小孩子要做的是趕快惡補國語，當時沒人真正懂得國語，亂學亂說，大都是半台語半國語的語文。我父親「漢文」（台語中文）很不錯，就開始教我們背漢文，如「一陣風、一陣雨，路上行人苦」，又如「一手五指，二手十指，指有節，能屈伸」，背什麼我完全不知道其意義。過了一、二年漢文有點根基了，父親開始教我們背詩，記憶最深的是王翰的〈涼州詞〉：

葡萄美酒夜光杯，欲飲琵琶馬上催。
醉臥沙場君莫笑，古來征戰幾人回？

父親是滴酒不沾的人，為什麼對此詩特別鍾愛我不知道，不只要背，還要我們天天吟唱。另一首是賀知章的〈回鄉偶書〉：

少小離家老大回，鄉音無改鬢毛衰。

兒童相見不相識，笑問客從何處來。

　　老爸當時就有預感，他這兒子將來會少小離家老大回，先給我打預防針。這二首詩到現在我還經常吟唱（台語），只是教我的人，早就不在了。父親對賀知章的詩情有獨鍾，他請了台南一位書法專家蔡元亨先生，他會左右兩手同時寫不同的毛筆字，請他寫了一卷雙管齊下的回鄉偶書貼字送給我。我解釋給女兒們聽，老二康舟要了此幅，掛在她給我們住的房間。二二八事件之後，父親退隱山間，有一天他教我們一首很奇怪的詩，是項羽〈垓下歌〉：

力拔山兮氣蓋世，時不利兮騅不逝，

騅不逝兮可奈何，虞兮虞兮奈汝何。

　　我至今不明白父親的用意何在，他是一個淡泊到不行的人，心中為什麼背著這麼一首詩，怎麼看我都看不出他有拔山之力或蓋世之氣，我想他也不是想要在他兒子身上看到怪力或怪氣，那麼又為何要我們背？我一輩子與父親的溝通不多，很遺憾也沒有機會跟他談他的心裏感受，一直到我籌設慈濟大學到一個段落，稍有點心情同他談的時候，他已年事高，記憶不清。這個疑問可說是我們家的一件公案吧？

　　1949年我小學畢業，那時的立人國小是台南市的模範小學，所以當年全台南市小學畢業生的畢業證書由我代表從卓高煊市長手中接下的。如此，我正式結束了我的赤足時代。

中學，了不起的台南一中

　　1949年，我小學畢業，順利考進台南一中。那個時候，台灣南部青年學子，北至雲林、嘉義，南到高屏、台東，都爭相進入這一所中學。南一中有幾個特點。第一，本省小孩佔絕大多數，因此語言上以台語為主，即使外省子弟，台語也非常流暢，絕不輸在地人。就算是上頭極力打擊台語的時候，我們也都是台語來，台語去，學校也睜一隻眼，閉一隻眼。第二，南一中學生非常用功，書唸得很好，下課十分鐘經常看到學生繼續在看書，尤其是對數學的偏好，經常有人拿日文數學書上的難題向班上同學挑戰，學生也有互相競爭的意味。第三，台南人反叛個性特別明顯，早期的民選市長，只有台南市屢次都是黨外人士，葉延珪不只一次當選，人民就是有這樣九怪（台語）的骨頭，台南一中學生也充分發揮了這種精神。早期的台灣獨立運動、以後的黨外運動，台南一中的畢業生佔了很大比例。2000年陳水扁（也是南一中畢業生）當選中華民國總統，內閣開會，好像在開台南一中校友會。話說回來，南一中學生又很守規矩，很少有打架破壞公物之事。第四，南一中學生畢業後學醫的特別多，反應台灣一般家長的期望。我高中畢業的那一年（1955年），畢業生共一百三十五名，其中八十五名考上台灣大學。醫學系六十五名同學中，台南一中有十六名，比例是全省最高。當年台灣大學錢思亮校長也公開說，台灣中學考台灣大學的成績以台南一中最好。形容台南一中，用一個英文字awesome（令人敬畏，奇蹟般）最恰當。

　　進入初中開始穿鞋子，除了買一雙基本款的運動鞋之外，姨母還帶我到一間製造皮鞋的店，手工訂做了一雙高及踝骨的皮鞋，父親說小孩

子長得快，因此要求做大一點。製鞋師父認為他們的鞋子皮質好、工夫佳，這雙鞋子可以穿很久，於是更放大一點，結果一雙皮鞋幾乎放大到大人可以穿。而我這一個小孩子穿起來像漫畫中的小丑，身小腳大，朋友看了指手指腳地笑，我則認為穿那雙皮鞋踢足球很過癮，因此一找到機會就穿。唯一的缺點是，因為鞋子太大了，鞋尖突出了1～2吋，跑起來一不小心就跌倒，尤其在草地上跑，更是提心吊膽。

　　戰爭期間物質匱乏，下雨期間，有雙雨鞋可以穿是小孩子的共同期望，父親於是買了一雙高筒橡皮鞋子給我們兄弟二人共同使用（我哥哥跟我差不到二歲，身材相近，可以共用）。問題是下雨天，二人都要穿，但總不能一人穿一腳。父親裁示，下雨第一天哥哥穿，第二天輪到我穿。問題是第一天下雨，第二天經常雨過天晴艷陽高照，我總不要大太陽底下像個小丑或消防隊隊員穿的橡膠雨鞋，所以後來我也自認輸，不要了。父母真難為，要談真正公平可真不易。

低機率總比零機率好

　　英文是我們進到中學第一個全新的科目，當時一般家庭小孩子都沒有學英文的機會，我們唯一會講的是「ABC，狗咬豬（台語）」。初一第一學期，學校派給我們一位個子不高，東京大學畢業的李老師，學生很不敬地稱他「矮仔李」。他的英文造詣很好，只是帶著濃濃的日本口音。第一堂上課，他有個理想，認為南一中小孩子很聰明，應該可以用直接教學法（林語堂先生的主張，直接用英文上課）。他講了幾分鐘英語，底下沒有一個聽得懂，只有傻傻嘻嘻的笑。李老師有點不耐煩，開始一個個點名，要被點到名的一個個站起來回答「Here,

Sir」，於是由第一排第一位學生開始，但學生回答愈來愈走樣，由「Here, Sir」到後來變成「希亞、撒」「希亞、撒」。後來又一位同學過度緊張，老師名字還沒叫完就站起來，就答「希亞、撒」，老師問他：「What is your name？」他回答「希亞、撒」，再問一次，他還是「希亞、撒」，老師終於忍不住：「我是問你什麼名字，你怎麼還答希亞、撒？」這時同學才恍然大悟，大聲笑出來。後來，我問這位同學為什麼這麼答，他說因為他只懂得「希亞、撒」這一句英文。這使我回想起我一件很尷尬的事：在美國普林斯頓（Princeton）小鎮，有一天我載著全家人外出，車上電台傳來一個女人的歌聲，女兒問我：「爸爸，這是誰唱的？」我答：「Barbra Streisand。」她笑著說不是。過一會兒，又有人唱另一首歌，女兒又問我：「爸爸，這首是誰唱的？」我又答「Barbra Streisand」，她們頓時大笑，問為什麼我老是回答Barbra Streisand。我說：「她是我唯一知道的歌手，如果我不回答，就沒有機會答對，雖然答對的機會不大，但最少有機會。」這個基本理論給我很大的啟示：一個人如果不敢嘗試，一生一定沒有成功的機會，低機率總比零機率好。

我們小學那個時候，補習的風氣剛好開始，但還不是人人惡補的時代。有些老師慢慢地也在家補習，還是那種單打獨鬥的模式運作，不像現在是一種非常企業化的，有如第二個學校般恐怖的工程。英文李老師也加入這行業，補點收入，經濟也漸漸好轉。有一天，下課休息時間，我從二樓教室往樓下看，剛好李老師牽了部新的腳踏車要回家，我看到他大叫了聲「矮仔李騎新車」，李老師在底下聽到這話，抬頭一看是他的得意門生我，於是放下新車上樓來找我，痛罵我公然侮辱他，我只有

低頭接受，因為我的確有藐視他的意思，不能說年紀小無惡意，對老師這麼無禮，我一生引以為憾，不知李老師今日是否還在？若在，我願意登門謝罪：「Sorry，李老師。六十年後遲來的道歉請您接受。」

我初中的時候有一位數學老師，他教的數學我都忘了，但他對人生的看法我卻永遠記得。有一天，他考我們一數學題目：一個小孩子，一天可以走三公里，九十九天可以走多少公里？（諸如此類的題目）有一位同學答，如果鞋子破了怎麼辦？老師說鞋子不會破的，這位學生說會的，因為他的鞋子穿不了幾天就破了（當時的鞋子品質很差，穿不了幾天就壞掉了）。穿破鞋子走路的速度是會慢下來的，這個學生堅持這個問題不先解答是無法回答老師的問題的。類似這樣的問題，悅舟小時候我也碰過一次。當她一、二歲時，我們想教她最簡單的數學概念，1+1=2，於是我問她：「爸爸給你一個蘋果，媽媽給你一個蘋果，你一共有幾個蘋果？」她的回答是「爸爸，那我就吃不完了」，而且堅持這個答案要先解決，我們也拿她沒辦法。我們這一位數學老師教我們如何在水面上站立，他說：「你先用右腳站在水面上，右腳要沉下去時，火速改成左腳，左腳要沉下去，馬上又改成右腳，只要你換腳換得過快，就不會沉下去。」問題是你沒辦法換得過快。如果不是現在年紀這麼大，動作慢了，我還真想到水面上試一試，這位老師教我們如何幽默面對人生。

小學到初中，我的國語一直還不錯，經常參加國語演講比賽，雖然不會慷慨激昂，家裏獎牌、獎狀倒是一大堆，不知何故，入了台南一中愈來愈「倒退嚕」，碰到捲舌的就渾身發麻，經歷了高中、大學，國語所剩無幾。到今天，我ㄅㄆㄇ怎麼學也學不會。唸台大醫學院那時

也是台語為主，日語為次，很少人講國語。出國三十年的斷層，1992年回台，國語居然忘得精光。上課往往台、國語參半，公文也是以台語批示。近年來中文打字非常發達，我也很想學，奈何ㄅㄆㄇ唸到第三個符號就接不下去，雖然下定決心要重拾舊知，還是沒辦法將ㄅㄆㄇ從頭唸到尾。人家說老狗不能學新把戲，對我來說ㄅㄆㄇ應該屬於老把戲吧。

初中三年後直升台南一中高中部，中間曾經一度想考軍校。年少氣盛，覺得打戰還蠻好玩的，加上滿腦子的反共抗俄，以為大丈夫當如是也。父親當然緊張萬分，知道這個小孩子平常不大愛講話，但如果心裏想做什麼是很難改變的，於是他發動了周圍的親戚，尤其一位我很尊敬的叔公輩人物，連勸了我一個禮拜，才打消我這個主意。當年如果真的去上軍校，很可能現在是幾顆星總司令級的人物，說不定台灣的歷史都會不一樣，阿彌陀佛！

醫學與哲學的拉鋸

高中三年，我對自己有進一步認識。我對音樂的愛好雖然早年就有，但真正有機會深入接觸是始自高中二年級的時候。有一天，我發現家裏「廢物」中有一把姨媽閒置不用的小提琴，我不知道她年輕時小提琴學到什麼程度，也沒有聽過她拉琴。既然家中有現成的小提琴，鄰居又有一位台南師範音樂老師蔡誠弦（日本音樂學校畢業，主修小提琴），我問姨媽是否可以用她的琴到隔壁跟蔡老師學琴，很驚奇地，她立即答應並帶我去拜師。我真的非常認真地學，不論寒暑，不管風雨，不怕學校功課受影響，每天練習二小時，當然進步神速，奠定我對古典音樂的基礎。有時我廢寢忘食到令家人擔心我的功課會受影響，後來父

親也開始有點擔憂。更有趣的是有次祖父及一位親戚來我家，祖父看我不唸書而在練琴，著急地問我拉那個東西有什麼用處？我那位親戚說：「那裏，那裏，那個路邊賣膏藥拉『弦仔』的人，每年收入近千元。」意思是說我如果拉琴拉得好，將來可以到路邊賣膏藥，收入也很不錯的。我小小年紀也知道他未免小看我了。我對拉琴的執著令我父親也不安，高中將畢業，有高三期末考及畢業考等等等著我，我一概不管。因為我已經知道我們這一屆台灣大學保送的名額有十位，醫學系有五名，只要畢業總成績在前五名便可以穩上。我因為一直名列前茅，所以不擔心掉到全屆五名之外，一直向父親保證我會在安全名單內，他半信半疑，但也無可奈何。成績公布，果然穩穩在五名內。

　　但問題卻來了，我不想學醫。因為我一向對哲學很有興趣，所以很想進台大哲學系，父親這下子大為著急，雙方各持己見。父親後來沒辦法，告訴我說，學哲學的人很會自殺。是真是假，我也無法得知，但小小心靈倒是毛毛的，想到這個惡果，我只好跟父親達成妥協：第一志願醫學系，第二志願哲學系。就這樣我糊里糊塗地進入學醫之路。其後將近一甲子我沒離開過醫學這一條路，只是對醫學涉入愈來愈深，由醫學而生物學、而生物化學、而理論化學，終點竟然也是哲學。我很欣慰不是經過傳統的形而上學而入哲學，而是經西方的醫學、生物學回歸到哲學。雖然我傳統哲學的學識非常淺薄，但我認為我對哲學有一番認知。維也納大學哲學系系主任Moritz Schlick是一物理學家，他認為人類學術思想不斷鉅變，科學地位應凌駕哲學形而上學，所以人文學應該是人文科學，社會學應該是社會科學；如是，哲學應該是哲學科學。這點我這一把年齡總算有一點領悟了。領悟到人類知識之匯集都有其基本軌道，

最終之匯集點都一樣，自然之法規也如此，哲學也不例外。上帝（本書中不只一次提到「上帝」二字，但這個「上帝」與西方宗教上神聖的上帝仍有實質上的差別。我所說的「上帝」是台灣人廣義的「天公伯啊」或「老天爺」。在此特別說明，我如此借用，對於宗上的「上帝」完全沒有不敬之意。）造人早就給我們這個智慧，只是這智慧深深地隱藏在我們的DNA中，可以說是很吝嗇的贈與。

高中時候的男孩子是人生中最難處理的多變時期，我也不例外，想當麥克阿瑟，又怕體力不如人；打了一段時間的網球，也加入了校隊，雖不是球技最好，但與好友吳旭宸組成的黃金組合，幾乎每戰必勝。因為跑得快，又跳得高，校運時高欄這一樣沒人參加，我被硬推上場，居然也得了第一名（父親一直搖頭不敢相信），也代表學校參加了中學聯運，第一輪就遭淘汰（因偷跑被罰退一步起跑，忘了換腳，亂了腳步，第一欄就踢到欄，第二欄勉強過去，腳步愈來愈亂，第三欄就連欄帶人摔倒在地上）。當時跑道是用火碳屑鋪成的，右膝重傷，膝上皮肉內的碳屑至今還在，頓時非常傷心，獨自一人離開跑道，坐到樹底下，沒有一個朋友來看我傷得怎樣，冷暖人間，令我非常灰心，於是想在運動場發展的念頭也就放棄了。

父親對我讀書的能力似乎很有自信，但是對於我也有不少運動細胞他不甚相信。我小弟明道，小時得小兒麻痺，下肢一大一小相差甚大，但卻是一流的運動高手。他在台南一中有多項游泳紀錄保持了很多年；足球當守門；棒球當捕手；網球更是一流，站在那裏很少移動，就把我打得潰不成軍；台灣可登之峰（包括玉山）他都攻過頂了。

音樂方面，我本來也想創出一個天地，但除了一些簡單的提琴技巧

之外，我連什麼是大調、什麼是小調也不知道，有一天硬著頭皮問提琴的老師大小調之別，他只懶懶地告訴我Do, So多的是大調，Mi, La多的是小調，連大小調差小三度的關係也是到以後自己看書才知道的。到現在我還不了解為什麼Chopin在他早期鋼琴前奏曲prelue（作品28之15）要由5個降記號轉到4個升記號，多煩。

音樂上我最大的痛苦是，背譜有極大困難，我幾乎沒法把一個曲子背下來，尤其是要永久記住更是不可能，因此對自己的音樂才能起了極大的懷疑。直到半世紀後我回到台灣任慈濟大學校長，招待了蘇聯很有名的音樂家Victor Pikaizen（是蘇俄很出名的小提琴家David Oistrach最得意門生），我請示了他我這個無法背譜的困境，他才告訴我，這個能力要從小培養出來。小孩子學習音樂不必太早（七歲以前），但也不可太晚，十來歲以後才開始就沒什麼希望了。以後，學神經科學才知道腦細胞要經過一段可塑期（plasticity），細胞間的聯繫也早就佔好位子定了位，沒有這項先入為主的優勢，以後的發展是很有限的。對自己有自知之明，現在想起來幫助我不少。每次我到歐洲去，常看到路上拉琴的人，前面放一頂倒放的帽子，讓人丟銅板進去，每次我都會多丟一些錢。Y.H.問我何故？我說這些人使我想起，當年如果我沒有自知之明，今日的我最了不起也是街上賣藝而已，絕不是上流的音樂家。這些路邊藝人與我最大的差別是他們比我更有才華、但也許沒有自知之明，才會淪落至此。

走過必留下痕跡

在這狂野的年齡，我對很多東西都有莫大的興趣，例如有一段時期

我對新詩也有很大的興趣，是受當時一位軍中詩人楊煥的影響，也不自覺寫了一些，但幾乎自認不成器，早就丟到垃圾桶了。雖然寫得不好，似乎也應該留下來做紀念，日後也可以看看當年的無知，所以有點遺憾。直到二、三年前我有一位中學的同學邱棨鐋教授（一個非常傑出的國學家，張大千、黃君璧入門弟子，名畫家、藝術家、文學家、詩人，是我們前後多屆最有成就的學文學者），他在中學時也寫了不少詩，我寫好的給他，他的給我。去年有一天我突然收到他的一封信，信中附了一份黃色紙張，是我當年給他的我的幾首詩，他正在整理他的資料，要寫他的回憶錄，看到這一份老紙張，想我也必樂見，所以寄來還我，令我喜出望外。這些詩到現在我還是覺得很差，但收錄於此，當做走過必留下的痕跡。

埋葬

地上的小雀把枯了的小草含走
黃昏的流水洗淡了雨天的彩霞
背著現實的鋤頭
我尋找著埋葬綠色夢的地方

風景

這裏雖然已是山嶺淒寂的深處
枝上還有你安棲的地方
高飛的小燕
不要害怕山上的涼風

佇立在山嶺的盡頭

椰子樹

不會理會落日的餘暉
白雲並沒有記載著生命的解答
築起靈魂強健的長城
椰子樹將告訴你暴風雨中的樂趣

戰場

錘鍊尼采不倔的超人
彫塑上帝沉默的臉孔
聆聽著鐘錶急促的行拍
一支鋼鐵的靈魂開上之沸騰的戰場

給MB（一）：懷念

山谷裏迴響著我輕輕聽著Marbou的聲音，
湛藍海底下正沉澱著遙遠的懷念。
輕輕地吹熄了台上的孤燈，
黝黯中我把頭深深捲伏。

給MB（二）：早安

淡藍的床毯密封著
極淡藍的夢；

飄過樹梢上的白雪是
兒時白色的回憶；
揉一揉疲倦惺忪的眼睛──
今天又沒有母親的「早安」

給MB（三）：白雲
窗外的古保爛爍著
五千年的故國；
深夜裏的天籟是來自
海島上的珍重再見；
抓住時間飛速的快輪──
我躍上了一朵回家的白雲

給MB（四）：影子
沉默著的，不是六月的深視
南國倦了的相思樹還沒有睡著
步上最高的山嶺
星星間，我搜索著你的影子

　　當年我也曾嘗試要翻譯雪萊（Percy Bysshe Shelley, 1792～1822）及
愛倫坡（Edgar Allan Poe, 1809～1847）的詩，但很快就認知到那不是
我能力所及，直接就放棄了，也沒有留下一點蹤跡。
　　另外一個我認為很得意的傑作是，中學時背下當年台南市所有私家

汽車的車牌號碼，有機會就向人誇耀，到了美國更是偶爾用來嚇嚇美國人，但是我還是很老實馬上告訴他們，台南市當時只有五至六部私人車子：台南市長、議長、團管區司令薛岳將軍座車及二、三位稀有動物，富人的座車。

台南一中之教育對我影響非常巨大，我對同學的尊重及友誼至今牢牢存在，師長的教育訓誨，無時不在我心。有空獨自一人，我會偷偷唱台南一中校歌「勤讀書，守秩序，思齊往哲，光文沈公；愛吾國，愛吾民，台南一中無負鄭成功」。2003年之SARS，不顧自己生命挺身而出，台南一中之潛移默化可以說扮演了重要角色。

醫學院，台大七年

1955年，我幸運地保送進入台大醫學院。暑假開始留髮（當時中學生都是留平頭），9月初穿了一雙新皮鞋，帶了一只新手錶，上京台北（生平第一次到京城）。半長不短的頭髮，一看就知道是草地囝仔入城。皮鞋是新的，很快腳就起水泡，所以又是一跛一跛，一看十足鄉下味，窘極了。

入學第一件事是註冊，我準時到場，但已經排了長龍，因為台南一中同學特別多（六十多位同學竟有十六人），很多已先排隊的同學都邀我插入，於是我就選了一個「古意」同學林子淳（中學時我有一天在上學途中與人打架，他幫我揹書包，但沒給我支援）前面插入，面不紅，心不跳。有趣的是得到的學號居然是444013（很少人記得他的學號，但

我終身不忘），4是華人眼中不好的數目，二個4，負負得正，勉強可以接受，但三個4，就說不過去了。再過來是一個零，完蛋之意，再下來是13，是西方人不祥之數目字，我中西之不祥集於一身，當然是會完蛋的。那個時候，心裏毛毛的，悔不該插隊，活該就是。如果這個數字是預言，我一生大概也沒什麼希望的。帶著這份悵惘，我踏入了我人生的另一旅程。

入醫學院我遇上了一生中的貴人同學，後來成為至友，黃碩文教授。我家鄉台南縣歸仁隔壁村仁德村有一望人黃老先生，與家祖父為好友。黃家有幾個小孩，其大兒子黃金江先生是家父台南二中同學，後來他赴日唸醫，為早期台灣名小兒科醫生，後來為台北醫院院長，也當過台北醫學院校長。黃金江先生大公子黃碩文，與我同年，由成功中學保送入台大醫學院。因為家裏三代友好關係，黃家把我視同己出，過年過節我不是在他南京西路家過，就是他把東西帶到學校給我。碩文是典型好學生、好醫生，以全班第一名畢業。他學問絕佳，是今美國小兒過敏權威學者之一。我因自己及家人有惱人過敏體質，過去幾十年來，他是我最常請教的學者醫師；一生有這種好友實在是上帝之恩賜。

醫學院我唸了不折不扣的七年。我上課向來很少記筆記，醫學院也沒例外，並不是我記憶力特別好，而是學得不情不願，再加上近視重，眼睛不好不便抄寫。可是沒有筆記我也關關難過關關過。二、三年級時我對化學開始好奇，不滿足於醫學系的化學課，開始旁聽化學系的課。開始時去旁聽化學系潘貫教授的physical chemistry，因為斷斷續續，所以似懂非懂，收穫平平。後來更不自量力去聽他們高年級討論式的課（seminar），我一個人坐在後面牆角，昏昏沌沌，可以說完全不知所

云。有一次潘貫教授注意到我，請助教來問我，反而促成我自我了斷，不再去聽。此外，大學時期我可以說抓到什麼書就看什麼書，而且做成批記，比正課的筆記更用心，這些幼稚園式的筆記我到現在還保留著。

　　我們大二的化學課是在化學館大教室上的。不知何故，窗離地面大約150公分高，我課中間休息時喜歡跳到窗上，面朝外坐著，望向一區一區的稻田。涼風吹過，綠色的稻禾形成一波坡綠色的波浪，美極了。心想有一天我會讓這些綠色的稻浪載著我綠色的夢回去。有一次我竟然沒聽到上課鐘響，老師進來開始上課我還坐在窗上，直到同學匆匆把我拉下來。

　　讀完醫學院基礎醫學課程後，我畫了一張有很奇怪想法的圖，就是人的腦袋移植的假想圖。原因是身體提供腦的是營養及氧氣，以及處理腦部代謝之後的排泄物。今天的心肺人造器官可以取代真正的心臟及肺臟，合成的營養素可以取代肝臟功能，腎臟功能可以洗腎代之，因此腦部可以單獨被養活，而且可以持續運作。當然這個構想既幼稚又無知，但我相信二十一世結束之前，動物實驗是可以做到換腦的。換腦技術上的問題是極其繁雜的，以目前可預見的將來是無法實現的，但科技的盡頭很難見得到的。一、二百年前誰敢預料人是可以換心換肺的？換腦技術上如果成形，問題可就大了，首先倫理問題要先有答案，所以必須由低等動物開始，首先同動物品種移植，再試不同品種之間。我想知道的是人腦移植黑猩猩（chimpanzee，與人類基因98.5%相同），或者反之，最終人與人之間之移植，這一連串之嘗試肯定會觸怒上帝，說不定會帶來人類最終的毀滅。我經常有個夢想，希望可以說服一位口腔外科醫生做一手術，將黑猩猩口腔內的肌肉及聲帶位置做一些調整，讓黑猩

猩可以發聲，再試試教以說話，這樣人類及黑猩猩的關係就可以大大突破了。夜深人靜的時候，我偶爾會想起當年的crazy idea，怎麼學了一點點生物學就有這麼不切實際的瘋狂的想法？是不是自己的腦袋是先要換掉的？但是五、六十年前的小孩子有這種奇想也是值得一提的。

對基礎醫學深感興趣

　　大學求學的過程有一段小插曲，影響我一生做研究的態度。大三生化課時要做實驗，是我最尊敬的醫學院教授之一黃伯超老師的課。全班分成好幾組，每一組大約七、八個人，負責做動物缺少某種維生素的發病情形。我們這一組做維他命C缺少時體內出血情形。我們非常審慎地提供沒有維生素C的食物給一群大白鼠吃，養二、三個月，果然看到各部位開始出血，但體內，尤其骨頭病變是無法知道，所以要把動物殺死再查驗。問題來了，要麻醉動物很簡單，把頭塞進乙醚（ether）罐子，牠就昏迷過去。接著要把牠的頭切斷，但是男生中沒人敢做。我們組上恰好有一位女生，志願說我來我來。只見她拿起一把超過三十公分長的大剪刀，談笑風聲，把手掌大的大白鼠的頭一刀剪斷，我們男生縮成一團躲在一邊。這個景象留給我很深的印象。人有什麼權利把活活生命一刀二斷解決之？自此之後，我一生的實驗從來沒有使用動物，都是用大腸菌之類細菌如E. coli（大腸桿菌，正常人都有，一般無致病性）來做實驗。這一位女同學後來成為基礎醫學教授，2012年往生了！

　　這裏就衍生了一個問題：細菌就沒有性命嗎？吃葷食不也是殺生嗎？為什麼我沒有吃素？對一次動物實驗反應如此劇烈不是很虛偽嗎？學了一輩子的生物學我當然可以舉出一百個理由來自我解釋。基本上生

物之養份無法樣樣自己自原素製造，必須假借其他生物製造而取用之，於是弱肉強食幾乎變成無法逃避之定律。一定要使其他生物致命嗎？有沒有可以避免的方法？我沒有答案。

　　大學期間，我另外一個興趣是遺傳學。我很早就認知到遺傳學將是二十世紀下半段最重要的科學，因此對遺傳學的知識之追求近乎瘋狂，圖書館有關遺傳學的書我全部看完，從G. Mendel到Edward Tatum、G. Beatle、Jashua Leaderberg到劃時代Watson及Cricke之研究，甚至於追溯到Dobzanski之古典遺傳學，到A. Motolsky, V. Mckusick之臨床遺傳學，我沒有一本放過。當時圖書館沒有電腦化，書本後面有一張借書者之簽名卡，圖書館裏遺傳學書背後的書卡幾乎都有我的簽名。1992年回到台灣，有一天偶然機會遇到一學長，眼科的洪伯廷教授，他有一段時期對遺傳學有興趣，也在圖書館借書，結果他借到的書竟然書卡上都有我的簽名，讓他非常好奇這位學弟是誰。他不只一次向我提起此事，我說不是我看的書多，是學校圖書館的書太少，只有那幾本。這跟我背台南市全部汽車車牌號碼的情形完全一樣，不是我記了很多，而是車子太少了。窮時代有窮時代的樂趣，只是容易變成井底之蛙而已。

　　醫學五年級小兒科分組討論上課，李廷堅教授擬出了大約十個題目，讓學生抽一個題目上台報告。我抽到先天性異常，有一位同學抽到DNA及遺傳疾病，他說他沒辦法講，我自願跟他換題目，二人皆大歡喜。我如魚得水，上台侃侃而談二小時，幾乎將自己幾年來所學所知的遺傳知識傾囊而出，李廷堅教授大為驚奇，這個小子怎麼懂得比他多?! 他是一位很豪爽的人，能承認自己的短處。以後小兒科這段有關遺傳學的部分由我代教，後來還邀我同他一起寫了一篇簡單的

〈Medical Genetics〉的文章，登於台灣醫學雜誌，是台灣醫界第一篇有關這方面文章。李教授皮膚黑黑的，人稱「黑李的」，而我就被稱為「白李的」。那個時候，剛好大家認為人類染色體有48條，接著有人也發現了唐氏症是因為第21號染色體多了一條，這些發現掀起了研究小兒遺傳疾病的風潮。李教授邀我一起開發這方面的技術（chromosome preparation），但我因為醫學生臨床實習功課繁重無法答應，很可惜。

隔了幾年，48條這個數目修正變成46，是一華人蔣有興（1956，Tijo）發現的。我到美國同朋友甚至於師長談到人類染色體數目時還以為是48，自信過高，以為我對遺傳學的認識絕不輸老美朋友，甚至同他們爭論起來，後來才知道我的知識慢了人家三、四年。我常告訴我的學生這個很不尋常的故事，告訴他們知識是要日新又新的。

我對音樂的熱衷，在醫學院中也沒斷過，大一一進入台大就被大學弦樂團的學長邀去參加他們的團隊，不久醫學院弦樂團的學長也找我，說我遲早要歸隊醫學院團隊的，何不早日加入，我就搬過去參加醫學院樂團，也提早認識了如周欽城、周炳明等很優秀的學長，只是每次練習要挾著小提琴騎單車由校總區（醫學系頭二年是在校總區理學院上的）到新公園醫學院去團練，相當驚險就是。醫學院弦樂團就叫「杏林弦樂團」，我在杏林呆了七年，交了不少朋友，也獲得不少經驗，唯一遺憾的是醫學院學生功課繁忙，導致每次練習時總是很多人遲到或早退，拖拖拉拉的，令人心灰！

杏林弦樂團時期我印象最深的，是醫學院學生小提琴拉得好的人很多，上述的周炳明學長就是其中之一。記得我大一時參加了醫學院一個晚會，有周學長的演奏，他奏的是貝多芬小提琴Sonata（Spring Sonata, op.24, F大調）之第四樂章，令我歎為觀止，怎麼有醫學生奏這曲子奏得這麼美？最近我聽了猶太小提琴家Pinchas Zukerman演奏，他也奏了Spring Sonata，聽到他拉第四樂章使我頓時回到五、六十年前的學生時代，想到當年學長現在年已八十，而且身體不甚好，感觸非常深，時間是多麼無情。

　　還一個疑問至今我還沒答案：為什麼學醫的人那麼多人喜歡音樂，尤其是古典音樂。有一年，不知何故參加杏林樂團的人突然大減，我們班上七、八個人上台一字排開就演奏了。外國似乎也有這種傾向，不過不像台灣這麼明顯。醫學與音樂是否有什麼共同的基因？

　　我對臨床醫學經常有點莫名的抗拒，但是對基礎醫學卻有很大的興趣。當年剛好是遺傳學的萌芽時期，我深深著迷，日夜深陷其中。剛好那時有一位從京都大學回來的微生物學老師潘以宏教授，教我們什麼是transformation、什麼是transduction，我就找他談了幾次，最後他答應收我在他的實驗室工作，就此開始了我一生的研究。我週末或晚上或是課餘時間，甚至於翹課，幾乎天天在他的實驗室裏，因此我練得一手培養細菌、消毒器皿的好手藝。當時DNA變成生物議題的中心，我也心血來潮，認為如果有一外來的傷害，DNA應是第一個應聲而倒者，於是用手邊天天培養的大腸桿菌加以輻射傷害，在細菌還沒有死亡前看細胞蛋白質的生產，以及RNA、DNA的複製中，是否DNA會是第一個中箭落馬？

　　我選擇了鈷60之γ射線（很強的生命破壞劑）當外傷工具，找了台大醫院放射線科一位關老師，告訴她我的想法，請她讓我使用病人治療用的鈷60儀器，她居然答應了（現在想起來，讓一個還像小孩子的醫學

生，每天晚上獨自一人到放射科內使用那種可以殺人的儀器是多麼危險啊！）我幾乎夜夜獨自一人開、關鈷60放射機來殺E. cloi細菌（謝謝關老師，也為當年的糊塗向您請罪）。我首先找出一個影響細菌生長最低劑量的鈷60，再看其蛋白質，DNA及RNA合成情形。結果我發現DNA在蛋白質受抑制之前，已經完全被抑制了，但在量化RNA時技術上遇到了瓶頸。那時我已是七年級實習生，有照顧病人的責任，實驗工作幾乎被迫停頓。幸好，那個時候有一位志同道合的學弟吳成文來跟我討論，我告訴他我的問題，問他可否一起把此工程完成。成文慢我二年，是醫五學生，絕頂聰明，不久我們合作順利地把這項工作完成。這研究是當年台灣第一篇DNA生物功能探討的論文，我與成文把它寫成論文發表於台灣醫學會雜誌（J. Formosan Med. Assoc. 62：218, 1963），成文也變成我的摯友，一直到我衛生署長卸任，我還到國家衛生研究院（成文當時任國衛院院長）工作，重新啟開了半世紀前的合作舊夢。這一篇論文以及與李廷堅教授寫的二篇文章（〈醫學遺傳學〉，《台灣小兒科醫學雜誌》Vol 2-1, p.58-65. 1961；Vol 2-2, p.151-162, 1961），在我生涯發展中，意外地幫了我一個大忙（這一部分之研究及我其他的研究結果，由嚴智鐘教授指導，論文題目：〈E. coli B 鈷60照射後之生長，Catalase, FAD 活性，RNA及DNA之生合成〉，於1962年6月向校方提出）。

　　1962年，我醫學院畢業，當兵去了。

中華民國陸軍輕裝師，第49師

畢業沒幾天，理了平頭入軍營，有醫生背景的可當醫官，但之前須受一些基本訓練，包括思想教育及被管控，於是我們先到衛勤學校報到，接受幾個星期的入營前集訓，這些思想訓練對我們來講是幼稚而荒唐的，但年年照演。有一次教官要我們作文，寫我最敬愛（或敬重）的人，黑板上提供了二個人的個別資料：孫中山與蔣中正、幾年幾月幾日出生、做了什麼豐功偉業，提供一些具體事實供我們參考，目的是要我們寫得更有聲有色。但是我們這些小醫生對於政治人物一點興趣也沒有，只好就心中的偶像而寫。那時楊傳廣剛好拿到羅馬奧運十項全能銀牌（與金牌只有些微差距落敗），全國大為轟動，我也很佩服他。我們這群人個個考試考得很好，橫掃大江南北，但具備相同能力的人，每年至少幾百個，全世界也上千上萬人；可是奧運金銀牌，尤其是十項全能，世界上幾十億人口，也只有寥寥幾個人，所以這些人棒多了，令我由衷敬佩。於是作文題目我就選擇楊傳廣做為我最敬重的人。文章上要寫理由，為什麼這個人是你的選擇，我寫楊「頭腦簡單，四肢發達」。這幾個字是當時社會上對阿兵哥負面的描述，我把它引用到我的文章當然有點敏感。過了二、三天班上指導員叫我去，拿著我的作文，一直追問我那八個字是什麼意思，我支支吾吾應付過去，還以為事情就這麼過去了。

幾個禮拜過去了，我們要分發到部隊去，這個分發攸關今後在軍中服務之艱苦程度，有人分發到住家附近的軍方醫院，有人到步兵營，有人去金門、馬祖，真是天壤之別。分派是以公開方式抽籤的，但所謂

「公開」是只有訓練營上面幾個人，我們學員沒有一個人看到，可以說是完全不公開的，結果我抽到陸軍第49師衛生連。抽完後全部學員議論紛紛，對這沒人參與沒人看到的方式之公開性、公正性多表達不滿。我也因此與一同學爭吵，天真地說不會有不公正的，另一位同學回應絕對有舞弊。到了晚上睡覺前，這個同學（他分派到最好的職位——軍方醫院當醫官）跟我說他就是用關係抽到的。我頓時啞口無言，對軍方非常失望。今年中（2013）有一用功大學生，軍中當下士，因平時可能急公好義，對軍中作為多所批評，被軍方活活整死（虐死）。如今看起來，我的懲處是很輕的。

陸軍49師是一輕裝師，配備簡單，一支卡賓槍（最輕的步槍，好像玩具一樣），沒有配車，所以要到哪裏就步行到哪裏，雙腳代替軍車。整個師是當時為了容納韓戰那一批投誠、不願回中國的士兵組成的（不配備重武器，莫非是對他們忠誠有疑慮？）。我入了營，連上上下都對我非常好，我也很快適應。連上有幾個軍中醫官，還有不少台灣兵員（二等兵，高中職畢業的），正式的醫官只有我一人。連中不少人，包括副連長及幾個排長都非常努力自修，希望到外面參加一些考試，通過後可以脫離現境，以免一生被困在這種裏。我很快地變成他們的補習老師，英文、數學、物理、化學，無所不補（只是沒教醫學）。一週六、七天，成為典型的補習班老師。因為有了這師生關係，我做起事來方便多了。

決定終身大事

部隊沒軍車，移防都要自己背東西行軍。有一次要移駐谷關作山地

作戰訓練，我們由后里軍營揹著自己所有東西（飯碗、毛毯、衣物等等），一路行軍過去。軍人行軍步行50分鐘休息10分鐘。走了5、6個小時，我膝關節痛得不得了，休息時不敢坐下來，因為坐下之後就站不起來，不用說再走路。連長看得實在不忍，就默許我去坐客運車，叫我在那裏下車。因為我知道今晚要在那裏夜宿，非常高興有這一條活路。於是本來已很慢的腳步走得更慢了，我故意又降低速度，更遠遠落後連隊。後來我真的踏上一客運車，往目的地走。路上看見阿兵哥在路二旁行軍，我趕快低下頭來，不讓他們看見我坐在車內，但我忘了把槍頭也放下，阿兵哥看到客運車內有槍，大聲說有人坐車，一時變成大新聞，這種隨便脫離軍隊的罪名是極其嚴重，在戰時是可以槍斃的。好在我的連長幫我向上解釋，說我關節發炎，不該讓我走路，才不了了之。

　　晚上停留在東勢一個小學夜宿，因為是醫官，所以還有「房間」住，我們進到一間教室，每個軍官把四張小學生桌（二人一張的桌子）合起來當床。這些桌子高高低低，真的擺不平，沒辦法也只能這樣睡。而且因為實在太累了，一躺下來便昏昏入睡。早上起來在教室走走，看到黑板底下那放粉筆的溝槽有一朵人造花，做的好極了，我覺得太美麗了，但心裏深處總有一種莫名的遺憾，覺得這花有不美的地方，卻怎麼想也想不出來到底哪個地方不美。不久，我突然頓悟，這一朵花不美是因為它不會凋謝。第一次在我的人生中，看到死亡在生存上的真正意義。人如果不會死，生命不是完全沒意義了嗎？繼續走（沒客運可坐了）到行軍的終點——谷關，大家忙著去洗澡，我也跟著洗，水是山泉水，是冰冷的，一下子人全部清醒過來，認識到我又要開始一段人生不同的路程——山地作戰訓練。

　　山地訓練不怎麼苦，但非常驚險，跋山涉水樣樣都要來，醫官照樣每樣要學。有的時候會輪到我打頭陣，完全沒有保護，有一次要爬峭壁，我一看這個九十度壁，一點把握也沒有，如果摔下來，至少半條命掛了，在猶豫中連上補習的學生副連長跟我說：「我帶頭你再跟上。」他一路衝上，邊爬邊用繩子打樁，讓後爬者可以抓著固定的繩子往上爬，萬一失足，只要抓住繩子就不至於掉下去。就這樣我第二個上去，平安抵達。平時積德還是有效，雖然不是有意播種的，任何時候都會有意想不到的收穫。

　　五十年來，我雖然還沒用上這山地訓練學來的飛簷走壁的絕技，卻也讓我對山有一種特別的感情。我也不知道為什麼我會被分發到這種艱苦的部隊去？我想與那時我批評軍人「四肢發達，頭腦簡單」有關。那些所謂頭腦簡單的人，給我點上記號，這個小子要好好教訓他一下。這種安排實在頭腦不簡單。我也常常想難道四肢發達的人就真的頭腦不可能很發達嗎？楊傳廣曾被人稱為「傻將」。後來，我也認識當年非常出名的亞洲羚羊紀政。我當衛生署長時跟她合作過一些促進健康的運動，發覺到紀政IQ、EQ都極佳，她的社會良知（social conscience）更是令人敬佩的。我對楊傳廣的佩服一直沒減，我當署長時他患有肝病，我特地南下去看他，並請高雄長庚醫院（台灣肝移植重鎮）特別照顧他。過了沒多久，他就過世了，我也沒有機會向這位體壇的大天才解釋我對他頭腦簡單的不當論述。上帝造人，經常只給一，不給二。愛因斯坦如果上山，看到老虎，第一個被吃掉的一定是他，因為他可能是跑得最慢的那一個，跟相對論沒有一點關係。最近我在台大校友會刊看到一位學人的介紹，他是清華大學資訊學院院長吳誠文。吳院長小時候曾經是少棒

國手巨人隊隊員。1971年得世界少棒冠軍。後來他考上台南一中，台大電機系，再負笈美國，在加州大學取得電機與電腦工程學博士。返國後任教清華大學，由教授而系主任而院長，今鑽研工研院晶片研究，推動國家工電產業，對國家貢獻很多，這種人真的得天獨厚，你可以說他四肢發達頭腦簡單嗎？

　　當兵期間我完成了一生很重要的事——訂婚。對象是當時台大外文系學生廖雅慧（Yahwei, YH），是經由媒人介紹的。我有個堂哥李樹欉先生（奇美醫院柳營分院副院長李浩銑醫師之父），時任台南縣教育局長，認得當年台南縣議會議長廖乾定醫師。廖醫師是台南縣玉井人，日本熊本帝國醫科大學畢業，在玉井鄉下行醫，後來被選為議員、再任議長。李局長知道他堂叔（家父）有一學醫的孩子，也知道廖議長有一唸台大外文系的女兒，兩家似乎門當戶對，於是主動介紹。廖夫人（後來的岳母）是台南望族莊家後代，在廈門集美受教育，中文底子很好，生有二女雅慧是台大外文系班上女孩子身高最高的學生（約170公分）。那個年代女孩子這樣是很高的。後來我看她畢業典禮照片她是排行第一（表示個子最高）。訂婚當年她大二，我們交往了不久，因為我退伍後就要出國，雙方家長認為訂婚較好，於是出國前不久，我們就訂了婚。她是班上第一個被訂走的。

1. 作者約四歲，與父母親及大
　　哥明星（右）。
2. 內祖父母，大約八十來歲。
3. 作者年紀最小的一張照片
　　（約二歲），左起：表姊、
　　姑母，母親（抱著作者），
　　內祖母、內祖父、父親及大
　　哥明星、表兄許金龍。

1. 母親及作者（二歲）。
2. 台東鹿野之龍田醫務所，母親最後住院於此，回家途中於右邊小轎車上過世，1942年7月11日。
3. 高中畢業時小提琴演奏，伴奏者為好友蕭欣義（後來成為歷史教授）。
4. 台大醫學院畢業照, 1962。
5. 醫六時全班合影，1960。

1. 初中時全家，左起弟弟明典、姨
   母，前為小弟明道，家父，前為
   妹妹春芳，最右是初二時的作
   者。
2. Y.H.（後排左一）全家，1962。
3. 作者大學照。
4. Y.H.大學照。
5. 訂婚照，1963年5月19日。
6. 訂婚，1963年5月19日。

1. 父親及姨母於台南家，1992。
2. 父親大崗山糖廠宿舍，2002。
3. 台南一中傑出校友獎，左二王金平（立法院長），左三總統府祕書長邱義仁先生，右三
   是作者。

II｜斷層三十年

1963年9月1日，一個太平洋彼岸的草地囝仔

降落於紐約的甘乃迪機場。

赴美後我專注於生物中分子的研究、DNA遺傳問題之探討。

由小的分子出發，我發覺更重要的是人，

所以我由試管生涯（基礎醫學研究）轉入臨床疾病之研究，

面對人這個個體。

而在照顧個體的過程中，

我進一步領悟到更重要的是，培養更多治療人的人。

於是1993年9月1日，我離開了居留了三十年的第二故鄉——美國。

飛機飛過大狹谷高空，百感交集，

突然間，我注意到三十年前的同一天我離開它；

三十年後的這一天，

我回到我的第一故鄉台灣，結束這三十年的斷層。

美國實習醫師

我是「來來來，來台大；去去去，去美國」時代的典型產物，在那個大洪流裏，自己沒什麼主意，跟著人群盲目地跑。

美國實習醫師制度（住院醫師亦然）是每年7月1日開始的，我退伍時已經8月，拚命往教育部、外交部跑，趕辦護照及簽證。在校時本來想赴美讀基礎醫學，也申請了學校，結果對方適逢年休（sabbatical）把我的申請耽誤了，只好拿另一種簽證（H Visa）往美國的醫院當醫師。1960年代美國正欠醫師，極力向外國要人，所以一申請就獲准。我臨時決定到醫院而不是到學校，所以選的醫院在紐約市之Staten Island區。月薪很優渥，可以積點錢去唸書。

辦了護照及簽證，問題來了。那時（1963年）噴射飛機出籠不久，機票貴得驚人。台北－紐約單程經濟艙五百塊美金，匯率1：40，等於新台幣二萬元。對薪水階級，這是相當大的數目，但父親二話不說就以一年的薪水代我買了一張票。當時對外匯款有相當大的限制，每人只可以帶二百美元出國，怎麼夠用？！於是父親到台南一銀樓買黑市美金，居然買到一張面值我至今還沒有再看到的五百元美鈔。如何偷帶這張鈔票出去，我想了一個妙招。我買了一包香煙（假裝有抽煙），把煙全部倒出來，把那張五百元鈔捲成香煙狀，塞到香煙盒子最內層，再把原來的香煙一支一支放回去，那包香煙就大搖大擺放在襯衫口袋裏踏出國門。上了飛機第一件事情就是跑到洗手間把香煙倒出來，把五百元美鈔放到錢袋裏，臉上浮出一點得意的微笑；但想到父親的用心，加上初次

離家出國，眼淚幾乎掉了下來。

出國有二十公斤的行李限制，除了海盜版的專業書之外沒有什麼可帶的，記得的東西還有X光照片（證明我沒有結核病）以及衛生紙（怕美國這個地方沒有）。9月1日由松山機場（坐的是TWA〔Trans World Airline〕的飛機）出發，相送的親友都跑到機場屋頂，一字排開不斷揮手。我從機內小窗口望出去，看到家人也站在那裏揮手，我也在機內拚命揮手，但他們是絕對看不到我的。此去不知何時再回來沒有人知道，當父母親的心是多麼痛啊！可是我們出國的人，心情是蠻興奮的。大時代小人物的悲劇是演不完的。9月1日深夜抵達紐約甘迺迪機場，未婚妻Y.H.的姊夫，在康乃爾大學唸書的高英俊先生來機場接我。出了出口門突然有一位三、四十歲的女人走上來，問我是不是某某人，原來她是我要去的醫院（Staten Island Hospital）負責實習醫師的一位心臟內科醫師，Dr. Marie Rosati。從此我開始了今後三十年海外漂泊的生活。

隔天我無法抗拒紐約大都會的誘惑。第一件事是由Staten Island搭渡輪到曼哈頓，在第五街獨自一人無目的地徘徊，仰望幾乎看不到天空的高樓。第二件事情是去超商準備日常用品，有買過鞋油當牙膏的紀錄，也有過一部大推車只挑了二個巧克力，最可怕的是我到附近銀行去開戶的情形。我選了Chase Manhattan Bank。我問朋友這個銀行會不會倒掉我的五百元，笑倒很多人。我把那張五百元鈔票交給銀行小姐，她傻了，馬上跑進裏面。過了一、二分鐘有二位警衛站到我的後面，他們看到這個東方年輕小傢伙，頭髮短短的（剛退伍）居然用一張連美國人都沒看過的高面值鈔票，懷疑鈔票，一定是偷來的，或是賣毒品所得，準備逮捕我。後來查出這一張鈔票不是他人遺失，也沒有不良紀錄，才

讓我走。沒想到我差那麼一點就入獄了。

上班另一件重要事情是填一些表，才開始正式工作，表格上面有一欄，種族：white或color。我自知不是白種人（white），黃種人應該是有彩色的（color），但該欄又沒有分色彩，猶豫了一下，還是勾了color一欄。那位小姐看到我選的，瞪了我一眼，說：「你不是color。」color這個字在美國是給黑人用的，有歧視的成份在，我只好改勾white。

離開台灣之前我收到醫院寄來的一封信，需要我的身材數字，因為需要代製作實習醫師制服。我老老實實找人量，把數字寄過去。其中有一數字是我腰圍二十七吋，以我當時的體重五十公斤，這個腰圍不算太離譜。但是美國院方認為一個成年的男人不可能有這麼小的腰圍，又沒有時間跟我確認，只好抓個大略，用美國同年紀男人的平均腰圍，就做了三套制服給我。到了醫院我穿了，結果腰圍大到可以放二個拳頭。出國前家人送我一塊黃金，是為永久保留當紀念的，我用這一塊黃金做了一個皮帶扣頭，因為黃金質軟，因此褲帶無法扣緊，一用力就鬆掉，我常一邊走路，一邊要拉著褲子以免意外掉下來，尤其是跑步上樓梯的時候。有一次不小心褲子真的掉下來，來不及抓，還好沒人看到。

英文半生不熟的窘境

在美國不會開車就等於沒有腳，所以安定下來不久，我就買了一部小小的二手手排車。一位美國室友教我開了幾次，我認為可以上路了，趁晚上沒值班就在醫院停車廣場練習，還洋洋得意告訴那位美國朋友，他嚇了一大跳，說無照駕駛是非常危險的，是很嚴重的違規。如果我被

抓，鐵定馬上驅除出境，且以後不得再入境。我口服心不服，有那麼嚴重嗎？後來才知道這是多麼愚蠢的事情，我們常常把在台灣不守法的精神帶到外國去，以為不會那麼倒霉被發現，使我大大頓悟我們這個社會培養出來的人還是那麼不文明。

另一個影響我很深的人是醫院救護車司機Joe。有一次我隨救護車外出（當年紐約州法律規定救護車一定要有醫生隨行）沒扣上安全帶，Joe拒絕發動車，用近似命令的語氣叫我把安全帶扣上，他問我說：「你知道我是什麼職業出身的嗎？」我說不知道，他說他從前是職業賽車手出身的，然後問我：「你的開車技術能比我好嗎？」我說：「當然無法比。」他說：「以我的背景，我每次開車一定扣上安全帶，你更沒有理由不扣上。」他說他今天命還在，是因為他一直很重視安全帶。自此之後，我每一上車就是找安全帶扣上，成了我開車最重要的習慣，即使是回到安全帶不甚被重視的台灣，我一定把它扣上。我在美國開車三十年，曾經大車禍一次，下大雪，路結冰，對方在十字路口停不下來衝到我車子正前方，我來不及閃，撞個正著，二部車子全毀，我昏過去被救護車救走，那一次如果沒有安全帶，大概很難存活了。

拿到駕照之後，第一個週末我就開車去波士頓，要去看哈佛大學。我早知道這個大學醫學院是美國數一數二的醫學府，如果我生在這個國家，應該是這個學校的畢業生。獨自一人上美國高速公路居然給我找到哈佛醫學院，了了這個心願。途上卻出了一次洋相。高速公路過關閘要繳錢，我開進了寫著Exact Change的關口。進入關口，要交錢卻看不到收錢的人，後面的車愈排愈長，我遲遲不能過關。後面的車子開始按喇叭催我，但是閘門就是不開，後來後面的人出來幫我丟進了一個銅板閘

口才開。原來Exact Change並不是「正確的改變」之意，而是說不找零錢自己要丟進應該丟入正確數目的銅板，閘門就自然開了，我沒有銅板根本就不該開到那個閘口，這也是英文懂一半出的糗。類似這樣的英文差錯還不少呢。

有一次我在問病人家族史，問他有幾個小孩，用了一個字kid，而不是child，病人不悅。美國同仁在旁，馬上拖我到旁說不要用kid這個字，這個字是自家人說自己小孩用的字，自己講自己的小孩可以用，對別人就要客氣點用child，尤其是醫師要很保守，用字要客氣一點，這跟台灣老一輩的人，在介紹他子女時常說這是我們的「小犬」，但是你不能說你們的小犬怎樣怎樣，同樣說自己太太時說是「查扴」（台語），但絕對不可問對方說你的查扴最近怎樣怎樣。中西都一樣，有些字是不可隨便用的，但課本上從來沒提到這些，老師也沒教過，還是要我們在實際狀況下邊出糗邊學。

2001年我又發生了一件文字上的迷惑。我在公路上看到一警示牌上面寫道「Silver Warning, Call 511」，我們知道金字頭表示最頂級；銀，第二等級；銅是第三，在各種競賽上金、銀、銅都有這個含意。公路旁告示牌之「Silver Warning」表示第二級嚴重性警告，那是什麼意思？什麼警告會是第一級的？我百思不解，問車上的女兒，她才告訴我Silver表示銀髮族，這警示牌是說這附近有老人迷失，他（她）可能在公路上迷走，如果有人看到，請撥打警方號碼511聯絡。所以Silver一字與一級、二級無關。顯然地，要學習一個異國文化或語言，深入其社會長居是相當重要的。

另外，文法上的錯誤，也使我出了小名。有一次實驗做完，一些化

學用品捨不得丟，但又得出外吃中餐，於是我把它放在實驗桌上，旁邊留了一個紙條，要同仁不要把它丟掉，字條上寫著「Please save」，下面簽了我的名字，我的意思是，請保留這些東西，但英文上沒有受詞，要save什麼卻沒有寫，只有我的簽名，所以變成請救××人。中文上請留存就可達意，不必要有受詞，也就不用說出留存什麼東西，要留存的東西當然是字條旁邊的東西，但是英文文法上就差很多了。

　　我常常說我英語懂得好幾種腔調，我可以說黑人的英語，或者猶太女人的英語，甚至北卡、南卡、肯塔基、田納西附近幾州很特殊腔調的英語，我也可以說廣東人的英語或英國BBC標準的劍橋或皇家英語，我還可以說日本早一輩人說的英語，以及英國倫敦郊外工人說的英語。但是照樣常出差錯。

　　還有一次，我開車經過康乃迪克州New Heaven時在路邊看到一大廣告牌上面有Mark Twain（馬克吐溫，1835～1910 年，原名Samuel Langhorne Clemens），因為開車無法細看，眼睛快速瞄過去看成Mark Taiwan，心裏頓起疑惑，台灣什麼東西讓美國人這麼大肆廣告，原來我把Twain看成Taiwan，自己的粗心也很不好意思。

嚴重錯誤深刻學習

　　在美國的第一站，我在醫學上犯了兩次嚴重錯誤。第一次是有一天晚上一位黑人小孩來急診處，我正在值班。他肚皮有一處1～2公分傷口，他說是跌倒被地上的玻璃割傷的，聽起來很合理。我就將傷口清一下，縫了一、二針就送他回家。過了差不多一個禮拜，隔壁醫院醫師來了一通電話，告訴我的指導醫師說這個小孩被你們的李醫師誤診。其

實這小孩是和人家打架，被人在肚子刺了一刀，直接刺破胃，胃穿了孔變成腹膜炎瀕臨死亡。我的老闆問我，我老實告訴他我處理的經過，他也沒責備我，他知道我這個不同文化出身的人是不會去懷疑病人的。這位老闆最後問我說：「你不會再犯同樣錯誤吧？」（You won't do it again？）我回答「Yes」，我的意思是我同意他的說法不會再犯同一錯誤，但我應該答No，而不是Yes。他聽到我回答「Yes」跳了起來，「你還會犯同一錯誤嗎？這怎麼可以？！」我馬上向他解釋，這時候我才第一次學到中英文說法基本相異之處。我們的思考模式是，如果我同意你的說法，不管是正面的或是負面的，回答都是Yes。No是剛好完全相反的，也就是我不同意你的說法。差之毫里，失之千里，年輕人不可不慎。這個文法上表達之差異，令我謹記在心，至今我也常提醒學生。

另外一個專業上的錯，真的是我的錯，而且是不可原諒：有一個呼吸困難的病人來到急診處，一見到我就說他有氣喘病，病情看起來確實也像。我用聽診器，一聽其右肺，果然是典型的下呼吸道狹窄症狀。我給了氣喘的藥，送他回去。回去前，我叫他順便照個X光明天再來門診，留個底可參考。隔天X光科主任叫我上去看這個病人的X光片，問我說：「你認為這是氣喘病嗎？」（我在X光申請表上填的診斷是氣喘）。一看，老天爺，這是大錯特錯的診斷，原來病人左肺長了一個大腫瘤（肺癌）擠到右肺，使右肺發出如氣喘時氣管中空氣被擠壓的聲音。聽診的第一原則是聽肺部不可只聽一側，應該兩邊都聽才算數，這是聽胸診最起碼的要求。我犯了這個錯，馬上叫了一部救護車到他家把他載回來住院，診斷當然是肺癌了。其次要問的是癌細胞是來自肺部本身或者由身體別的部分移轉來的？我的指導醫師問我有沒有追查，我說

沒有，因為我一頭栽進認為是肺部原發性肺癌。老師又叫我去查病人的肛門及大腸末端。一查，果真有一大塊腫瘤在肛門那裏。所以我連續犯了二個錯誤，都是最基本的錯，夠離譜的。這個病人不久就過世了。雖然我的誤診沒很大地影響他的治療，因為他已經末期了，但這個愧疚使我永生難忘。來到美國不到半年，就犯了二件專業上嚴重錯誤，使我的醫師信心大失。不管多聰明，大意經常是失敗的重要原因。看病絕對不病例的啟示，使我行醫更精進。我記得一個名言：早一點失敗，只要知道反省，未嘗不是一件好事。

　　我還沒來美國之前就決心把美國的文化好好學起。我的老師Dr. Marie Rosati（心臟內科醫師）也很贊成。有一次她問我最想做什麼？我說我最想看馬克斯的《資本論》（Das Kaptial）。她非常驚奇，問我為什麼？我說我們在台灣天天被教育馬克斯這個人多壞多壞，是萬惡的共產黨人，可是從來沒有人告訴我們馬克斯壞在哪裏？為什麼那麼壞？對於這種的教育方式，我打從心底不服氣，一有機會就想解開這個謎。後來Dr. Rosati找了一本《資本論》借給我看，是英譯本（原文是德文的），我勉強看完，老實講也看不太懂，但至少了了這個心願。這種被欺騙的感覺在一知識份子的心裏是很難忍受的，後來又到市圖書館借了一本德文版的給我看，可惜我的德文能力段數差多矣，看了二、三十頁一知半解，就還了。所以我對共產主義之認識，幾乎全部不了解。做學問不可無根底。我很不滿國民黨對台灣年輕人的教育法，以騙人為原則，而盡量不要讓人有閱讀的能力。

恰到好處的學問

在Staten Island Hospital期間，我受主任Dr. Marie Rosati的照顧很多很多。她每次看心電圖都會邀我一起，當場指導我。11月22日（1963年）我們在看心電圖時，突然來了一電話，說president被槍殺了，我以為是我們醫院院長被暗殺了，覺得怪怪的。不久我看到Dr. Rosati眼淚直流，泣不成聲，才慢慢告訴我是總統甘乃迪被暗殺。我第一次感覺到美國人民對他們選出來的領袖是多麼的尊崇。

有一天，Dr. Rosati請我到她家BarBQ，因為沒參加過美式家庭BBQ，不知穿什麼衣服去。心想禮多人不怪，就把西裝領帶都穿上去。果然烤肉穿這樣服裝真的有點殺風景，於是Dr. Rosati叫我到她先生的衣櫃，要我自己挑一些較合適的衣服穿，我挑了一件花色短袖衣及一件工作褲，她先生體型跟我差不多，很好挑。不久，她先生從外面回來看到我穿的衣服，大為驚奇說台灣的衣服怎麼跟他的衣服一模一樣，我開玩笑說你們美國的衣服都是台灣做的。

我在台灣醫學院實習醫師的訓練實在不能跟外國比，進入急診室服務之後才發現，我縫針打結也不行，又慢又不紮實，於是我去買了一對很長的鞋帶，在宿舍裏當縫線練習，居然學得比當學生時更多。我們台灣對見習醫師及實習醫師的訓練都比人家保守，尤其是外科系統，我們一般只是站在旁邊看看，頂多縫幾針。我在Staten Island醫院當實習醫師時，與一個美國醫學院畢業之實習醫師，二人曾經開過一次急性盲腸炎及切除了一個胃。盲腸炎病人是一位相當肥胖的年輕人，約有一百三十公斤，肚子的油一大層。盲腸找了好半天，刀雖然開成了，但病人傷口感染，好在沒釀成大事。至於胃切除病例，也是我們兩個人開

的，主治醫師坐在旁邊一直跟護士聊天，讓兩個實習醫師自生自滅，後來我們還是碰到瓶頸，停下來求救，由老師繼續完成。這兩次病例的經驗告訴我，太保守、太鬆懈都不成，要恰到好處真是不易。

來了美國不久就開始思念台灣的吃。Dr. Rosati有一天帶我到一中國餐館，最後一道是我從來沒見過的fortune cookie（一小煎餅，裏面包了一張小字條，預告你的未來），吃了之後，她問我你的fortune是什麼？我完全聽不懂她在講什麼，後來才知道我把那張小紙條也吃進去了。奇怪，為什麼吃的時候我不覺得裏面有個字條，毫無感覺地吞下去，成為我去美國的最大笑話。

學年很快地過去，接著要申請住院醫師的訓練。我申請到中西部一大學小兒科，是一所平平的大學。後來有朋友告訴我北卡州的杜克大學（Duke University）小兒科非常好，建議我去試一試。我本來就知道杜克大學很好，但心想外國醫師要申請到一流學府是不可能的。可是經朋友一說，我還是以一種不妨一試的心情寄出申請書。大約一個月後，我收到杜克大學小兒科主任的一封信，說歡迎我加入他們的隊伍，我興奮得話都說不出來。但那時我已經和中西部那一所大學簽了約。毀約在美國是很不好的紀錄，未來沒人敢要你。於是我跑去見Dr. Rosati，她也非常替我高興。我問她如何處理，她二話不說當場拿起電話與中西部那所醫學院小兒科主任懇談，說這個台灣來的熱帶孩子，不知道中西部冬天的可怕，最好還是留在氣候比較暖和的地方，比如美國南方。對方也猜得出來我另有高就，一直說他們的學校多好多好，最後還是得到他們的諒解，讓我解約。真是遇到貴人拔刀相助。這個分叉點，決定我的前程至鉅，因為杜克大學太好了，以後我幾乎抱著這個金飯碗跑遍四海。

二十年後我已任新澤西州立醫科大學教授／主任，特地帶我內人Y.H.去拜訪Dr. Rosati，她高興得眼淚幾乎要掉下來。連說她一點也不意外我的成就，並一直說她為有這麼一個台灣學生而驕傲。

對於這一位我到美國第一位貴人，我非常感念，在台期間一直想找她聯絡，但她早已退休，搬去跟小孩子住。直到2012年夏天，我託一位住Staten Island的心理學李清澤教授（他有一女兒為美國心臟內科醫師）代為尋找Dr. Rosati的連絡方式，結果他來函告知（由電腦尋找結果）Dr. Rosati已於2010年1月25日中風過世。到現在我到美國時幫我的貴人，Staten Island Hospital之Dr. Rosati、Duke Hospital之Dr. J. Harris以及Johns Hopkins Hsopital之Dr. V. Mckusick相繼過世。並不是你想回報，時間就會等你。

美國醫院學制是7月1日開始、6月30日結束。我退伍後到美國已是9月，因此實習醫師欠了二個月。Dr. Rosati替我安排週末也工作，假期也取消，並給我一封推薦信說我十個月之訓練不輸十二個月。1964年6月底我帶著這封信、Dr. Rosati及其他老師的祝福，開車南下到北卡州Durham鎮杜克大學，開始另一階段的醫學訓練。

杜克大學小兒科
（Duke University）

在杜克醫院上班，大家都以好奇的眼光看我，不解這個台灣囝仔憑什麼進到這個向來不收外國學生的地方。我第二天就去找主任Jerome

Harris教授。他是哈佛高材生，六十幾歲還單身，教學非常嚴格。我一進他辦公室，他說：「你就是那個做DNA實驗的醫師嗎？」我說是。原來他也是生化學科的教授，當時看到我的申請書內有提到我的工作及論文，他有點好奇，怎麼這個台灣小孩這麼早就知道要做DNA的研究，所以讓我進他的科系。在杜克期間，他偶爾會叫我去他的辦公室，問我對遺傳學的意見。這老主任脾氣之烈是出名的，有一次我報告一病例，開頭我就說「這是一個七歲的女孩子」，說不了三句我用he而不說she，他突然大聲一叫：「He or she？」並說連病人性別都弄不清，怎麼能照顧好病人。北卡州、南卡州、田納西州、肯塔基州那幾州都有一種很古怪的英文腔，再經由大舌黑人說來真很難聽懂，語言成為我學習的最大阻礙，本來就一肚子悶氣，再被他這he or she，我也不客氣頂回去（科內是沒有人敢頂他的），我說在我們的語文裏，男、女是不分字的，都是用同樣一個字。這位老教授出乎我意料地馬上說「I am sorry」！大人物畢竟有偉大的原因，可以向小伙子道歉。

　　Harris教授教過我一個做學問的基本祕訣。他看X光片是從最不重要的部分看起，因為馬上看最重要的部分，一得到結論，就不再看其他次要的病變，可能就這樣忽略它們了，例如照胸部X-ray原來的目的是要看有無肺炎，他卻首先看胸部輪廓有沒有正常，大動脈有沒有擴大，然後數數肋骨有沒有少掉一、二根，最後才看有沒有肺炎。這個小撇步影響我很深，每每面臨類似情形，我就把這原則用上，也常常告訴我的學生這個故事。半個世紀前小兒科次專科之分科還沒十分清楚，一個人可以精通很多次專科上的知識。Harris主任是我所知道的極少數的一個。他是一位看小孩子胃出血可以用生化學的觀點說明阿斯匹靈半個小

時的人。由化學進入醫學的道路，Harris教授是對我影響最深的人。

杜克大學位於北卡州Durham小鎮。北卡位在美國東海岸中部，在華盛頓特區維吉尼亞之南。北卡州之南有南卡州、喬治亞州及佛羅里達州，但傳統上北卡州被歸為美國南方之一州。美國南方很保守，也比較有種族問題。杜克大學的小兒科，在那個時候黑白嬰兒仍分室照顧。有一次在迴診時白人老教授突然指著白人嬰兒室內一白膚色嬰孩，問他為什麼放在此。我們都不知他在說什麼。後來他說這小孩是黑人小孩，不該與白人小孩在一起。護士趕快一查，果然父親是黑人，就把嬰孩移走。後來問那位老教授為什麼知道這白皮膚嬰孩是黑人？他說此嬰孩腳跟特別突出，是黑人的特徵之一。後來我注意觀察，果然沒錯。像這種小撇步，書本上都沒有教，經驗重要就在此，雖然他用錯了地方。

我們都知道黑人很會短跑（其實非洲黑人長跑也很厲害的），卻沒有人知道為什麼。我常說，奧運（每項比賽一個國家只可派二人）一百公尺決賽八人，如果一個國家可以派八人，我看決賽那八個人一字排開一定全部是美國黑人包辦。黑人必定有其生理上的原因，這麼會跑可能與身體結構有關。我在想是否跟腳跟有關？台灣田徑女名將紀政小姐有一學說，說是因為黑人屁股比較翹起來，翹的屁股有向前的推動力，因此跑得特別快。是否真是如此我也不知。

在美國一有機會我都會嚇嚇美國人。赴美的時候，我帶了幾張唱片，其中一張是中國一位很出名的男低音斯義桂錄的（他在紐約大都會歌劇院唱男低音）。我們醫學院也有一位同學楊文光醫師，舒伯特歌唱得很好，也在合唱團唱歌的。我告訴美國朋友我們班上有同學歌唱得很好，並把斯義桂的唱片給他聽，唱片外面標籤是用中文寫的，他們看不

懂,聽了之後大為激賞。

感謝貴人相助

　　我最得意的是我知道醫師及技術人員之中有幾位很喜歡柔道,他們誤以為凡是東方人都會柔道,我偶爾也將已知的柔道方面的知識誇說給他們聽。我學生時代,知道台灣日據時期柔道最高段九段的黃滄浪先生。他任警官學校柔道總教官,走路有點外八字。我走路也有點外八字,就告訴美國朋友說柔道高手走路都有點外八字。他們一看我走路,心裏就敬三分,於是團體練習的時候一直要邀我參加。這下子吹牛過頭了,我這個五十公斤人怎麼跟一百公斤的人比柔道,他們一隻手就可以把我抓起來,像老鷹抓小雞般遠遠地丟出去,所以,我一直想盡說詞不敢去練習。其實我柔道一堂也沒上過,根本是一竅不通的。其後幾個月直到離開杜克,我都一直在戰戰兢兢的生活中渡過,深怕有一天要上柔道場,馬腳會露出來,被摔得半死,幸好我順利避過我自設的陷阱。

　　杜克的工作非常非常忙碌,每兩夜值班一夜,白天照樣工作。早上天未亮就出門,二天後下班已經是天黑了,經常看不到太陽。我常說如果我活不到一百歲,只活到九十七歲,那三年是在杜克磨掉的。有一次我累到幾乎要昏倒,在綠燈的時候停下來,被後面的車子按喇叭,但下一個紅燈卻大搖大擺地開過去了,好險。杜克不只工作忙,薪水又低到不行,一個月九十美元,扣掉房租、汽油錢,剩不到三十元吃飯,連上醫院餐廳都不夠用,於是我開始自己做菜,學了一、兩個禮拜,只會炒蛋,一連吃了兩、三個月的炒蛋(我真的炒得很不錯),但之後我看到炒蛋就怕,連續一、兩年不敢吃。最後我想出了一個改變的妙招:我

很喜歡吃甜的，獨自一人，沒人管我吃多少甜食。所以有時候下班回來，不想炒蛋，就在超商買一盒派，蘋果派或巧克力派，回到住家整個派拿到桌上，用湯匙一匙一匙送進肚子，就把整盒派當飯吃，把朋友嚇呆了。我常說甜點有如一個句子的句點，沒有甜點，一餐就沒有結束。在西洋餐點上，菜是一道一道上的，我認為甜點應該是第一道菜，因為第一道是人最餓的時候，而最餓時候應該吃最好吃的。

　　杜克第一年將結束時，我需要做一重要的決定。我來美國時用的簽證是交換人員簽證（Exchange Visitor's Visa），最長可以留在美國五年。五年之後要離開美國國土，兩年之後才可以再回到美國。眼看我的簽證五年已用掉二年，剩下的三年要好好規劃。我認為台灣醫學院給我的訓練不夠紮實，不能獨當一面做深入的基礎研究，我想到研究所好好受訓練，並拿個學位，因此我去請教我們的權威老主任Dr. Harris。他開始時不認為台灣醫學院對研究的訓練比他們的差，勸我直接參加他們的研究團隊，後來他了解我去研究所泡三、四年的必要性（我告訴他我要回台灣，如果研究根底不弄好，回台灣後無法立即應戰）。後來老主任也同意我去研究所讀書，並幫我找到佛羅利達州邁阿密大學（Univ. of Miami）的生化及分子生物學研究所，推薦我去。美國醫師要去唸Ph.D.的人很少，因此，邁阿密大學對我們這種要去讀Ph.D.的M.D.向來熱誠歡迎。後來Harris主任也接受我的看法，簽證剩下的三年去拼個Ph.D.還有一點希望。如果做完小兒科再去研究所，兩年是無法完成的。

　　當時邁阿密大學的生化及分子生物研究所剛好有一膠原蛋白研究很出名的Robert Boucek教授在找助理研究員，Dr. Boucek極力鼓勵我去

他實驗室，並答應讓我M.D.博士後研究員的資格去讀Ph.D.。憑Harris教授的指導及推薦，我被接受為邁阿密大學醫學院生化及分子生物學研究生，9月1日開始上課。但有一小問題我必須先克服，我沒修過物理化學（Physical Chemistry）這一課，所以要補修。剛好杜克附近Raleigh鎮有一所州立大學有物理化學的暑期班，6月上課8月結束，我只好去上。因6月我杜克醫師訓練工作尚未結束，只好經總住院醫師特准，6月讓我先去隔壁學校讀暑期班。但因為值班無法克服，一半的課無法去上，考試的時候因前夜值班，早上爬不起來睡過頭，勉強去考了一半，最後以B的成績畢業。

　　這個課程給我另一個驚奇是，使用計算尺。在台灣，只見工學院學生人手一支計算尺，我們稱之為關刀，心裏很羨慕。到了上這個課，看到美國學生人手一支計算尺，而我用最原始的手算法吃盡大虧，因此也火速去買了一把，回來拚命練習，後來派上用場，日子就好過了。

　　我的一生貴人一個接一個，如果Harris老教授遺漏了我在台灣寫的論文，他可能對待我就完全判若兩人了，也是有了他的提攜才讓我的學術生涯漸趨成型。二十多年後，我路過北卡，特地到Durham去看他，他已經九十多歲了，頭腦還是很精靈，還做研究，但不當主任了。我特地去看他，故意不告訴他的祕書我是誰，只說是他二十多年的學生想來看他。Harris好高興，馬上停下工作，看到我只能說「Ming.., Ming…Lee」。好恐怖！二十多年前外國學生的外國名字連first name都還呼之欲出，最少對了三分之二，後來我才告訴他我是Ming Liang Lee，他才靦腆而笑，說他已老了。離開後沒幾年，就聽說他以近百高齡過世了。

邁阿密大學研究所
（University of Miami Graduate School）

　　離開Durham前我完成人生最重要的一件事——結婚。1963年出國前，我與廖雅慧小姐（Y.H.）訂婚，當時她讀台大外文系二年級。二年後她畢業，通過留學考試後即飛來美國。我由Durham開車到紐約接她，下飛機三天就上教堂。婚禮由學長黃基銘醫師一手幫忙，再簡單不過，參加的親友也不多。婚後住進紐約大旅館Hotel Americana四十八樓，幾乎是最高樓，住了一晚，因為太貴了，隔天降到十八樓，隔天再開車回Durham。為了省錢，婚禮車就用我自己那一部老爺小車，沒有新車大車的車隊，兩個人沿途看看費城、華盛頓特區，兩天後回到Durham。匆匆忙忙收拾行囊，所有家當只有幾件，都可裝進我那部小車，繼續往南部開，去佛羅里達州的邁阿密大學醫學院上課去了，也沒有所謂的蜜月旅行。到現在結婚已經將近半個世紀，我還欠太太一個蜜月旅行，三不五時她就提出來抗議一下。1965年9月，一路順順利利抵達邁阿密大學。

　　隔天兩人都去入學報名，Y.H.入英文系碩士班主修英國文學，我則報名醫學院生化及分子生物學科博士班。Y.H.順利入學，但我卻出了問題，因為學生必須先修有機化學。我修的是十年前的課（大二）不算數，學校要我考試或先修，考試通過後再入學。我頓時非常生氣，為何不早先通知我，我是一醫師，中斷我的醫學訓練來讀書，加上簽證期限有限，怎麼可以要我一年後再入學？後來我們達成協議，先讓我考試看看，有通過最好，沒通過也可以入學，但一年後看看我成績怎樣再議。

結果考試雖沒通過，但一年下來，我是全博士班學生第一名。這一件事就這麼結了尾，這個大學對生化博士生有機化學的要求，也從那一年取消了。現在想起來學校當時的政策是沒有錯的，有機化學在生物化學中的確佔有很重要的地位，只是執行有落差，差一點害我惹大事。

一年後我又遇上了類似事件，博士生要通過英文以外的另一外文考試，但所謂的外文只限德、法、俄，三者取一。我因為大二時修了兩學期德文，決定試德文看看，結果慘不忍睹，成績是最低，1%。同時我也參加了另一研究生考試（aptitude test）成績是99%。一個是最低百分比，一個是最高百分比，學校研究總部認為怎麼可能有學生成績這麼怪異？是否有什麼錯誤？我說沒有，就是這樣。不久科內開會，要我列席說明，要我德文通過考試之後再繼續作研究。我當場告訴這些教授們，我懂四種語言（台、中、日、英），英文是我第四種語文，我可以用四種語言背九九乘法表，請問在座教授有哪一位可以用他的第四種語言像我講英文這麼流利呢？大家無言以對，也認為對我不公平，所以臨時決定這個大學生化學科博士生的外文要求不限於德、法、俄，把中文也列上去了。這可以說是美國大學研究所在科學方面第一次接受中文為合法外文之一。美國人就是這麼可愛，你說什麼話，他們會聽，如果對方有理，他們會勇於改進。如果這件事發生在台灣，不知要開幾次會，拖多久才會做出決定。

何其幸運遇見良師

剛開始時我參加內科教授Robert Boucek的研究團隊，他是國際知名的結締組織（connective tissue）疾病專家。我去找Boucek教授，告訴他

我有兩個構想：第一，我認為人體上各組織的DNA都不一樣，因此我想做一實驗：讓淋巴球（lymphocyte）製出膠蛋白（collagen，結締組織之標竿蛋白質）；第二個構想是想分離出膠蛋白之mRNA。那個時候mRNA還是一種假定的產物，沒有被分離過，我想證明mRNA的存在。他喜出望外，鼓勵我去做，並教我如何由老鼠的淋巴管抽離出淋巴球，由結締組織分離其DNA，然後將此DNA與淋巴球一起培養，使結締組織的DNA撞進淋巴球，而開始生產結締組織。這個實驗因為我不習慣殺老鼠，遲遲得不到大量淋巴球而作罷。

　　第二個構想是一個很有意思的構想，也蠻有創意的。膠蛋白的前身是膠原蛋白（protocollagen），它是一很大的蛋白質，由三條相似的蛋白長鏈合成，每一條由1000個胺基酸組成（一般蛋白質是幾十個至幾百個胺基酸），最有趣的是這鏈之胺基酸是由三個胺基酸做一單位，一再重複而接成（Gly／pro, or OH-pro／X），第一個胺基酸是glycine，第二個是proline或其衍生物hydroxy-proline，第三個則沒有限制。如果我們追溯到這些胺基酸之DNA，則可發現Guanine（G）及Cytosine（C）佔多數，估計約佔72%，所以其mRNA也應有72%左右之G+C，如果我們用一Cellulose column上面接連Poly G及 Poly C，這些cellulose就可以緊緊抓住此mRNA，然後再慢慢把它分離出來，這實在是很難得的機會。指導委員看了我的論文構想，認為邁阿密大學目前沒有人可以指導我，並在我簽證日期到期之前完成。剛好這時科內有一位頗有名的教授是genetic engineering大師Paul Berg（1972年的諾貝爾得主）的得意門生Karl Muench，正在找人做胺基酸活化（amino acid activation）機制的研究，他來找我，問我要不要加入他的團隊。我一再思考之後決定接受

他的邀請，和他合作。當年我如果堅持當時的兩構想，尤其是第二個，我的整個生涯可能就完全不一樣。

關於Boucek教授，我一直欠他一個深深的致謝。他給我當時可以說是最好的獎學金，是他自美國國家衛生院（NIH）申請到的，給醫師做研究用的獎學金，給我當博士班求學的學生獎學金，他的實驗的資源無限制供我用。我離開邁阿密不久，聽人說他家庭發生了一大悲劇，到今天不知是否屬實。Boucek教授很喜歡開汽船出海，有一次他在海上奔馳，他獨生子（與我年齡差五、六歲）坐在船後頭。船駛了一段時間他回頭看他兒子，不見了。因開船時馬達聲很大，他兒子何時掉入海中他也沒發覺，聽說連遺體都沒找到。人生有什麼比這個更可悲的，開船出遊是休閒好事一樁，獨生兒子卻無緣無故犧牲掉。我對Boucek之感恩及他所受之傷痛，一直沒機會向他表達過。

在邁阿密大學研究生時代我思想有了一百八十度的改變。國民黨對我們腦筋之改造、洗腦，使我牢牢不忘那個政權。早年的留學生生活是很苦的，我們一群留學生在一起，互相幫忙理髮省錢（我現在還會理髮），定期每家做一道菜，也請單身的人一起來吃飯，慢慢地形成一個小團體，後來自然發展出台灣學生會，大家推我當首屆會長，我也盡責當之，甚至於幫忙宣傳台灣的政府（絕對沒有當過「抓耙子」）。但是時間一久，在民主社會生活及觀察愈多，與美國朋友接觸愈多，我對台灣的反民主政府有更清楚的認識，思想有了根本轉變，對國民黨政權之恐怖統治，對民主之踐踏使我由心底起了反感，慢慢地我對台灣現有政權有極度的不滿及從根生起的厭惡，種下了我這輩子對這個政黨之不齒，雖然我沒有積極參與台灣獨立運動，但基本上我是反對台灣這個政

黨及政權的。這一點我跟大多數留學生一樣，反對國民黨根本是被國民黨逼出來的。當年的國民黨說贊成台灣獨立的只是一小撮人，其實絕大多數人都不認同那個極權的，凌辱民主的政府，無形中就變成了有形無形的反政府人物。

1968年簽證到期，我必須離開美國二年。我的指導老師Karl Muench特地寫了一封信到佛羅里達州參議員處，要求他再給我特別延長一年，沒想到他居然拔刀相助讓我得以完成學業。我常說生我者台灣，育我者美國。美國給我錢，給我時間，培養我成為一研究者，令人感恩。

因為我鐵定要離開美國，使開始注意歐洲各國的研究地方。恰好我們學校生化科系每年有一英美聯合生化學會，英國有一所世界非常有名的，是隸屬國家醫學研究所（MRC, Medical Research Council）之下，分散在英國各大學的研究單位。劍橋大學也有一MRC機構，分子生物學研究室（LMB, Laboratory of Molecular Biology），是世界數一數二的分子生物研究所。一個小小實驗室有五、六位諾貝爾得獎人，是世界諾貝爾獎密度最高的地方。對拜倫（Lord Byron,1788～1824）、（Alfred Tennyson,1809～1892）、莎士比亞等大文豪的嚮往，使我早就期待去劍橋大學一住，尤其是MRC-LMB。MRC-LMB之諸多教授會來邁阿密渡假，順便教教美國的學生，我們這些研究生就分配接待不同的客人。有一天，學生要招待他們出海遊覽，我接待一位蛋白質專家，他是皇家學院資深老教授，我陪他出海。我因為游泳很差，出海心裏怕怕的，但還是不得不陪。這個老師叫Brian Hartley，在海上他跟我談得很投緣，我說我想做polynucleotide跟polypeptide之 interaction的分子機制。人類二種最大、最神祕的高分子到底會做怎麼樣的互動（interaction），我

希望以X-ray分析此二巨分子互動及交互作用，而為了做此研究我要分出大量的aminoacyl-tRNA synthetase，引導出蛋白質及tRNA之結晶，然後放到X光下分析其3D立體結構，這當然對生化學中二大巨分子之互動的了解會有很大的幫忙。Hartley教授聽到我的構想後，當場邀我去劍橋大學在他MRC分子生物研究室做博士後研究員，我喜出望外，這個實驗室之好是全世界聞名的，能夠去那裏待一陣子，是大好良機，於是我開始申請研究獎學金。當時剛好有一很好的基金會Helen Hay Whitney Foundation在徵博士後研究員，我便提出上述之研究計畫。基金會審查委員剛好有一Rockeller大學教授Mckarty，是當年（1944）與Avery共同發表細菌transformation之作用分子是DNA，奠定遺傳之物質基礎的人。他也很想知道蛋白質及核酸這二個巨分子如何互動，一聽到我要去的是英國劍橋MRC分子生物研究室，就把獎學金給我。基金會每年只給二十個名額，其中好多人都是要到劍橋MRC去的。於是我帶著這優厚的獎學金，1969年8月離開邁阿密，轉移陣地到英國劍橋去。

英國劍橋MRC-LMB

劍橋（Cambridge）這個皇冠上的明珠，令陳之藩流連忘返、徐志摩帶不走一片雲彩的英國小鎮，永遠美得令人窒息。我三生有幸，一輩子有二、三年可以在這環境渡過。劍橋不僅有傲人的歷史，更有近代文明的精髓。小小幾萬個人的小城有不下一、二十個諾貝爾獎得主，人文薈萃，歷史上多少名人出自這個小地方。我去的研究室，MRC-

LMB可以說是二十世紀分子生物的發源地。1953年轟動古今DNA雙螺旋（double helix）構造就在此發現，開啟了近代遺傳學的研究。實驗室有四層樓，在劍橋南部近郊，每層樓都有諾貝爾得主（有人甚至得了二次），在那個地方博士後研究員是最小的小兵，待久了會有自卑感。每天可以見到這些超級巨星，上、下午茶時間都有機會同他們坐下來請益，甚至討論天下大事。

　　MRC-LMB本來依附於Cavendish物理實驗室，這個實驗室十九世紀及二十世紀前半期可以說是執物理界之牛耳。前後出過James Clerk Maxwell、Joseph John Thomson及Ernest Rutherford，以及父子共得諾貝爾獎的Lawrence Bragg爵士。現在Cavendish實驗室已經被其他諸多研究室取代，但劍橋大學還是擁有極為尖端的研究者，如Stephan Hawkin，是宇宙黑洞（black hole）之創導者，他患有AMS（amyotrophic lateral sclerosis，進行性肌萎縮症），如今只能坐在輪椅上研究、講學，活躍不減。

　　我們是8月初到劍橋的。第一個晚上，因為時差的關係，很早就上床，醒來是白天，看看錶九點多，以為是隔天早上，後來天色漸暗，才知道是晚上，第一次領教到北緯度的可怕。在離開美國之前，我曾經去查劍橋這個地方之緯度，地球儀一轉，才知道與中國黑龍江同高。我不知道英國多冷，但最少可以想像黑龍江多冷，臉都綠了。隔天去看老闆Brian Hartley教授，他第一句話問我：「你8月來實驗室幹什麼？全英國人都出外旅行一個月，我們上班也沒人指導你。」他叫我們先去旅遊。我們很快就買部二手老爺車，開出劍橋，大英帝國繞了一大圈（其實英國是很小的，由倫敦到蘇格蘭的愛丁堡一個夜晚就到了）。

我們經過華滋華斯（William Wordsworth, 1770～1850）詩人的家鄉湖區（lake district），參觀了珍・奧斯汀（Jane Austen, 1775～1817）、艾蜜莉和夏綠蒂・勃朗特兩姐妹（Emile Bronte, 1818～1848; Charlotte Bronte, 1816～1855）及Thomas Hardy之家，以及莎士比亞家鄉Straford am Avon，再往北蘇格蘭之Isle of Skys，愛丁堡而回劍橋。

　　我們在實驗室附近租了一個房子，床墊裏面的東西（粗羽毛、細木屑等東西）都會刺到外面來；最奇怪的是碗皿破破爛爛，瓷器很少成套。英國人洗澡的習慣很不好，Henry VIII皇帝八天洗一次澡。房東限制我們用水，浴缸內面刻一個高度，用浴桶裝水不可超過那個水位。英國人買的東西也很少，牛肉一小片、蔥二枝、香蕉二條，青瓜半條；我們吃多慣了，一買就買很多，肉一大塊、魚也一大條，買菜的人都認為我們有好幾個小孩子（其實還沒有）。他們請客簡單量又少，我們都不敢吃，怕別人沒得吃。英國人吃少的習慣大概是過去的糧食都來自殖民地，現在沒來源，只好一切從簡。英國人這種習慣我們很快就領教了。我們有一次星期日在家吃炒麵，衣服隨便穿，突然一對年輕夫婦來，我們因為穿著睡衣，沒禮貌，所以請客人先坐一下，上樓換衣服。等我們換了衣服下樓來，只看這對朋友已坐在我們餐桌上就我們的剩麵大吃特吃起來，且幾乎吃得精光，我們只好禮貌上告訴他們如果愛吃，通通把它吃完也沒關係。

愈偉大愈謙卑

　　研究室在研究大樓二樓，老闆Brain Hartley是劍橋大學三合院（Trinity College）生物化學科主任、英國皇家學院成員（相當於中央

研究院院士）。二樓的樓主是頂頂大名的Fred Sanger，得過二次諾貝爾獎（我在的時候還沒有得第二次），是一位低調到不行的學者。我到實驗室不久，一個禮拜天回去工作，在電梯內碰到他，我因常看見他的照片，一下就認出來，伸出我的手，向他問候：「你一定是Sanger教授。」他很親切地回我「叫我Fred（他的小名）就好」，令我非常震撼。這麼偉大的人這麼謙卑，世界重量級的人物，我們這種年輕小子算什麼？以後有人稱我什麼教授、什麼長，我都會想起電梯間的這一幕，覺得自己是一多麼平凡的人。以後在研究室經常碰到他，他總是親手做實驗，我注意到他的雙手比農夫的手還粗。那時候電泳是一項常用的技術，實驗物質經常放在一大桶的有機物，叫toluene內分離，他的手就是天天泡在toluene內。他的最大成就是把生物體內蛋白質定其胺基酸順序，而第一個被定序的蛋白質是糖尿病有關之胰島素（insulin）。這一雙非常粗糙的雙手不知救活了世界上多少的人，他也因此得到第一次諾貝爾獎，並封了爵。據傳他封爵時還不知道如何打領帶。我離開劍橋不久，他又一次因為發明核酸定序的的方法，第二次得到諾貝爾獎。細胞內有二最重要的巨分子：蛋白質及核酸，而此二者結構之鑑定竟然出於同一個人之手。歷史上得二次諾貝爾獎的只有少數幾個人，一個是加州大學的Linus Pauling，第一次得獎是他在化學上氫鍵的貢獻；第二次是和平獎，因為他一直反戰，宣導世界和平。若從科學角度來講，他其實只得一次。所以劍橋之Fred Sanger教授可以說是人類史上極少數在專業上獲二次諾貝爾獎的人（另外得過二次科學諾貝爾獎的有居禮夫人之物理獎及化學獎，以及物理學家J. Barden之二次物理獎）。

　　大家都聽過牛頓是坐在一蘋果樹下看到蘋果掉下來而發現地心引力

的人，他也是劍橋大學的人，我也找到那一棵蘋果樹（小小的一棵，可能原來的已死，以後再種的），到樹底下坐一坐，不是希望發現什麼引力，只是試看看那棵樹會不會再掉一粒不用錢的蘋果。我也去看了大詩人拜倫常去的一個小湖，看看那個小湖到底有什麼魅力，使一個人可以寫出那麼多那麼好的詩。結果很失望，只是一個較大的池塘而已，其貌不揚，對我來講一點詩意也沒有。不知是否自己無才，卻怪湖不夠美。

兩年的美好回憶

在MRC-LMB我看到了二位絕對聰明、才華揚溢，但個性天差地別的二位學界巨人，一位是上述的Fred Sanger教授，一位是Francis Crick教授，前者是一位低調到不行的大人物，開會時總是坐在最後一排角落上，默默作筆記，有問題也是平心靜氣低聲發問。後者是霸氣凌人、口不留情的暴君，開會時常坐在第一排正中間，講者稍一不小心講錯話，他總是咄咄逼人，絕不假以顏色，總給人難堪。上帝造人怎麼沒有一個準則？也證明IQ、EQ是二碼子事，絕對沒有說一定會平行，也不是零總和。這二個人在同一屋簷下，共同創造了二十世紀生物科學上的最大奇蹟。

生活上，英國的食物真的不敢領教。我們到劍橋不久就開始找華人朋友，那時陳之藩剛離開劍橋不久，我們找到一位吳協曼先生。他是紅樓夢專家吳宓之同父異母弟弟，在劍橋大學教中文。我們到他家敲門求見，他來開門。我第一句話問他會不會說華語，他答說他來英國之前在台灣是師範大學國語中心主任，滿口北平腔，使我很尷尬，真是有眼不識泰山。後來我們成了好朋友。吳家膝下無子女，夫婦都是北方人，夫

人做得一手好麵食，Y.H.雖然是南方人，卻非常愛吃麵食，相識了吳家萬分高興，一有空就想去他家，還不是為了他們的麵食。

有一天，我有點感冒，吳先生拿一瓶感冒藥給我拿回去，吃了二、三天，病好轉。隔天去吳家，他問我那些藥吃了沒，我說吃了。他問有沒有效？我說很好，病好了。他連忙道歉，說他拿錯藥給我。他太太用那感冒藥的空瓶子裝她的調經丸！好笑的是調經丸對治我的感冒居然有效，真是啼笑皆非。我們離開劍橋後聽說吳先生得了糖尿病，後又有了腎癌，不久便過世了，對於一位這麼親的朋友之早逝，我跟內人Y.H.都有無限的惋惜。Y.H.常說，如果我們晚離開劍橋幾年，吳先生或許不會那麼早過世，因為我一定會催他早日看醫生，早日治療。人的命運真的很難說，真是三分靠打拼，七分天注定。

在劍橋我錯失一位了不起的教授陳之藩先生。徐志摩的詩有如濃得化不開的艷春，陳之藩的散文有如秋高之氣爽。我們屢聽陳的好友吳協曼教授告訴我們陳邊走路邊看書的可怕行為，西裝只有一套，穿舊了，走入店裏買件新的，穿上走出來，舊的就留在店裏。買鞋子也是一樣，穿了新鞋子就走。陳之藩與胡適之先生一席談話如沐春風，我想與陳教授一席之談也會是如沐春風，很可惜我到劍橋時他已離開。去年（2012年）報載陳教授在香港病逝。哲人已往，我也失去了與他一談之機會。

英國是一個很迷人的國家，有很輝煌的歷史；有很有智慧的人民，歷史上多少風雲人物，包括政治、文化、文學、科學各方面人才輩出。曾經何時有「日不落地」之譽之世界第一強國，如今漸漸被邊緣化。我曾問我老闆Brian Hartley教授這個問題，為什麼英國由一流國家變成二流。他說：「你錯了，英國已經不是二流國家，連二流也不是了，是二

流之下了。」歷史告訴你祖先多爭氣，同時也提醒你子孫多麼不爭氣。在台灣我們也經常聽說我們固有文化多麼璀璨，現在卻連有沒有一個國家我們都不知道。歷史這一面鏡子真恐怖。

　　話說回來，在科學界英國還是頂呱呱的。到了劍橋不久，我在邁阿密大學的指導教授Karl Muench也想來看看這個世界鼎鼎大名的實驗室MRC-LMB。有一天他由美國飛來英國，到達倫敦的機場是早上六點鐘。我由劍橋住家早上三點多就出發到機場接他。路上經一小村，剛好遇到紅燈，我靠左邊車道要左轉，前面有一部私家車停下來等紅燈轉綠。那個時候（早上三、四點）路上一片漆黑，沒有一個行人，更沒有警察，只有我跟前面的那一部車。前面的車子居然停在那裏等綠燈，我一直想，三更半夜鄉下紅燈根本可以不管它，尤其是左轉道（英國是靠左行駛的）。開始的時候我有一點生氣，隨即我領悟到英國這個國家還是一流的國家，很多值得我們學習的地方。為了好好了解英國，我們曾經開車子全國繞了三次，從大城市到窮鄉僻壤仔細觀察，還是可以體會到昔日的光輝。英國的鄉村是全世界最綠化的；英國的人民最像紳士及女士；英國的理論最合邏輯的，MRC的經驗告訴我，英國還是有很多值得世人學習的地方。

研究生物高分子的鐵三角

　　英國人做研究也有值得一提的地方。有一次我看到一些報告很有興趣，想在自己的酵素上試試看，我去問老闆值得一試嗎？他只簡單地告訴我一句：「我們劍橋不做人家已經做過的東西。」換句話說沒有「me too」的研究工作，令我當頭棒喝。有一天閒聊的時候，他告訴我

英、美做研究基本態度之不同，他說美國人做研究如同散槍打鳥，閉著眼開槍，再看什麼鳥掉下來就撿什麼鳥。英國人子彈不多，先找一隻要的鳥，把有限的子彈打出去，再看有沒有打到。他還說：「你回到台灣，子彈非常有限，應該用英國式的思維。」因此，我們經常在討論的是什麼實驗不要做，為什麼不要做，而不是要做何種實驗。良師教誨一句話可以使你受益終身。

Brian Hartley教授對我說的另一句話是：Alexander Fleming爵士與盤尼西林（penicillin）的故事只發生一次。A. Fleming是一蘇格蘭籍的英國細菌學家。在一、二次世界大戰期間，他一直在倫敦St. Mary's Hospital醫學院做研究。在一個非常偶然的機會，他注意到他培養的葡萄菌（staphylococcus）外圈居然長不出細菌，一查才知道原來他使用的培養劑有污染到一種菌類（fungus），使細菌不能繁殖。Fleming注意道這個偶然的發現，由此分離出盤尼西林，開啟了其後半個世紀抗生素研究之門，使細菌的治療進入新紀元，他在1943年封爵，1945年獲諾貝爾獎。Hartley教授的意思是這種天大的運氣是可遇不可求的。如果執迷於這種哲學，以為做研究時任何意外的發展都要分心分身去探討，到頭來什麼都沒有，所以他一直教我們不要隨便分心，好好在本分裏工作。

Hartley雖然這麼嚴苛，要砸大錢的地方毫不手軟。我一直有一大心願，想探討polypeptide跟polynucleotide這二個細胞內的巨分子是怎麼在互動的。剛好我手上二個東西都有，但都要有相當的量才做得出來，polynucleotide我要用的是tRNA，要大量分離出這個東西已有人造出來，所以不難。但我想用的polypeptide是胺基酸活化酵素（amino acid activating enzyme）。這類酵素小量的，我做過很多，但要做我想做的

研究，要先結晶這個酵素。要結晶，液體內的濃度要很高，換句話說需要有大量的酵素。與Hartley教授商量後，我們決定以超大量的方法去製造，他到別的研究室請別人培養了超大量的大腸菌，拿回來二個水桶，的滿滿像冰淇淋的固體細菌，幾十公斤幾兆細菌我忘了。我捲起袖來開始動工，當時要用的分離容器都是用水桶及垃圾桶裝的。我用了近半年不分晝夜去開闢這個疆域。將近完成時，有一天獨自在冰凍室工作的我，一不小心把分離將近完成的酵素打翻落地，幾十萬英磅的細菌酵素分離工作一夕告吹。一切努力及時間，不用說投入的資金，瞬間歸零。心理之痛之懊惱是無法形容的。我硬著頭皮到Hartley教授辦公室請罪。他問我：「你還活著嗎？」我答是，他說：「只要你還活著就沒關係，因為你可以再試。」遺憾的是我再也沒有機會再試，因為只有我一個人，沒有助理，沒有幫手，要投資那麼多的錢，要付那麼大體力的大工程我是沒有辦法的。我離開劍橋不久就聽到有其他單位的人在做了，而且頗為成功。

在劍橋研究室，我學到研究生物巨分子（macromolecule）的三大原則，也是三個層次，到現在我還是常常提醒我學生。這研究的層次是對任何高分子，無論是蛋白質、核酸或多醣類，都要先知道它的結構（structure），這也是為什麼上述Sanger教授為什麼那麼了不起。生物界二大高分蛋白質及核酸結構之測定都是他研發出來。知道了結構之後才可好好探討其功能（function），知道了功能就要更進一步知道這些功能是如何被調控的（regulation）。因此structure、function及regulation就成為研究生物高分子的鐵三角，未來總還有更高層次研究，不過在可預見的將來要克服這三層次的困難還是有一段距離要走。

在劍橋我們碰見了一位研究中國科學史的大師Joseph Needham（李約瑟教授，1900～1995）。1970年夏天，我們在一台灣人集會的場合，他坐在我們鄰桌，聽到我們講台語，主動來找我們談，並介紹他的華人妻子魯桂珍（1924～1987，Needham學生）。他們二人都是學生物化學的，早期曾在劍橋大學教過胚胎學（chemical embryology）。英國人這一點令我非常折服，用最近代的知識去解釋最古老的學問。另外一個人是Francis Crick教授。他是DNA構造發現的人，是學物理的，我在劍橋的時候他也是在大學教胚胎學。我在台大醫學院時，胚胎學教得是百分之百形態學（morphology），教我們胚胎第幾週、第幾週哪一個器官會形成。英國人那麼早就以分子生物觀點在研究器官之形成，真是遠遠地走在我們的前面。

後來Needham教授成了劍橋大學Gonville and Caius學院院長，我也開始看他曠世大作《*Science and Civilization in China*》（共二十六部）。有一天他邀我們去他住家（在學院裏），家裏擺滿了各式各樣中國字畫，其中有一字帖竟然倒掛。我傻傻地提醒他，他頓時面部通紅，非常尷尬，他知道自己是中國文化大專家、世界權威，不應該有這種錯誤，他非常不好意思，而我也覺對人要多留一點情面。不久就聽到他退休離開劍橋了。

升格成為父親

在劍橋還有一件大事情發生——大女兒悅舟出生。英國公醫制度很不錯，但我還是認為品質不盡理想，所以小孩出生前一個月我送Y.H.回美，暫住其姊姊家，準備在美國生產。1969年11月，美國登陸月球成

功，有個晚上我在看太空人登陸月球的電視，美國來了電話，說Y.H.提早生產，女孩取名為Yuehjou Charissa（悅舟）。取名為悅舟，乃希望她將來像其老爸一樣安於舟，樂於舟。隨即我就去美國，將母女帶回劍橋，自此家裏多了一個人，生活形式也漸漸改變。英國政府很好，我們不是英國人，但照樣每星期定期送免費牛乳、果汁來，社會主義之人道本質令人很感動。

我的獎學金（Whitney Fellowship）是三年的，母校邁阿密大學也一直希望我可以早日回校任教，因此幫我申請好永久居留權。劍橋第二年我們就決定終歸要發展久留的地方是美國。但我希望在回美國之前回台一段時間，因為如果不趁這個中間空檔，以後不知什麼時候才可以回去。所以我先經獎學金基金會同意，再和台灣國科會及台灣大學醫學院生化學科聯絡，我應邀回台客座一年，所以我們於1971年夏天收拾行囊打道回台。回台之前做了二件事：將女兒悅舟託日航航空小姐先送回台灣，我與內人遊歐洲大陸。悅舟頭也不回她抱著空中小姐，經過莫斯科、東京回台（悅舟是我家第一個踏入共產國家的人），她外祖父母在機場迎接。

我們兩個人把那部英國小車稍微整理一下，車子後面幾乎裝了一個小廚房，有可以打開的小桌子，有瓦斯爐，有薑、醋、醬油，車子開進渡輪，往歐洲大陸跑。Y.H.在邁阿密大學修了英國文學碩士，到劍橋大學可以說是英國文學之麥加，能踏上西方文學的第一個聖地，如魚得水，非常興奮，但要離開劍橋也格外傷心，我們由英國New Castle上船，直往挪威Bergen。船開一夜，我整整吐了一夜，趴在臉盆，一路吐到挪威，由褐色吐到綠色，由固體吐到液體吐到氣體，幾乎認為自己會

掛了，但下了船馬上如一條活龍，到Bergen海市場，買了一堆海鮮，在挪威公路邊停下來就開始煮起來，現在想起來很不好意思。我們經過挪威、瑞典（沒去芬蘭）、丹麥，接著、法國、奧國、瑞士、義大利，總共跑了六、七星期。跑到最後要上蘇威士火山，開到半山腰，車子過熱引擎冒煙只好打道回府，老爺車不耐操，我們把最後一個國家西班牙之旅程切了，不去了，直接回劍橋。

　　不久我們就離開劍橋這個我認為世界最美的小城，也是沒有帶走一片雲彩。

八年不見的台灣

　　回到八年不見的台灣已經是1971年8月底了。八年是一神祕的數目，八年抗戰不就是一個漫長困苦的象徵嗎？我在國外，雖然不是什麼國家之大事；但對一個人來講，八年也是一個抗戰（何止是八千里路，何止是如煙似水的雲和月）。雖然沒有勝戰之歡悅，但回鄉之快樂也是無限的。到了機場，只有小弟明道來接，父母親沒來。到了旅館弟弟才告訴我內祖母剛過世，父親不便外出。我們連忙趕回台南參與喪事，沖散了回鄉的喜悅。看到先送回來的小女兒悅舟，她居然抱著她外祖母，視我們如外人，也讓Y.H.心疼了一陣子。六、七個禮拜下來，悅舟與外祖父母日夜在一起，也會幾句台語了。

　　我在台灣大學醫學院母校客座一年，開了一門當時正盛行的分子生物課，蛋白質合成（protein synthesis），是研究生的課。這一個無心插

柳的一年卻種下了以後回台以及在台這期間的一些深緣。因為這門課很新，所以台大理學院化學系的老師也叫我去代教，短短一年認識了不少人，這一批學生輩的人包括陳振揚、蘇益仁、吳妍華、王榮德等以後都很有成就的人。陳、蘇二人後來都成為台大醫學院的名教授，以後在國家衛生研究院都成了同事；吳妍華是院士，後來成為陽明大學校長；王榮德則成為台灣職業災害防治的先知，也出掌台大公衛衛生學院。無意中也認識了台大理學院動物系四年級學生留忠正。有一次我給學生一次小考試，考得最好的竟是大學部學生留忠正，後來他來我研究室做實驗也共同完成了一篇論文。畢業後我幫他申請到普林斯頓大學博士班學生，後來他隨他老闆Bruce Alberts搬到柏克萊加州大學，自加州大學拿了博士，畢業後在生物科技界發展了一段時期。然後回到台灣，2012年才由工業研究院生醫中心主任／所長退休。當年我們在台灣的時候，做牛腦酵素的研究，他經常天未亮就去牛宰場買牛腦，新鮮的腦拿回來就開始做實驗。我當時非常擔心他在那種場所進出，一再交代他千萬不可與這些屠夫有任何爭執，他們手上有牛刀，可以輕易地白刀子進去紅刀子出來，幸好都沒事。他是我第一位正式學生，到現在我們偶爾還會在一起。

在台期間，我最熱衷的是看少棒。那個時候少棒金龍隊拿了世界冠軍，其後二代、三代軍崛起。在英國期間我看到台灣少棒在美打錦標賽的電視轉播，那是七虎隊，球員穿的球服後面的刺繡是Seven Tiger（Tiger沒有s，應該是Tigers），我覺得很困擾，在世界轉播的大好機會最簡單的英文字多數沒加s。我當時曾寫了一封信給棒球總會理事長謝國城先生，請他們注意這種小事情。以後回台灣做事，也經常注意到忘

了加s在台灣是一種很普遍的錯誤，教學的時候我也常常提醒學生，做大事當然好，但千萬不要忽略小細節。

台灣那個時候對少棒近乎瘋狂，少棒封王，大人雀躍。大人不爭氣，大人世界上沒有一樣比得上人家，少年囝仔封王，當做國家大事來慶祝，真是不爭氣。後來初中的青少棒也封王；高中級的青棒也接連封王，一時三冠王瘋了整個台灣，愈顯得大人的不爭氣，只能在小孩子身上慶祝。

我對台灣的颱風沒有什麼認識，只知道是台灣的特產，但風速、風力一點概念都沒有。在台期間有一超強的颱風襲擊台北。風速我還記得很清楚，是每秒六十五公尺，這個數目我記到現在，並且用來比較估計每次來襲的颱風的強度。當時我們住在基隆路一間日本宿舍，舒適寬敞。那一次颱風特別兇，全屋搖搖晃晃，悅舟睡在離窗不遠的榻榻米上。狂風大作，我出於平時的小心態度，把她移到裏面一點，不久，突然間砰一聲，有約一尺四方大小的瓦片打破窗戶，直接打到悅舟幾分鐘前才睡的地方，如果沒把她移走，這個飛瓦打到她身上後果真的不堪設想。一個人要多麼小心才算合理我不知道，但我一直認為過度謹慎——overcautious應該是可以接受的。那一次overcautious可以說替悅舟躲掉了大傷害。

離開台灣之前，悅舟在庭院玩，經常有飛機從天上飛過去，我們會指著飛機對她說，不久之後我們將搭飛機去美國。回美時，坐在飛機裏，悅舟問我們飛機在哪裏？在她心目中看到的是蜻蜓般的小東西，哪知她竟然在其中而渾然不覺。

又回邁阿密

　　1972年9月，我們又回到闊別三年的邁阿密。邁阿密改變了不少，古巴人愈來愈多，因為人口佔五成以上，市長也由古巴人當選。這一次回來邁阿密大學，我一共停留了四年，擔任的是內科助理教授（邁阿密大學之遺傳部不在小兒科而在內科）。我當年的指導教授還在，我們一起合作做研究。那時我周遭的人，包括祕書、研究助理、研究同事，甚至於清潔的歐巴桑全部都是古巴人。但是我失去學習西班牙文的絕好機會，前前後後在邁阿密那麼多年，如果我好好學的話，西班牙文會成為我的第五語言。回想起來，我那時為什麼不學？我承認基本原因是我當時看不起古巴人，所以不屑學他們的語言，非常愧疚。也使我想起台灣有不少人來台灣已經數十年，台語照樣不通，只有到選舉時才會講些破台語，聽到他們在講台語，大家都知道一定是選舉到了，為什麼他們不學台語，跟我當年不學西班牙語的心態是一樣的，不屑也。

　　在邁阿密期間，我出了一大事故。我買了一棟中古房子，有一個游泳池。有一天，不知什麼緣故，我需要做點小維修，要先把電源切掉。我將屋內電源總開關關了，拿了二把螺絲起子準備去修理。開始工作前，為了加倍防範，我以二個螺絲起子，一個接陰極，一個接陽極，然後將二個螺絲起子交叉，結果一聲巨響，爆出一大火花，頓時眼睛有數秒鐘全盲。更可怕的是二隻鋼鐵做的螺絲起子居然融了而黏在一起，表示電力之強，如果當時我沒有那麼小心，一定當場電死。聽了這一巨響，Y.H.跑出來問發生什麼事了？我只答說：「沒什麼，只是你差一點就變成寡婦了。」事後想起來，一定是前屋主偷偷由外線接入游泳池

的電源，沒有經室內總開關。我以後常用這一例子告訴朋友或學生，overcautious是不會吃虧的。這樣子我撿回了一條生命。

我在邁阿密大學以研究為主，偶爾也上門診指導住院醫師看病（他們看病，要上級有人簽字才算），我就當起他們的上級來，可是我一直心不安，因為我自己是小兒科醫師，卻要指導一些比我懂內科的醫師，我問心有愧，覺得我臨床上的訓練還不夠多。有一天我寫了封信給Johns Hopkins大學遺傳學的祖師爺Victor Mckusick（1921～2008）教授，告訴他我想完成（round up）我基礎及臨床雙方的訓練，想去拜他為師。一談之下，他當場答應我去他的研究室當主研究員（chief fellow），其下有二十多個研究員（fellows）歸我管，我頗害怕當之有愧，但機會難得。幾個月後我離開邁阿密，赴美國評鑑連續十幾年全美第一的醫院，Johns Hopkins Hospital。

邁阿密大學的期間，還有二、三件事值得一提。我在邁阿密大學學生時代的指導老師是Karl Muench教授，回校後我們還是合作夥伴，唯一的差別是我變成實驗室的負責人。Muench一直鼓勵我走出去，出外報告都是由我上台他在台下，一旦發現我在台上支支吾吾時，他馬上站出來挺，令我很感動，也使我學習到如何當人家的老闆。自此，我有機會就讓給我的學生，在論文上學生一直排名第一。有時我甚至幫他們寫，我的名字都不在論文上。這也就是為什麼我當了教授之後，沒有一篇論文是我掛頭名的。

有一次我跟Muench及另一教授去芝加哥作報告，回程往機場剛好遇上龍捲風來襲，我因沒經過龍捲風不知其可怕，所以對遠遠可以看到的「黑龍」甚為好奇，非常振奮，甚至認為好玩。只見計程車司機及二

位同仁面色鐵青，講話都會發抖。見黑龍愈來愈近，我也愈來愈興奮，有點離譜。但見司機先生拚命開，把車子全速開到機場地下室停車場才停下來，Muench有點不悅，認為我輕看龍捲風，不知真的碰上，沒死也只剩半條命。自此之後，我學會遇上龍捲風一定要躲到地下室。因為風從地上掃過去，地下室是無恙的，這點跟地震是不一樣的。

美國排名第一的醫院
（Johns Hopkins Hospital）

　　1976年8月，我離開前後住過八年的邁阿密，開車往北去馬利蘭州的巴城（Baltimore）。我們有二部車，把不重要的東西丟棄之後，其他交搬運公司。二部車裝滿較重要物件，我開一部在前，Y.H.開另外一部緊追在後，用了二天一夜時間（中間只進Motel睡了幾個小時）火速開往巴城。Y.H.因為不習慣開長途，我一直很擔心，每每經由後照鏡看她是否跟得上來，這個鏡頭至今仍記憶猶新，非常感恩她之相隨。事後講起，她說她當時眼睛都花了，只是盲目緊追在後，好在老天保佑安全抵達。抵達巴城，搬運公司大卡車已先到達等我們要下貨了。

　　我在Johns Hopkins Hospital時已三十四、五歲了，也許年齡的關係，大老闆Mckusick教授對我特別照顧。到任後不久，他把一篇期刊要他審查的稿件交我先代審，我知道他在測試我，所以我看得特別認真，鉅細靡遺，大大評審一番。他印象很深刻，以後他很多要審查的稿件都推到我這邊來；是意外的收穫或損失我也不知道。他在遺傳醫學上最大

貢獻是編著了一本遺傳醫學的聖經《*Mendelian Inheritance in Men*》，從第一版到第七版，他將每一版的版本都給我，其中有不少他增版修訂時的手稿。這是一部歷史紀錄，在遺傳醫學圖書上是一寶貴的收藏，到現在我還留在身邊，將來我會交給最懂得珍惜的圖書館收藏。

往同一病因方向思考

　　Victor Mckusick在遺傳醫學上的地位是不可動搖的，他的出道是作Amish人之遺傳研究（Amish，安曼派教徒，基督教門諾派〔Mennonite〕支派之一，德國人後代，十六、七世紀移民北美，分佈多州，主要在Ohio州之Holms郡，賓州之Lancaster郡及印弟安那州之Elkhart郡）。Amish有其特殊文化及生活方式，實行簡樸生活，不用電燈，不開汽車，只用馬車，沒有現代化之設備，過著復古的生活。他們不與異族通婚，因此遺傳上的疾病特別多，如Ellis-van Creveld侏儒症及楓漿醣尿症（maple syrup urine disease）。Mckusick對這群Amish之照顧是無微不至的。Amish因沒有異族結婚，所以整個村幾萬人都是親戚，錯綜複雜。Mckusick用電腦幫他們建立整個族群之超大族譜，每個少年人要結婚都會來Mckusick辦公室查是否有近親關係，並請教Mckusick何種程度之內同族結婚就不可，何種程度可結婚，可說是由Mckusick主宰他們的一生。他有一非常令人折服的理論是探討一疾病之遺傳模式，這病叫Prader Willie Syndrome（小孩子吃不飽，一直吃一直吃，無法控制地吃，吃到體重二、三百公斤），這病的遺傳模式有人說是autosomal recessive，Mckusick說不可能是這種模式。他的理論來自在Amish族他看到Prader Willie Syndrome病人，但只有一人，因為有病人，所以知道

有不好的gene。如果Amish有這種病人，表示Amish族群內有此基因，如果有人稱Prader Willie Syndrome這病是autosomal recessive，那Amish族群應該有很多人有這種病，不會只有一個。這是一個很簡單又很優美（elegant）的推演，真的令人折服，我以後也常告訴我的學生這個故事。Mckusick到Amish部落如入無人之境，人人認得他，他可以到各家廚櫃開了就吃，有什麼吃什麼，幾乎是大家長。

　　Mckusick教授給我的另外一個教導是「Be Oslerian」！一百多年前Johns Hopkins建院時有所謂四大金剛，內科之William Osler，外科之William S. Halsted，病理之William H. Welch？以及婦產科之Howard A. Kelly。他們有一共同的理想，要把醫院建設為全美國最高水準的醫院，四位都是當時非常有名的權威教授，尤其是Osler。今日美國之臨床醫學可以說是他一手建立的。Osler留有很多教學名言，其中有一項是：如果一病人有二症狀，A及B，二者都是很稀有的，則A、B有一共同的病因，二者是相關連的。我在Mckusick手下時看了不少遺傳學上的稀有疾病，如果在同一病人看到很稀有的症狀群，老師都會教我們「Be Oslarian」，也就是要我們往同一病因方向思考，這個觀念我到今日還是牢牢記住。

　　美國各大學遺傳科主任一半以上來自Mckusick的研究室，所以在遺傳醫界我們都是師兄師弟，只是第幾代而已。Mckusick一個人在大家都還看不出來前景的時候就出來開疆闢土，建立他的王國，真是偉大。Mckusick1995年獲Mendel獎，1997年獲Lasker獎。他是心臟內科出身，但他的興趣在結締組織病變，因此骨科有關之遺傳疾病是他的最愛，美國侏儒幾乎都集中於其旗下。他有一聯合組織叫Little People of America

（簡稱LPA），是美國一小人組織，身高要4英呎半（137公分）以下才有資格入會，每次年會幾百個侏儒齊聚一堂，一眼望去盡是人頭到處竄。有一次我帶女兒去參加，目的是要她們看看人間的苦難相，讓她們知道自己是多麼幸福。結果她們卻一直哭，問何以哭？答會害怕。我沒想到小孩子看到身體不健全的人，尤其是一大群，是會害怕的。

2001年Mckusick提名我為Johns Hopkins大學傑出校友醫學教育獎（Samuel P. Asper Award）。Samuel P. Aspar（1916～1999）為Johns Hopkins畢業生（1940），曾任貝魯特美國大學醫學院院長，一生努力推廣世界醫學教育。此獎每二年一度，褒揚對世界醫學教育有卓著貢獻者。我因曾任慈濟大學校長獲得醫學教育的特殊貢獻獎，但當時我任衛生署長，適值立法院開會無法親自領獎（本獎規定要領獎人親自領取）所以婉拒了，二年後，2003年四月我再一次被提名，時值SARS有失控之虞；但如果沒去領取，則母校四年無人領取此獎，也是很遺憾。我與國內抗煞專家商量，結果大家叫我快去快回。不料到了美國一下飛機，台灣電話就到，游行政院長親自來電說總統要我趕快回台，因此隔天我領了獎，來不及向大會好好解釋就打道回台。Mckusick為我安排一特別晚宴，我是主賓，沒有好好解釋臨時缺席，對Mckusick非常內疚。不久，他退休住在一老人休養區，我與Y.H.去看他，他還是對我很好，給我看他收藏的一把劍。本來我想開口要此物當紀念，不好意思開口，匆匆忙忙就離開了，不久報載他過世了，是腎臟癌症，代表一時代之結束，遺憾之至。

在Johns Hopkins我還有一老師Tony Murphy，是一絕頂聰明的醫師，也是生物統計學之權威，英國人，也是Mckusick第一個博士學生。

他終身未娶，住家真的家徒四壁，一張大桌子看書及吃飯用，以及一台大鋼琴，顯然是一音樂迷。他的名言是世界上沒有百分之百的東西，在炎日下下雨的機率不是零。他說你怎麼知道說此話的人有沒有精神分裂症。有一次一位學生報告論文，他聽了之後說這論文是absolutely right（絕對正確），後來學生又給他看一些相反的證據，他說那是absolutely wrong（絕對錯誤）。後來有人問他怎麼可能由絕對正確變成絕對錯誤，他說那麼應該說絕對的50%錯誤好了，大家哄然大笑，既然絕對何來50%，這是統計學式的幽默。

　　80年代之後，岳父完全退休，和岳母二人一年來美國多時，Y.H.只有一姊姊淑慧（沒有兄弟）姊姊住新澤西州中部Harworth小鎮。岳父母在美時，忽而住我們家，忽而住Y.H.姊姊家，南北奔波，所以我們一直希望有機會往北移。在巴城時恰好知道新澤西州州立醫科大學在找遺傳醫學科主任，我也認為自己多年的訓練可以獨當一面，經營一學術單位，於是上New Brunswick跟州立大學校洽談，不久即收到聘書。1977年9月，我們北遷到新澤西州中部小城North Brunswick，距Y.H.姊姊家Harworth一小時車程，開啟了我一輩子獨當一面、經營一醫學單位的工作——就任新澤西州立醫科大學醫學遺傳部主任。

再回美東北——UMDNJ的新事業

　　美國新澤西州位在美國東北部，隔一哈德遜河與紐約市遙遙相對。州內最古老的大學是Rutgers大學，創於1776年（美國獨立前一年），

原為常春藤大學之一，1960年代因經濟困難，被州政府接管成為州立大學。大學校區散佈於整個新澤西州，但校本部位於New Brunswick（New Brunswick是美國大藥廠Johnson & Johnson大本營）。原本醫學院稱謂是Rutgers Medical School，後來因為州內有三醫學單位，再加上牙醫學院等共六個校區，於是統一由州政府合併管理成為新澤西州立醫牙科大學（Univ. of Medicine & Dentistry of New Jersey，簡稱UMDNJ）。醫學院北、中、南各一校區，我們中部校區後來改稱Rober Wood Johnson醫學院。Robert Wood Johnson是Johnson & Johnson大藥廠創辦人，醫學院亦是為了紀念這位先生而命名。我到校時學校正在改名，被提到的校名有Virginia Apgar Medical School, William Carlos Williams Medical School、但都沒獲得採納，前者是美國非常出名的小兒科醫師，愛普格新生兒評估（Apgar score）就是她設定的。後者是美國大詩人，因為二次大戰中與納粹有關，所以受猶太人之反對而作罷。

　　一輩子接受訓練總算有一個自己的大本營，自己的團隊。我的實驗室因做產前染色體檢查，每年有相當的收入，可以僱用一大批人，包括二教授、一助理教授、二講師、二祕書、三個遺傳諮詢員及技術助理，全部二十多人。不管研究、教學、服務，都有穩定的財源。開始時我們住在離醫院南方不遠的North Brunswick，新蓋的房子。有一次流感流行，全家五個人全部中煞，不是咳嗽就是發燒，每個人都倒下來，包括醫生我本人。雖然如此，我還是要起來拿藥給小孩子吃。我們當時的房間全在二樓，我因為發燒燒得很厲害，站不起來，只好用爬的到樓下冰箱拿藥給小孩子，一輩子沒有這麼狼狽過。後來與同事談起此事，他們同聲指責我，自己生病時千萬不要再當醫師治療別人。我何嘗不知，無

奈，美國生活真的不容易，一切都要靠自己。

　　到了新澤西一年，突然來了一通電話，問我在新的地方如意不如意。原因是有一所大學在找遺傳醫學科主任，去求救Baltimore的祖師Mckusick教授要人，Mckusick手下無人可援，於是告訴他，有一個人現在已到新澤西去，可以去問他想不想到別的地方重新發展。我雖婉拒，心裏也很高興恩師對我之愛護。

普林斯頓之夢

　　我們住的房子在North Brunswick是一標準中產階段的住宅區，但小孩子上學的學區不是很理想，於是我們有南移普林斯頓之構想。普城離我學校約二十七公里，我上下班比較不方便；但因為普城小鎮是一群高級知識分子匯集之處，小孩子學校特佳。於是我們在普城唯一的小山丘，找了一塊二英畝的地（約2450坪），Y.H.自己設計，請人蓋了房子，1984年搬進去。這個小城如一座夢幻城市，到處可以遇到超級大人物。愛因斯坦終其身於斯；美國威爾遜（Wilson）總統出於斯（他是普大大學校長再去當美國總統的）。小孩子在此成長，文明多了。有一個小插曲，使我遺憾終身。我們蓋自己房子之前，其實有機會可以買到Wilson總統的房子。他是建築師，房子是自己設計的，蓋在普城最高貴的一條街上（Liberty Street），房子很大，當然不便宜，當年要價美金26萬，我們自己蓋的房子也花了將近20萬，經濟上稍微周轉一下，應該是可以應付得來的；但因為我太過於保守，白白錯失這個機會。不然的話，一個台灣去的草地人收購了美國總統設計且居住的自身房子不是很有趣嗎？

愛因斯坦於1933年10月來到普城，初住於Liberty St. 2 號，後搬居到現在大家都知道的Mercer St. 12號，這個房子低調到不行，可說是中產階級都不要的房子，沒辦法理解這麼偉大人物居然居住在這種房子。他剛來普城時，一直向學校要求降低薪水，後來沒辦法只好收錢，但是他把收來的支票當做書夾子而不去領錢，真是怪事年年有。他服務的單位是普大旁邊一非常特殊研究所，Institute for Advance Study高級研究所，理論物理界的人幾乎都必須經歷這個地方，楊振寧、李政道也在此待過。愛因斯坦的家到他研究室有一小段距離，他不開車，每天走路來回，沿途與小孩子玩。愛因斯坦很不喜歡大人，說大人心詐狡猾，小孩天真無猜。這個研究所我去看了幾次，但都不得其門而入，聽說裏面只有黑板及辦公桌椅，沒有任何儀器，原封不動保留著。

愛因斯坦死於1955年4月18日，於普城之Princeton Hospital，臨終之話是喃喃的德文，護士不了解，所以沒人知道他最後說了什麼。他死後腦部被留存，身體其他部分二十四小時內火化，骨灰撒在哪裏也沒人知道。Princeton Hospital距離我家只有三、五分鐘車程，我們進入市中心必經過，愛因斯坦在世故事屢屢衝上我心頭。他的腦部被該醫院病理醫師Thomas Harvey取得，切成240小塊分送多位學者研究，其中較出名的是加州大學柏克萊校區之Dr. Martin Diamond，奇怪的是，經數十年，那麼多研究者卻沒什麼大發現，直到二十世紀底，各方描述才陸續出現。Harvey把愛因斯坦之腦據為己有，人到哪裏就帶到哪裏。Harvey在肯塔基時，有一天愛因斯坦的腦被偶然發現置於他在Lawrence辦公室地面裝蘋果的紙箱內。後來一大區塊的腦（50%）寄給加拿大Ontario Hamilton之McMaster大學Dr. Sandra F. Witelson及其團隊去研究（該大

學收集很多人類的腦，可供比較之用），其結論刊登在2011初Lancet雜誌上。大致上的發現（與同年齡男人比）如下：1.重量1230公克，與常人無什麼異樣，因此他們推論腦大並非聰明的必要條件，2.形狀也沒什麼特別異常，但寬度（兩耳之間）inferior parietal lobe之間比別人寬15%，3. Sylvian溝幾乎不存在，因此他們想愛因斯坦的腦有更多空間生長oligodendroglia。4.大腦皮質比人薄，因此愛因斯坦之神經細胞密度比人高。愛因斯坦曾說他沒有特殊才能，只是具有熱忱的好奇心而已（I have no special talents, I am only passionately curious.）。從他的腦的研究裏面，他的特殊才能之來源似乎沒找到答案。Harvey死於2007年，1998年，他把所持有剩餘的腦歸還普林斯頓大學醫學中心。

　　腦的構造及功能是極端複雜的，尤其是抽象思考功能與兆億萬個腦細胞錯綜複雜之聯絡是脫離不了關係的。以目力觀察、測量，甚至於顯微鏡的檢示都無法解答以上的問題。我常常懷疑人的腦是否有能力了解我們自己腦的運作。上帝創造我們並沒有義務將所有的能力都給我們。腦的能力應有其極限，正像狗永遠無法了解反共抗俄，也永遠無法解微積分數學。

　　抽象思考是腦功能裏頭最難了解的一部分。很多數學家、物理學家非常喜歡音樂，尤其是古典音樂（但是音樂家裏面多少人喜歡數學，我就不知道）。另外，學醫的也很喜歡音樂，這個現象台灣尤其明顯。音樂又與語文能力有重疊的地方。這三者，音樂、語言以及抽象思考，其機制上有什麼共通點倒是可以好好研究的。

愛因斯坦與音樂與我

愛因斯坦與小提琴之關係是人人皆知的事實，他自小學小提琴，但在這方面的成就有限。至於他的語文能力，也是值得商確的，他到三歲才會講話，其後在造句方面也是經常有困擾，令他的母親相當擔心。愛因斯坦有一很有名的故事，跟人家合奏音樂時經常打錯拍子，使合奏者很為難。有一次名小提琴家F. Kreisler問愛因斯坦：「你難道不會算1、2、3嗎？」他答說：「O, Heaven! It's in my blood！」

愛因斯坦對小提琴之偏好是非常有名的，他五歲開始學小提琴，說他如果不成為科學家就希望成為小提琴家。所以他又說音樂是他的終身熱愛（life time passion），他也經常生活在音樂的白日夢中（daytime dream in music）。他認為音樂是一種存在於宇宙內在的純美，是他思考及創造之主要原動力。遇到困難時他躲進音樂中邊拉小提琴邊解決困難問題（我多麼希望我也可以邊拉琴邊解決健保的問題）。在音樂作曲家中他偏愛巴哈、莫扎特及貝多芬，因為在他們的音樂中，他發現到其結構之美有如宇宙之美。他的名言是「自然偏好單純的比例」（Nature prefers simple ratio），並說宇宙、音樂、自然及神形成一世界最完美的和諧。1919年，他的相對論（Theory of General Relativity）被證實，他高興地跑去買了一把小提琴。

我小時候學過小提琴，但我一直喜歡聲音低一點的樂器，尤其是大提琴，所以學大提琴幾乎是我夢想要做的一件事。五十歲時，突然心血來潮，決定開始學大提琴，由零開始。我買了一隻不差的新琴，找了附近一社區大學，課外跟一老師學琴。這老師是紐約一音樂學校碩士班學生，本來是來普城兼差教小孩子的，突然來了個五十歲的醫學院教授，

她非常不適應。我因為學過小提琴，所以很多奇奇怪怪的問題，問得她不知如何回答。上課的時候，學生不發抖，老師卻發抖。我於心不忍，找了另一位大提琴老師，J. K.。這位老師不知現在還在否？他多我十多歲，是普林斯頓大學的高等技工，可以說是現今世界上唯一跟愛因斯坦音樂有關係的人。有一天，愛因斯坦家漏水，請了一水電工去修理。這水電工是J. K.的父親。當他在修理漏水管時看到愛因斯坦在練琴，他向愛因斯坦說：「你也練琴啊！我的小孩也是：不過他的提琴比你的大很多。」愛因斯坦一聽甚為高興，說他在找一位會拉大提琴的小孩子（J. K.時為普林斯頓高中生）。愛因斯坦很不喜歡大人（詭計多端），所以盡量找小孩子。於是這小子J. K就被愛因斯坦請去一起合奏拉琴。當年他們有一三重奏樂團，愛因斯坦任小提琴手，J. K.為大提琴手，鋼琴我不知是誰。J. K教我大提琴時我因為好奇，經常同他談起他們當年事，我問他愛因斯坦不會算1、2、3是否是真的？他笑著說：「他不是真的不會算，只是有一個小毛病。他會拉的地方就愈拉愈快，不會拉的地方隨意慢下來，同他合奏的人很難抓拍子。」我當時也參加了普城一地方小樂團，有一位九十來歲的老先生，走起路來跌跌撞撞，但團練時每次都往第一排中間坐，這個位置是樂團首席坐的，整個音樂的拍子都是他主導的。我們的樂團老是拍子很亂，我問旁邊樂友，這個老頭子是誰？他答說他是諾貝爾級世界大數學家（名字我忘記了），所以有些數學家數1、2、3是數假的。

　　J. K.還做了一件驚天動地之事。有一天愛因斯坦參加了一學會（正如其他各種會都會邀請一些大人物來參加，但這些大人物對開會往往沒興趣）。他心不在焉，於是跑到場外散散心，獨自徘徊於場外。J. K.剛

好開車經過看到他，停下來問他：「愛因斯坦先生，我可以幫你什麼忙嗎？」愛因斯坦說他想回家，J. K.不假思索把他帶回家。二個小時後他在收音機聽到特報說愛因斯坦被綁架失蹤，全城忙成一團，大會也停擺。J. K.急忙打電話到警局說是他帶走，也因此挨了一頓罵。

總之，這位曠世大人物，我沒有機緣見到他（他死於1955，七十六歲，我是1983年才搬到普城），也只有經大提琴這一段機緣跟他掛上關係，僅記於此。

對於大提琴之偏愛，我還有一段小插曲。我從普城家開車到New Brunswick辦公室要四、五十分鐘。有一天，我開車上班，半途突然聽到一首非常動人的曲子，我把車子開到路旁停下來，直到結束。結束後才知道這曲是拉赫曼尼諾夫（Sergi Rachmaninov, 1873～1943）g小調大提琴奏鳴曲（作品19號），廣播員用一字haunting來形容它。這個字含義很廣，一般來說是「常出現」之意，也可譯為糾纏或揮之不去。我馬上去找這張唱片，愛不釋手。後來才知道這首是作曲家年輕時的作品（二十三歲）。奇怪的是聽說他年紀大了之後不喜歡它，使我很懷疑，我的心態是否還停留在少年的虛無飄渺的世界。我認為這個曲子有點濃得化不開，每當我有挫折時，深夜起來聽音樂，最常聽的就是這首曲子。我也把樂譜買來，試圖自己拉拉看。很快，我就知道這個曲子很難（把位太高，2-4個降記號），完全超乎我的能力範圍。

我們的醫學院是新澤西州立醫科大學，有義務幫忙大學附近的小醫院，尤其是紐澤西州的中部醫院。其中有一醫院在賭城大西洋城，每一個月要去一次看一些遺傳病人。每次我都會留一點時間去看賭場，把身上的錢全部輸光才回來。我只會最簡單的，就是退休老人做的，拉一槓

桿，運氣好的話，就一堆銀角子出來，不好的話，角子就被吃掉。每次去大西洋城我都不敢帶太多錢去，因為我知道要輸的光光才會心甘情願地回來。為什麼我也不知道，只能以職業治療自嘲。

談到賭博，我初中時有一段賭博的故事。每一個除夕小孩子都會收到不少壓歲錢。有一次我把所有錢集起來，新年上街準備要去賺一堆回來。路上看到有人在玩火柴盒，三個盒子中有一個是底下有洞的，他移動一陣子，你把錢壓下去，猜對了有洞的他就賠錢；壓錯了，錢就被沒收。我站在旁邊觀察了一陣子，覺得很容易壓對的，於是也下場。奇怪的是我每次下場壓的都是錯的，但在旁觀看的時候猜的都是對的，到今天我還不知道他們是用何種方法在騙錢的。不久，我的錢全部輸光光，幾乎哭著回去，就此之後，我一輩子沒再真正下賭過，我承認這些人是靠此維生的，不會輸你的，只是我認為這些人沒良心不應該騙小孩子的錢。對我來講，這個學費其實是很便宜的，醫學院學生時曾將這段初賭記發表於青杏醫學雜誌（台大醫學院雜誌）上。

大女兒悅舟中學時，暑假都會去打工賺零用錢。有個暑假她到冰淇淋店打小工，也累積了一點錢，開學前與朋友一起上紐約市（普城距紐約市火車約一小時），不多久來了一通電話，叫聲媽咪就放聲大哭，一句話也說不出來。後來才說她把賺來的錢全部輸光光，賭的也是她老爹少年時一樣的賭法，令我啼笑皆非。她發生的年齡和我的相近，賭法相同，結果也是全部輸光光。難道賭博也會遺傳？據我所知，到現在她沒再賭過，想必她也把它當做學費了吧。

從教育再出發

　　1991年最小女兒培舟即將進麻省理工學院（MIT）。三個小孩都出外唸書，家裏變成所謂的空巢。她們一年只回家二、三次，而且回到家也都忙於找老朋友。那時我五十五歲，距六十五歲退休還有十年，於是我開始思考，剩下的十年我是繼續留在美國，有優渥薪水，輕鬆工作，住在一美麗小城（普城），有一自己蓋的大房子，在森林中悠悠閒閒享受餘年；或利用這十年再做一件事，比如說回台灣做些事。正在思考期間，有一天晚上，突然間接到台灣來的電話，是成功大學醫學院院長黃崑巖教授打來的，告訴我他將退休，問我有沒有意願回台灣接他的缺？隔幾天，我回電告訴他我可以考慮。於是此後幾個月，我開始奔波於台、美之間，見了當年不少成大高級主管及年輕醫師們，也見了馬哲儒校長二、三次，覺得他還蠻和氣容易相處的。但是碰上了一個無解的問題。那個時候我三個女兒在美唸大學或研究所，學費加生活費，每年每人至少要新台幣一百萬元（而且是扣稅後的錢），台灣的薪水怎麼也沒辦法支付。美國的朋友分成二派，一派認為絕對不要回台灣，這將會是個不智之舉，另一派極力鼓勵我回去，甚至願意借我錢。另一選擇是我向父母親伸手要錢。但年紀這麼大還向父母要錢，將是笑話一椿。正在猶豫兩難時，馬校長來封長信說黃院長改變他生涯規劃，暫緩退休，也算替我解決了一個難題。

　　不久，我應行政院衛生署之邀，回台灣處理一些優生保健事宜（我過去幾年與衛生署都保持很好的關係，當他們的顧問，這個關係使我以後當署長做起事來容易得多）。有一次回台在台北住了一個星期，幾乎夜夜晚宴。最後一晚，衛生署幾位常在一起的小姐一起輕鬆的去吃一些

小吃。不久,突然覺得一個禮拜下來已經很累了,想早點回去休息(那個時候我住台大景福會館)。回到住處,會館管理員在門口攔住我說:「台大有二位教授要找你,我讓他們進去你房間,現在在你房間等你,進去時不要受驚。」我進去之後,發現陳振陽及蘇益仁二位教授,都是我1971～72年回台大當客座時的學生。他們告訴我來意,說是受慈濟證嚴法師之託,代為尋找一位創校校長。那時我對慈濟認識很少,心理也毫無準備,再加上成大的經驗,基本上我是沒什麼意願的,他們二位也失望地離開。隔天星期六中午要坐火車回台南,台大小兒科王作仁教授送我到車站。等火車時我們兩人閒聊,我說:「昨晚你們台大二位教授找我談慈濟事,談得很晚,有點累。」王教授一聽之後,一本正經地告訴我慈濟聲譽很好,私立大學做事較簡單,比成大更有空間;又說如果是他,他會選擇慈濟而不是成大,使我大吃一驚。回到台南,我打電話回美國同Y.H.談這一件事,Y.H.直覺反應也是覺得私立反而比公立好,叫我也考慮看看。我隨即打電話給蘇益仁教授,說我隔天就要回美,可不可以先見見慈濟的人。當日蘇教授便聯絡上基金會的副執行長林碧玉小姐,大家就在台南火車站旁的一間飯店相遇。進一步交談之後,我告訴林副總執行長我小孩子學費的問題,他說慈濟可以想辦法解決。

回到美國不久,就接到慈濟邀請專程回花蓮一趟,我與Y.H.於是帶著高興心情到花蓮。證嚴法師帶我們到處看看,包括醫院、慈濟護專等等。在路旁如果有慈濟的地,證嚴法師告訴我們這是我們的地,好像我已是他們的一份子。再經幾次的溝通,我們就答應要回來了。這一件事,這一段緣就這麼順利解決了。其後半年多時間,我積極處理研究室的二、三十位同仁,包括介紹他們到其他單位工作或資遣,也向院長報

告我的決定，他也了解並祝福我。院長自動建議我把職位保留一年，留職停薪，萬一回台不順暢，隨時歡迎我回去。

1992年7月我回到花蓮正式開始醫學院的籌備工作。承蒙四面八方親朋好友之助，籌備工作頗為順利。

1993年8月我又回到新澤西州醫學院正式提出辭呈。離開之前（8月27日），我去紐約市見美國在華基金會（ABMAC）總裁Dr. Armstrong夫婦，由他們介紹，下午我們去Rockfeller大學拜訪曾任紐約大學及耶魯大學醫學院院長Lewis Thomas。他已退休，居住於一小公寓，書架不大，盡是一些我不懂的書。Thomas本人坐輪椅，人很瘦，因長年吸菸，慢性肺衰竭，說話很慢，聲音很小，坐下來第一樣事情是要酒，再來要香菸，且咳嗽不斷，一看就知他不會長活。當Dr. Armstrong介紹我將回台灣任醫學院院長時，Thomas教授只短短回了一句話：「Oh！Poor Fellow！」他知道這個年頭醫學院院長是多麼不好當。回到台灣我一直把他的書籍介紹給學生，不久也就聽說他去世了。

打包行李，我在1993年9月1日登上飛機，離開了我居留了三十年的第二故鄉美國。飛機飛過大狹谷高空，看到那個近乎不敢相信之國土，百感交集，突然間我注意到三十年前的同一天，1963年9月1日，一個太平洋彼岸的草地囝仔降落於紐約的甘乃迪機場。整整三十年後，一天不多，一天不少，我離開它，準備回去我的第一故鄉台灣，結束這三十年的斷層。

1. 結婚日，紐約，1965年9月4日。
2. 結婚當天與朋友合照，右三是伴郎
   林子淳醫師，Y.H.右邊是伴娘，賴
   基銘醫師（前排左二）之夫人。

1. 1963年11月22日，甘乃迪總統被暗殺，Staten Island醫院降半旗。
2. 與指導教授Dr. Karl Muench合影，1969年6月。
3. 邁阿密大學博士畢業照，1969年6月。
4. 劍橋MRC-LMB實驗室，1970年。
5. 研究所指導教授Karl Muench教授，1970年攝於邁阿密大學研究室。
6. 由劍橋大學後園穿過之劍河（Cam River），1970年。

1. 邁阿密大學研究生研究室，左
   二及右一為助理，中間為祕
   書，右二是前指導教授Dr. Karl
   Muench，1969年。
2. 台灣大學生化學科與學生留忠正
   合影，1971年。
3. 與名畫家、台南一中同學陳錦芳
   博士於他的畫展，1976年。圖為
   作者收藏之陳錦芳巨作。
4. 與Mckusick教授及其子，於他
   們住家前，Baltimore, MD, 1976
   年。
5. Mckusick教授夫婦之賀卡，2001
   年。

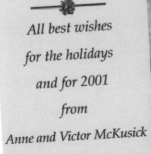

All best wishes
for the holidays
and for 2001
from
Anne and Victor McKusick

1. Y.H.在邁阿密家自己包粽子，1966年。
2. 全家於Florida Orlando迪士尼樂園。三個女兒：左一是老三培舟，中間立著大女兒悅舟，右為二女兒康舟。
3. 全家攝於日本東京皇宮前。左起老三培舟，老大悅舟，老二康舟，1979年。
4. 老三（中）高中畢業，左是二姐，右是大姐，1992年。

1. 普林斯頓的家全景。
2、3、6、7. 普林斯頓自己設計的房子，春、夏、秋、冬，1989年。
4. 普林斯頓後院掃落葉，左為老二康舟，右為老大悅舟。
5. Mercer St. 12號，愛因斯坦住家。

1. 李家數十年第一次全家聚會，普林斯頓家的後院。1986年。
2. 父親、姨母於普林斯頓，1971年。
3. 聖誕節於普林斯頓家，1990年。左一：老三，左二：Y.H，右一：老二，右二：老大。
4. 阿姆斯特丹，右是老二，1990年。
5. 全家與岳父（廖乾定醫師，左三）及岳母（莊素波女士，中）合影，左一是老大，左二老二，右二是老三，右三是Y.H.，1988年。

1. 全家,於夏威夷海邊,2001年。
2. 訪義大利佛羅倫斯之文藝復興留下的典型建築物,1972年。右是Y.H.。
3. 歸仁老家,左二為老二,右二為老三。

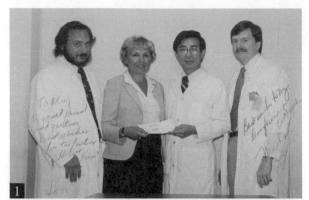

1. New Jersey州立醫科大學遺傳學科，二教授，左：Leonard Sciora，右：Mike McCormack，1990年。
2. 與大學小兒科主任Larry Taft教授，1992年。
3. 普林斯頓學校旁Institute for Advance Study，Einstein之研究所，1991年。

Ⅲ｜慈濟八年

慈濟發展出一新的生活規範與理念，

不管你適應不適應，都不得不佩服其組織力與實踐力。

這個團體由救濟（慈善）出發，

而醫療，而教育，而人文，一步一步把社會帶進另外一境界，

可以說是台灣奇蹟般的社會運動。

我有幸參與它的第三階段——教育工作，心存感恩。

八年時間當中，學校由獨立學院（醫學院）而醫學暨人文社會學院，

由無到有，成為一綜合大學，其間可以說經歷了不少困難，

也是我人生的一大經歷。

與證嚴法師的相遇

自1963年我離開台灣，除了1971～1972年回到台大客座教學一年之外，我跟台灣的接觸非常有限。有台灣來的研究生、醫師到我的研究室，我也儘量跟衛生署保持聯絡，如推動台灣優生保健之工作。但對台灣的觀察其實不深，過去只注意到，比如台灣車輛很多冒黑煙；台灣人上車不排隊；台灣人很少說謝謝、對不起等等，令人感到人民品質之不夠理想。這次回來台灣的確進步了不少，台北的交通進步很多；冒黑煙的車子減少了；按喇叭的車子更是少了；大部分都可以看到人民排隊上公車；「謝謝、對不起」等也經常掛在嘴上，證明社會的確進步了很多，只是不夠快而已。這次回來，前十年幾乎都關在後山花蓮，與世隔絕，有機會跟證嚴上人在一起工作，聆聽她的理念、教誨，實在是三生有幸。

慈濟過去幾十年的蓬勃發展有其理由：除了證嚴法師個人感召之外，社會逐漸富有，人民需要有一新的道德標準，慈濟成了眾人依歸。有趣的是慈濟發展出它自己的一套規範與生活理念，不管你同意不同意，你不得不佩服其組織力與實踐力。慈濟由救濟（慈善）出發，而醫療，而教育，而人文，一步一步把社會帶進另外一境界，可以說是台灣奇蹟般的社會運動。我有幸參與它的第三階段——教育工作，心存感恩。在此後八年當中，我用了二年的時間籌備，六年二任的校長，學校由獨立學院（醫學院）而醫學暨人文社會學院，而綜合大學，八年由無到有，其間可以說經歷了不少困難。這八年經歷過我人生的一大轉折，未來希望可以以專集記述。本書僅記一些難忘的瑣事。

慈濟大學籌備過程

　　自從花蓮慈濟醫院成立之後，證嚴法師感覺到良醫難尋，慈濟又位處偏僻之區，醫師更難找，於是決定成立醫學院自己培養需要的醫事人才。台灣的醫師人數到底夠不夠，長久以來都是一爭執不斷的問題。慈濟醫學系之籌設牽涉到台灣全體醫師人數。當時反對增加醫師人數的聲音頗大，因此慈濟醫學系的人數就由其他醫學系借撥而來。當時全台每年新增醫學生人數一千三百五十人，為了不超過這個限額，慈濟醫學系之五十名名額就由各校各調出三至五人合成。這個不增加醫生人數之政策維持了好多年，直到八年後我當署長時還是維持著。這個政策根據的是目前台灣每五百五十人中有一醫師照顧。因為人口出生率年年下降，再加上醫師退休年齡不斷延後，醫師密度會漸漸上升，二、三十年後會是每五百人有一名醫師，這個數目與美國現在的情形一樣，但遠少於歐洲醫師密度（每兩百至三百人有一個醫師）；孰是孰非，沒有定論。

　　我當署長時立法院也提出這問題，我個人雖然傾向於可以略為增加，但醫師公會不贊成，所以不增加之政策就暫時留存下來。但是最近幾年此問題又以另一種情況浮現。醫師子弟當然希望自家下一代可以繼續醫師這一行業，但因招生人數有限，所以陸續到外國醫學院求學，尤其是波蘭。這些學生人數不少，現在又差不多要畢業時程，可以不可以回台開業變成棘手問題。家長經立法委員一直要求開放，但是這個政策又與原來的每年一千三百五十名相違背，加上未來中國醫師要來台開業這個問題會變成非常複雜，也是衛生署及政府需要審慎規劃的。值得一提的是：國家衛生研究院衛生政策研發中心主任郭耿南教授對台灣醫事

人力、醫師、藥事、牙醫師、護理等等都有一套標準，尤其是對台灣醫師之專科人數都有一通盤的評估，但落實確實非常不易。

建校首要校地，台灣土地的取得過程非常繁複，包括與居民交涉、溝通。好在這些繁瑣的工作都在我到任之前就已解決，基金會副總執行長林碧玉小姐及籌備處一位祕書小姐陳曉婷可以說居功厥偉，無數的公文，數不清的跑工，她們往返政府機構有如進出廚房，一手包辦，可以說把最艱困的工作事先都完成了。

慈濟大學校地連同醫院及靜思堂共約十九公頃，不是很大（鄰居東華大學佔地有兩百五十六公頃），也不是很小。我一直主張在建校初期校地愈大愈好，避免將來擴建時校地不足會是很大的問題。大學附近其實還有不少空地，土地根本空著不用。但當校方向地主收購時，個個要求很高價格，基金會又不希望破例將價格炒高，所以沒有答應，這是很可惜的。另外一件重大事情就是校舍的建築。慈濟自身有一個工程處及建築委員會（由自家人中的建築專家組成），有長期合作的建築公司，每月定期開會檢討進度，所以兩年下來，我對建築工作也略懂一、二。由於證嚴上人之感召，慈濟工程沒有偷工減料，使監督輕鬆不少。有一次，我們跟建築委員會巡視校舍工程，監工委員發現有工人放進過多的鋼筋。工人以為鋼筋放得愈多，建築物會愈堅固，不知鋼筋放太多會佔去混凝土的空間，讓鋼筋與混凝土之比例改變。而最強固的是要二者有最適當的比例才是最好，而不是鋼筋的部分愈多愈好。工人出自好意，認為是替菩薩做事，不但不敢偷工減料，反而加工增料，這也是一般公共工程中少見的現象吧。

花蓮是地震頻繁地帶，學校建設要注意建物之抗震，不可因一時節

省經費而建一座不堅固之學府，萬一遇上一強震，學舍毀於一旦，後果不堪設想。因此我們一再交代建築師一定要設計比地方抗震規格更強的結構，結果我們用了規格之1.25倍（0.33G×1.25=0.4125G），應該可以安穩渡過七級（0.4G）的大地震。

照顧弱勢族群

　　慈濟大學另一個不尋常的記錄是：我前後八年的預算沒有被砍過一塊錢。我一向認為能省則省，尤其是慈濟經費來自四面八方的善心人士，更不可隨便花用。因此在向董事會提出之前，我們內部一定一審再審，如非絕對必要我不提出。證嚴董事長知道我如何編預算，知道我提出的必定是必須的，必須的就不可砍，這麼一個互信的原則，讓我在經費的運用上特別順利。我把這種精神帶到衛生署，第一次編預算時也用慈濟的方法，編出最低必要的經費之預算，也預期立法院不會砍一塊錢。所以內部一砍再砍，砍得各單位哇哇叫，告訴我立法院不管你編得多實在，或多或少都會砍，這樣署的經費就不夠用了，這個提醒使我認清不同環境有不同生存的方法，千萬不可固守己見。果然預算審查下來，被立法院砍了好幾億。

　　照顧弱勢民族是慈濟成立之一大原因。花蓮原住民人口佔14%，是一向比較少受到照顧的族群（台東原住民壽命少台北人十歲）。因此慈濟醫學院還在籌設階段，我就在籌備處成立原住民健康研究室，整合大學、醫院及地方原住民資源，希望對原住民之健康有所貢獻。開始的時候我們對原住民喝酒的問題舉辦了一場討論會，來了不少媒體記者，他們到秀林拍片記實，清晨拍到一個四、五歲小孩子，剛好在路上抱著一

個酒瓶（空的）走路，這一照片刊到報上，引起了原住民極大的反感，因為反被點上了污名，我們只好趕快出面化解危機。在此次原住民喝酒研討會當中有一演講者是原住民，他卻臨時缺席沒來報告，令人錯愕。後來他趕來向大家道歉，說昨夜酒喝過頭，今早起不來，因此來不及來演講。

這個研究室開始時由我擔任主任，後來發現原住民的問題最好由原住民自己來解決。但是主任之缺找了好久。原住民體育人才很多，藝文界也不少，但數理界、醫界、生物界卻比較少，我找遍了全台灣生命科學方面之博士，卻只找到一人——鴻義章博士。1994年醫學院成立，原住民健康研究室成為慈濟公共衛生之一部分，再過一、二年（2000年7月29日）成為原住民健康研究中心，其後則成為原住民健康研究所，希望可以慢慢養出一些碩士級研究人才，有一天可以升為原住民健康研究學院；但是因為教員極難尋找，這個研究所在我離開慈濟之後似乎也沒有接照預計發展。

我還在慈濟時曾經整合了原住民人才，包括醫師、老師、牧師及文化界人士成立了一讀書會，定期選定題目專人報告，後來這個組織也沒發展成功。最大原因是成員參加意願不高，晚上七點鐘的會，到八點還有人姍姍來遲。後來鄰近的國立東華大學成立了原住民研究學院，著重於風俗、文化之研究，但缺少醫療人才，因此健康方面的研究就付之闕如了。如果當時能夠與慈濟合作，利用慈濟在醫學及生命科學的人才，當可合成一完整的學院，應是台灣原住民的一大福氣，非常可惜。

台灣蘭嶼的雅美族，據說與台菲中間小島人民的語言有很大部分之相疊，可猜測當時該島人民可能由台灣渡海過去的。根據科學研究，南

太平洋島嶼很多是由台灣原住民遷徒過去的。如是，這個東華大學原住民學院之研究，不只對台灣原住民有相當大的助益，對整個南太平洋民族學也會有非常正面的貢獻。可惜我們不知東華建院的過程，慈濟也失去參與之機會，這是國人做事一大遺憾的地方，各自為政，鮮少合作。

回台之初，我的國語還是不行，因為出國前我的生活是以台語為主，很少有機會說國語。出國後在家裏更是全部台語。我們沒有強迫小孩子用何種語言，一般是用台語對她們講，她們用英語回答，所以台語她們會聽不會講。如果我們要說她們的壞話就用國語。後來小孩子也知道，如果聽我們講國語，一定是在說她們的壞話。剛回台灣一、二年，我的國語經常支支吾吾，在腦海裏要先經過翻譯。籌校期間我幾乎全以台語處理，包括與證嚴上人交談或者與同仁的交談也都是以台語為主。台灣台語的消失令我很難過，這畢竟是我的母語，母親的語言怎麼可以棄之？籌備初期我連批公文也常用台語批之。「真多謝」這類字彙經常在我批的公文上出現。到後來開學上課，上課上到一半，無意中就改成台語了。學生也知道這個老教授跟他阿公一樣是不會講國語的。

慈悲喜捨，開學了

籌備工作一般說起來是很順利的，這要歸功於諸多師兄師姊的共同努力以及經費來源之不虞匱乏。自建築圖面上之空間規劃到實地建築，我都有參加，幾乎每天戴上我專用的工人安全帽，一天到晚在工地跑。自始我就重視空間規劃，如總務處採購東西之進出，郵差的入口、教室、研究室、圖書館的配置我都親身參與，甚至於重要房間開門的方向我也都記得。每個月我看校舍增加一層樓，八、九個月內，看到巍峨校

舍在我面前一日一日呈現。校園的建築，外殼建物很簡單，內部空間的利用才費時。慈濟大學也沒有例外。為了希望大學能夠維持小班教學（一班不要超過五十五人），我把一些特殊教室之設計限位五十五人，如學生實驗室、顯微鏡數目、電腦配備等都以五十五人為上限。圖書館方面我們也花了不少心血，包括所有桌椅、書架都以實木架設，讓學生、老師有一舒適之空間。

為了建設一個一流校園，我與基金會負責教育志業的王端正先生（證嚴法師胞弟）、大學主祕洪素貞老師（證嚴法師入門弟子靜原），以及對建築頗有心得的Y.H.到歐美各國去參觀校園。我們走遍英國、捷克、法國、奧國及美國，看了不少名校之建築，如劍橋大學、哈佛大學、維基尼大學（美國第三任總統設計的）、普林斯頓大學等，希望在佛教精神為主的慈濟大學也含有西方文明的痕跡。

慈濟大學有一全世界獨一無二的設施，因對大體的尊重而建構之特殊設施，為此我們留下全校後面的一棟四層樓大樓全部保留給解剖／病理使用。台灣對於大體解剖之思想保守，人民的老觀念是屍體要完整（全屍），大體解剖顯然與此相違。證嚴上人深深了解解剖知識對醫生教育的重要，於是振臂一呼，鼓勵社會人士捐大體做解剖，為此，我們設計了一種大體的保存方式，使大體解剖更人性化、更有尊嚴。一般大學解剖學科都是將大體儲存於福馬林的大池內，其味道令人難以忍受。我於是請了一位對這方面頗有經驗的曾應龍教授（由美國Oregon大學回來）參考外國的處理方法，進一步發展出我們自己的處理模式。這個設備，再加上證嚴上人的呼籲，志願奉獻大體供解剖的人非常踴躍，是慈濟建校值得大書特書的事情。

　　慈濟證嚴上人對環境的愛護是人人皆知的。未建校之前，有人願意捐地幾十公頃，地點在鯉魚潭附近，樹林繁密。證嚴法師看了之後拒絕，原因是為了建校舍必須要砍伐很多樹林，她不願為此破壞環境。我們使用的白紙，一定要二面使用，不能使用一面就丟棄。對於興建蘇花高速公路基本上她也是反對的，因為一定得沿途砍伐，對台灣最美麗的一塊地，也是最後的一塊，其破壞力之大是不可言喻的。我個人也認為蓋高速公路並不保證它不會有新的災害、新的山崩，新的土石流，也就是沒有保證絕對的安全。現今已有的鐵道可加以好好整建，加開現有如太魯閣號的快車，加掛車廂，加多班次，使之如高鐵般，隨到隨有車班，隨時有座位，交通問題不就解決了嗎？花東的人有權利要求一安全回鄉之道，但台灣東部好山好水是屬於全部台灣人的財產，不是局部的人可以改變的；不幸這一條公路的興建變成政治議題，很快就失焦了。

　　五月的招生順利過關，各界對慈濟有很大的期待，但是也有不少的誤解，有人打電話來問，將來慈濟的學生要不要穿袈裟，令人啼笑皆非，他們居然將佛教基金會支持的教育機關當成修道院。慈濟對宗教的要求其實最自由。中外基督教大學，天主教大學主持人或校長都是要有特定的宗教背景。證嚴法師聘我為籌備處主任時沒有問過我是否為佛教徒（我不是佛教徒，家裏是典型的信仰道教，所以小時候家人要我拜什麼我就拜什麼）。內人Y.H.對中英文佛經都有相當的研究。證嚴法師正式收她為弟子，也給她一個法號靜漪（在慈濟「靜」字輩是第一批的弟子）。當校舍蓋到一個程度，有一儀式叫「上樑」，要上香。前一晚證嚴法師問我介不介意上香，如果我介意，可以只站在旁邊，她會請人代之。我說我不介意，她不知道我的宗教背景，也從不介意我們是否是

佛教徒。2000年我離開大學不久，接任的是方菊雄教授，他不只是一基督徒，而且是一長老。證嚴上人早知道方教授是基督教長老，但還是請他當校長，這是我看過最不尋常的安排。上人說她不怕你是基督徒或是天主教徒，只怕你信得不夠深。只要你信得深，什麼教最深層都是一樣的，都是相通的。這使我想起聖嚴法師的一句話：「只是法門的不同而已，所有的法門最終都是一味的。」達賴喇嘛曾說：「不管你是不是信仰上帝，不管你是不是信仰佛陀，這些都不重要。重要的是要有一顆善良的心，溫暖的心，這才是生命的原則。」

隨著學生即將入學，學校的建構腳步也愈來愈緊，表面上建築物都完成了，但內部細部結構很多還待設計，如電線的裝修、辦公桌學生桌椅的購置、學生宿舍的安排等等，零零碎碎的工作（所謂工程的收尾）非常繁雜。開學前幾天，學校總動員，上自校長，下至工友，捲起袖來大家投入最後之清潔工作。到開學前最後一日深夜，我們才打掃乾淨，每人渾身是塵沙。因為工程留下很多混凝土灰，整理起來空氣中儘是灰，髮灰、身灰，只有意志不灰。其實不只學校教職員工全體總動員，慈濟有六百多位師兄師姊全力幫忙。由學校到靜思堂有一小徑也是由師兄們用手搬石頭，一塊一塊堆砌而成。前人舖路，後人行走，與前人種樹後人乘涼異曲同工也。這開學前的大清掃活動可以說是轟轟烈烈，《慈濟月刊》（335期，10／25／1994）裏有下列記載：

九月十八日，中秋連續假期的頭一天，六百多位北區慈誠師兄加上百餘位東部三縣的師兄弟，共八百多人，分散到事先分配好的工作領域，就感受不到那種人多勢眾的氣勢了。

　　原來，只是把醫學院掃過一遍，都這麼勞師動眾，真是難以想像，要把一所學校無中生有地創建起來，那會是怎樣的一個歷程。

　　因為灰飛塵揚，方菊雄教授四處發送口罩，在每一層樓都遇過他一次。李校長夫人廖雅慧女士靜靜地掃地；賴滄海教授戴著斗笠，差點沒認出他來；陳幸一教授在還沒開掃的時候就見到他了……

　　好些師兄明明還是年輕少壯，怎麼就「華髮早生」了呢？

　　再一瞧他們的眉睫、眼窩，才知道是讓灰塵給沾染了！

　　一樓大廳，迎面就是「慈悲喜捨」校訓高牆；二樓牆後，是慈濟人文室及慈誠懿德室；一樓牆後左側，則是圖書室，這幾個場所設置在最醒目的位置，無非是方便學生使用。

　　聽說，前一天晚上有一百九十位師兄在紀念堂工地打地鋪；有些則分配到可供大批外客投宿的慈惠堂，睡那類似軍中的兩層式通鋪；有些人根本是搭夜車來的，又沒有座位，一路站到天亮，也沒時間打個盹兒，就開始工作了。

　　還看見一些老菩薩，極老極老，好像彎腰屈膝都會產生困難，但她覺得來掃幾片葉子、拾幾塊石頭，也算盡了心；一位師姊前一日還癱軟起不了床，沒想到一整天下來，說話還能中氣十足；幾位看得出來平日是穿西裝、吹冷氣坐辦公廳的師兄，談起到花蓮打掃醫學院這件事，好像在說一樁他個人了不得的經歷似的；還有好多好多熟臉孔，依稀在各種慈濟場合曾經照面，他們常不多話，真要問起話來，總是笑的時候居多，這些人，也不一定都知道他們的名字，可是，因為他們投入的次數太頻繁，教人見了就沒辦法忘懷。

　　送走這批清潔志工之後，發覺若真要估算這次打掃的成本，還真是

無從計量起，單是整個過程中人人那分歡喜發心，已是無量無邊，沒有一家專業的清潔公司可比擬。

在創校初期，Y.H.也積極地投入慈濟的志業工作。開始時，她在我辦公室幫忙，後來索性移駐靜思精舍幫忙法師翻譯英文及慈濟文件之英譯工作。慈濟的文章非常難譯，因為除了佛經裏面的特殊文詞之外，有一些常用語如同體大悲、福慧雙修，這些習以為常之語，翻譯起來都很不容易。我自以為在美三十年，法師的話不是很難懂，但英譯則屢屢遇到困難，因此乾脆全部委任Y.H.。所以後來Y.H.也當了上人之英文祕書，舉凡書信、講稿之英譯也都儘量幫忙。後來她發現有意要幫證嚴法師這方面工作的人大有人在，她就慢慢淡出了。

兩任慈濟大學校長

當年因為高中畢業生要先上成功嶺受訓的關係，學生開學上課的時間稍微延後了，也多給了我們大約一個月的準備時間。1994年10月12日學生報到，註冊之後就要搬進宿舍。那時因為宿舍尚未完工，但也不能沒地方給學生住，所以臨時將基礎醫學（大三、大四用）要用的實驗場所改為宿舍。為了要知道男女生比例，我向當時各醫學院索求他們的資料作為參考，來分配男女宿舍。值得一提的是醫學系男女生比例近年來之變化。當年我得到數目是男：女=4：1，女生約佔20%（當時美國男女比約2：1），然而這一、二十年來，女生數目一直往上修，佔的比

例愈來愈高，二十年下來，女生已經超過50％，這個現象美國也早就出現。以前很多人（尤其是女性病患）喜歡給女性醫師看，現在男性醫師卻愈來愈少了，這個現象在小兒科、婦產科更是明顯。我回台灣之前，美國學校小兒科住院醫師，十個人當中八、九個是女性，現在台灣大概也如此。醫師這個行業，當然以用腦力為主，但有時候還是要用一點力氣的，如急診處醫師要將病人移來移去，外科醫師尤以骨科醫師體力更是重要。我在美國當實習醫師的時候，有一男病人，大腿開刀，為開刀方便起見，偶爾得把它抬起來，這個抬腿工作自然就落在實習醫師身上。美國大男人，體重一、二百公斤的人大有人在，要扶起這個幾十公斤的大腿一、二十分鐘是很吃力的，抬到後來我兩隻手一直發抖。

開學前來了兩個颱風，9月1日之中颱葛拉絲及10月10日之強颱席斯，後者對東部造成一些災害，公路部分路段受損。這兩個颱風似乎是提醒我們在花蓮設校要有心理準備，颱風及地震將是無法避免的天災，要我們除了教育學生之外，還要時時注意個人及環境的安全。大學正門，一進入校內有一條貫穿校園的道路，向西看是中央山脈及層層雲霧繚繞，我們把這條大道稱之謂菩提大道，大道兩邊種有菩提樹。菩提樹是佛教先聖釋迦牟尼佛最後修禪的樹，對慈濟有特殊的意義。但是開學不久，來了一個大颱風，把菩提樹幾乎全部掃倒。有的連根拔起；有的只是傾倒，這時我才發現菩提樹樹根很短，不會植土很深，很容易被吹倒，對花蓮這種地區來講實在不適合。

為了怕將來經過多年培植的大菩提樹，一夜之間被颱風吹倒，前功盡棄，我們改種了台灣櫸木。台灣櫸木是台灣高山的樹，平地很少這種樹，工程處的人由山上分段移植下來的。台灣平地只有二個地方有此

樹，陸軍總部及慈濟大學。慈濟大學的台灣櫸木種在菩提大道及靜思堂中間的一片小林區，現在，已長得枝葉茂盛。

　　10月16日是開學典禮日。前二日晚上有迎新晚會，證嚴上人及王端正副總執行長都上台給學生講傳承的真諦。晚會結束前學生表演了山地舞，我們幾個老人家也打扮成頭目模樣，下海一起跳舞同歡。一時使我想起美國學校，尤其是歷史悠久學府都有校舞。例如：普林斯頓大學，每次晚會到最後一個節目一定是美國很著名的康康舞。這個舞是紐約市很出名的劇院Radio City之招牌，一群同樣身高、同樣腿長的美女在台上齊舞。普林斯頓大學把它搬過來，改由男學生穿短褲，毛毛腿齊跳。這個舞一出來，全場哄堂大笑，腳踏手舞，也是告訴大家這是最後的節目，歡樂告別。慈濟大學位於台灣東部，是原住民之鄉，創校目的之一是要服務弱小族群，把原住民之舞當成校舞，每次晚會以此結束也是不錯的。但是後來這個構想沒被接受，也許大家希望教育團體要正經一點，不要把這種事搬上台面。晚會最後是由法師親自切蛋糕，象徵新生的開始。

　　10月16日的開學典禮非常盛大。因為適逢慈濟護專成立五週年，聯合慶祝大會。來的貴賓相當驚人有李登輝總統先生伉儷、林洋港資政、內政部長吳伯雄、省府宋楚瑜主席、衛生署長張博雅、花蓮黃信介立委及多位中央首長，足見社會上對證嚴上人之器重。李總統以〈創造台灣經驗最動人之一章〉來祝福大家。大會過後李總統一行到醫院及醫學院參觀。李總統參觀嬰兒室後走出來，我一邊走一邊向他解釋小兒可能的遺傳疾病，剛好被記者拍到。我左邊是中華民國總統李登輝先生，右邊是人間活佛證嚴法師，我走在中間而不知，後來記者送給我這張照片，

我頓時覺得自己何德何能可以走在二位偉人中間。那次的盛會據說有萬餘位嘉賓蒞臨，當然大部分還是慈濟人回來慶祝，上人一直說心中只有二個字「感恩」。

慈濟的教育系統中有一個很特殊制度——慈誠爸爸及懿德媽媽的設立。教育部在學生學習當中有導師制度，慈濟也不例外。我們每班五十個學生，當中有一位班導師，其下有五位組導師，每十位學生為一組。班導師及組導師就以輔導學生課業為主。此外，在生活方面，我們增加了另外一個系統——慈誠懿德制度。在慈濟裏面有很多學問事業都很有成就的男女眾，他們都可成為學生表率。每一組（十人）有一位慈誠爸爸（很多是教授、醫師、律師或社會上很有成就的人）及二位懿德媽媽。所以每一學生除了課業上的班導師、組導師之外，有生活上的一位爸爸、二位媽媽的照顧（一個爸爸、二個媽媽，乍聽之下有點怪怪的，其實學生們不但不覺得怪怪，而且非常感念這種安排）。這些爸爸媽媽對學生非常的照顧，疼愛有如己出，也經常邀請學生到他們家共渡佳節。回想起來，有幾個人一生有十個小孩子是醫生的，這也是多麼難得的因緣。

開學初期，我製造了一小烏龍。全校師生教職員都要有個人證件，出入學校以及圖書館辦認用。學生以S（Student）為代號。學生第100號就是S100。老師的代號是ST（Student teacher，其實應是faculty，用F才是正確的代號），但是因為工作人員沒有經驗，就用了這很不尋常的代號ST。我是校長，是第一號，所以我的識別證上打的就是ST001，每天帶著這個證件到處跑。有一天一位美國回來任教的副教授看到我的名牌向我說：「校長，你知道你的名牌上寫什麼嗎？」我趕快說明因為是

校長所以是第一號001。他說再看一下，ST001是沒錯的，但卻是與英文單字stool同字。英文的小寫l，與數字1，打字印起來是分不清的，因此ST001變成stool（大便）了。

體能訓練與音樂薰陶之必要

　　學生入學之後，我有一大煩惱。花蓮市沒有公車，學校又在市郊，即使從宿舍到教室也有數百公尺，所以摩托車變成唯一交通工具。國外騎摩托車一定要戴安全帽，不戴是違法的，但是我們學生無論怎麼勸都不戴。我甚至用公款買了四十頂安全帽放校門口警衛室要借給他們，沒戴安全帽不可進出校門，他們還是用盡方法不戴。有一次我躲在角落，看他們怎麼欺騙校警，發現很多同學出了校門，過了中央路紅綠燈就停下來，把安全帽摘下收好再走。為什麼要這麼做？我百思不得其解。後來我訂了一個辦法，不戴安全帽被發現要罰以公共服務，也是無效。想盡辦法還是無可奈何。外國朋友來，看到台灣英勇之騎士非常不解。直到後來立法院三讀通過，正式立法之後，警察開始厲行罰款，才漸漸走上軌道。當年台灣之交通事故是世界出名的，神經外科醫師全台不夠用。花蓮的酒後駕駛特別多，車禍死亡竟然佔死亡排行榜第一位。戴安全帽立法之後，神經外科傷害銳減三分之一，可以說沒有比這措施更簡捷有效的。

　　國人守法精神特別薄弱，喜歡投機取巧，以為可以僥倖得逞。包括我自己在Staten Island Hospital停車場夜間無照練習開車，幸運沒被抓到，不然被驅除出境，我的人生就完全不一樣了。台灣留學生出國，開車停車常常違規，事無關大要，但代表的是一種不守法的心理狀態。我

們一般都沒有特別教育年輕人守法精神是非常重要的。話說回來，我朋友倒有一個很有趣的故事，他在不該停車地方停了車，結果車子被拖吊了，他去找警察理論，結果原來路牌寫的是「Tow Away Zone」（拖吊區域），他看成「Two Way Zone」（雙向行區），一時傳為笑話。

有時我深深覺得愛的教育不是萬靈丹。日據時代社會安定，新加坡人很守規矩，方法無他，重罰而已。第一年學期結束後，有一位同學外出，回校途中被一位酒後駕車的人由後面撞上，連人帶車飛進路旁水溝裏，那溝剛好又是混凝土砌成的，約一公尺深，人車在溝裏滾了一段距離。他雖然頭帶安全帽，但受傷很重，斷了不少筋骨，胸內出血，到醫院已告不治，我難過得落淚。人家把兒子交給你，你管教不良致死，心裏十分自責，我因此提出了辭呈，但上人沒有簽准。事隔一、二十年我還是耿耿於懷。

台灣的學生體能一般都不夠好，尤其是耐力方面，我一直有一構想要讓慈濟學生訓練耐力，因此與運動健康學出身的曾應龍教授一起設計了一相當先進的體育課程。我們認為體育課時間不該是讓學生蹦蹦跳跳，要打什麼球、做何運動，學生可以利用課外時間自己安排，而體育課以體適能及教學體育理論為主，包括肌肉運動產生的乳酸（lactic acid）之代謝，以及如何避免乳酸之堆積，肌肉之熱身運動如何做等，讓學生了解體育課之基本意義。

對於學生體能訓練，我們提出了兩個構想：長跑及游泳。前者是耐力訓練，後者是生存技術之學習，國民必備。所以我們每年有一次十公里路跑，由學校跑到證嚴法師住的精舍剛好近十公里。我們鼓勵學生平常多練長跑，並訂出一合理的時間，要在那個時間內跑完，否則體育課

不及格，即不能畢業。至於我自己，第一年拚老命沒有暖身就跑了十公里，隔天到處找沙隆巴斯，一個星期無法好好走路。第二年只能撐八公里，第三年六公里就跑不動了，我自己很震驚，一年老化二公里，這是另類年齡的計算法。至於游泳，我們要求學生可以游過五十公尺。理由是五十公尺必須要學換氣，不能換氣不是真正會游泳，對求生沒什麼幫忙。開學初期體育館還沒蓋好，沒有泳池，我們就到外面租泳池，讓學生自由參加，請有專人教游泳。這兩個政策我離開慈濟還繼續存在，但的確有不少反對的聲音，包括來自學生家長，因此執行上有很多困難。但所有創新事項都需要堅持、溝通，還有決策單位之支持。

因為個人對音樂的興趣，我一直希望未來的慈濟大學有完整的樂團，更希望學校成立第一年，這個樂團也能同時成立，未來這樂團之歷史就與學校歷史平行。1994年剛成立時，第一屆學生只有三個系一百五十人左右，於是第一學年第一學期由我本人（大提琴）及Y.H.（鋼琴）開始，就如胚胎樂團，由我演奏巴哈大提琴組曲第一號前奏曲及其他小曲，由Y.H.伴奏，我們稱之為台灣料（廖）理（李）。第二學年，我們找到二位學生可以拉小提琴，成立所謂的四重奏團。我一直鼓勵學生，參加比較重要，不是奏的好不好，因為初具雛形，同學也稱我們這個胚胎樂團為半調子弦樂團。後來它發展茁壯，到2000年我離開的時候已經小有規模，也參加台灣大學樂團演奏比賽，還得了獎。我希望慈濟大學很快就會有一完整的管弦樂團，當大學成立一百週年時，這個樂團連同大學合唱團，可以演奏貝多芬第九交響樂（合唱交響樂）。有人說這個期待未免太長遠了，但我說台灣百年的大學不是每一所都有交響樂團，要有夠好的合唱團搭配才可以演奏此曲，所以這個期

待也不是隨便就可以完成的。

獨虎票與民主國國旗

　　除了正式的醫業工作之外，在慈濟期間我完成了一件在美國很努力但尚未完成的工作。我自小跟很多小孩子一樣喜歡收集郵票，但完全是好玩性質，也是成人所說的垃圾收集家（gabage collector），不是集郵家（stamp collector）。

　　1894年中日戰爭，清朝被打敗，1895年訂立馬關條約，同年5月日軍入台，台人起而抗之，成立當時亞洲最早之民主共和國，稱為台灣民主國。1995年，我們開學第二年是該國成立一百週年。共和國當年還發行了一套郵票，台灣稱之獨虎票（因為郵票上有一虎），外國稱黑旗票（因為是黑旗將軍劉永福發行的）。未出國前，在台灣時我從來沒有聽過這套郵票（因為票面上寫的是台灣民主國，名稱太敏感，政府把歷史掩蓋起來）。在1966年夏天，當我還就讀研究所時偶然在邁阿密街上郵店瞥見一套郵套，上面寫著「台灣民主國」字樣，我猶豫地把它買下來。回想中學和大學的歷史課程，我記不起來有此共和國或民主國之存在，也想不出來台灣有哪本郵票目錄曾經記錄過這一套郵票。這個被台灣政府所騙的感覺令我心裏非常不甘，不懂政府為什麼要掩蓋歷史。這個偶然的機會促使我一腳踏進郵學研究前後三十年。這漫長的業餘研究路程，我遍及全球蒐索文獻，訪盡世界各地圖書館，甚至於進入大英博物館、英國外交部歷史檔案庫，就是希望能徹底了解有關台灣這一段歷史，也跟世界其他各地這方面專家溝通，前前後後共三十年，幾乎花掉了我黃金時代醫學專業之外的所有時間，我幾乎成了台灣當年這一段歷

史的小小專家。在這過程中我有計劃地收集、整理這期間幾乎所有有關文獻，攝錄了數百張圖片。1992年回台灣之前，我用英文完成了一本書《台灣民主國──郵史及郵票》，並找到了當年台灣民主國尚存的一個人──居住台南、已一百零六歲的張朝摺先生。更奇妙的是他居然是我台南一中同學張明長父親。

這套郵票在國外被稱為「1895年的台灣黑旗票」，在台灣則多稱之為「獨虎票」。這一本書分成三個部分：

第一部分（一至五章）回顧一般文獻，包括當年郵政事務創辦人麥嘉林在台灣服務的簡單但半推測性的描述，以及一篇關於美國駐台領事禮密臣（James W. Davidson）的詳細傳記。至於劉永福將軍的生涯，則須參閱其他的參考書籍。

第二部分（六至十五章）是討論郵票的設計、分版、發行日期及發行數量。這裏面涵蓋了各版的歷史背景與特徵，同時收錄我對所謂「翠綠三十錢變異票」的看法，以及可能為偽票的第IV版的推論。

第三部分（十六至二十二章）論及郵票紙質與顏料的化學組成、郵戳、郵資、實寄封以及偽票。

回到台灣之後，我把英文書稿給台灣郵界大老看了，他們都說看不甚懂，要我何不把它翻成中文。學校籌備期間及開學這幾年來，我把英文翻譯成中文，中英合併書寫完成，並趕於1995年（台灣民主國獨立一百週年）底出版。書中我用各種科學方法去分析郵票上的紙質及郵票色之顏料，其中以PIXE（Proton Induced X-ray Emission）方法用到郵票上的研究是歷史上首見。該書出版後轟動一時，得到1995年台灣郵學文獻金牌獎及特別獎；二年後代表台灣參加亞洲郵展，又得金牌獎及特別

獎；再於2000年代表亞洲參加倫敦十年一度郵展獲大鍍金牌獎。可惜我只印了一千本，大部分送給圖書館及親朋好友，市面上早就絕版了。本書成書我最要感謝的是台中烏日陳鄭添瑞醫師，他無條件、無限期地將甚寶貴的有關台灣民主國郵票的收藏借予我做研究，沒有陳醫師的幫忙這本書是無法完成的。

本書的出版刻意安排在台灣民主國一百週年，即1995年。亞洲第一個共和國似乎早被淡忘。台灣的獨立自主一直不被海峽二岸接受。諷刺的是，當年宣布獨立的唯一目的是要台灣回歸祖國。縱然一百年在人類史上不算長，可是我們可以很清楚地印證歷史是如何快速地為人遺忘。我很感謝普林斯頓大學圖書館，讓我有機會看到當年協助戰後中國與日本談判中日甲午戰爭條約的美國領事約翰‧福斯特（John W. Foster）的原始手寫資料。這些廣泛、易碎的破舊紙張讓歷史活生生地回顧到眼前，使一個百年後生長於台灣的人有難以付諸紙筆的感觸。在獨立一百年之後出版本書對我有一個特別的意義，因為我生長在台灣民主國崛起旋而滅亡的地方，台南府。

我常常在想，南部的人，尤其是台南人為什麼反叛的精神會那麼強烈？歷史留下來的傷痕是刻骨銘心的，台灣數百年悲慟的記憶應是使台南人不屈不撓最主要的原動力。遙想當年，台灣民主國出現，內祖父當年（1895年）還是一個十八、九歲的「少年囝仔」竹篙「倒」菜刀（台語），抵抗日本人的血多少也會流到我身上吧！

寫這一本書還有一則很有趣的軼事。我在閱讀文獻時，偶爾看到一記載，說當年台灣民主國唐景崧總統辦公室有一面大的民主國國旗。日本軍入台北府後將其收集於博物館內，1925年博物館發生火災，把那一

面國旗燒了一角（右下角），這唯一的旗子就這麼破損，存於台灣博物館內。1979年我因私事回台灣向襄陽博物館尋問此旗下落，館長否認有此旗之存在，我說文獻有此記載應該不會錯，求見典藏部一位姓阮的主管，他說有這一份旗子，並從地下室典藏庫拿出來給我看。是相當大的一面旗子，我舖在地面，人跳到桌上，拚命拍照。2000年民進黨執政，有一天在立法院院會，我坐在文建會主委陳郁秀旁邊談起此事，他說應該是有這一面旗，我請她找個時機把它展出，後來經過適當整修之後也正式展現於台灣人的眼前，但是過不了多久，這面旗子又不見了。不知現在是否還有機緣公開展出？

　　慈濟的學生一般都很用功唸書，我有銘心的記憶，也有刻骨的經驗。慈濟就如其他醫學院，每年都有少數同學的升學志願不是要學醫，因為受家長的逼壓，心不甘情不願來上學。我自己有過這個經驗，所以對這種學生我特別關切。初期有一、二位同學，也是我台南一中學弟，本來志願是學法的。知道之後我與Y.H.不只一次同他溝通，我說入醫學院不一定要當開業醫生，可當研究者，當老師，當媒體專業人員，當文學家，樣樣都可以服務人群。尤其是醫師這門職業關係人的生老病死，對人生有特別感觸，若當起作家，其文筆有普通人無法可及的地方。我的那個學弟，志在法學，我告訴他醫療法學是未來台灣很需要的人才，他將來可以往這方面發展，後來他也聽進去了，順利完成了七年課業，畢業後進入內科學，進而受訓練成為心臟內科專科醫師，後來我們成為好朋友，他甚至當起我的心臟科醫師。

　　這段時間曾發生令我最困擾的1996年的學生靜坐事件。慈濟因為有

特殊的文化背景，有些不一樣的要求，如學生要穿制服，宿舍晚上有門禁等等。有些學生不能接受，雖然多次溝通，還是無法讓他們心悅誠服。上述特殊規定清清楚楚寫在招生簡章上，大家都事先知情而自願選擇的，並沒有人受強迫而入學。有一天一批同學在校園靜坐，舉抗議牌，最不應該的是散播不正確的訊息給外面記者，並邀記者入內採訪。經過一再的溝通才算不很圓滿地解決。後來我聽說這一事件的主要學生就此放棄慈濟，離開學校；真是可惜，好好的一個學生就此斷送了一生。不知他現在如何？有無找到他喜愛的地方繼續完成學業？

送父親最後一程

父親於1999年3月31日離世於花蓮慈濟醫院，他的晚年是標準的台灣老人的命運。過世前幾年他的身體慢慢衰退，尤其是記憶力。沒有什麼特別疾病，但體重日減，食慾也日日減少。過世前一、二年開始進出醫院，曾經六次進出加護病房，體重由七十幾公斤瘦到三十六、七公斤，身體愈來愈蜷縮，看了令人非常不忍。走之前幾個月我把他接到花蓮（之前由家弟明道在成功大學醫學院照顧）。在花蓮期間他的神志衰退到我們五兄弟妹他沒有一個認得，與植物人相差無幾。

3月中父親肺部功能已無法負荷，二氧化碳排不出來，抑制呼吸，氧氣愈來愈低。每次插管插得死去活來，我非常心痛，覺得讓他這樣維持生命很殘忍，於是打電話請在美國的哥哥（明星）、弟弟（明典）及妹妹（春芳）急速回台。他們3月22日左右回台，馬上來花蓮，我告訴他們這次插管之後，血中二氧化碳會下降，呼吸會改進，但不能永久插管，所以可能的範圍內要儘早拔除，但拔除之後二氧化碳又會累積，呼

吸又會變壞，就這樣無限循環下去。於是我提說請父親家庭醫師及神經科醫師為父親做一詳細檢查，給我們兄弟做一總報告，然後決定下一次要不要再插管。結果我們兄弟做下最痛苦的決定，下次不急救了，就讓他平靜地回去。3月底我們放棄再一次插管，他的呼吸很快下降，於3月31日在睡眠中離開。

這幾個月來，我頻頻奔走於公私二方，照顧父親，以及學校申請升格為大學一事使我身心俱疲，白天我與Y.H.都是全職教職，中午休息及夜晚又陪在父親床旁，雖然我們雇用了全職照護人才，我與 Y.H.還是一天最少二次服侍床側。不久卻聽到傳言說校長不孝，很少去病房看父親，說這些話的人根本是我去病房時他們都在休息，所以很少看到我們……但我們的文化就是這樣，流言四處散佈，令人加倍心灰。

學校一年一年過得很快。首創時為慈濟醫學院，三年後升格為慈濟醫學暨人文社會學院，再三年升格為綜合大學。2000年春天我們向教育部提出改制為綜合大學，申請的還有台北醫學院、中國醫藥學院及中山醫學院等，但只有慈濟獲准。升格為大學有二個方向可以選擇：為醫科大學或為綜合大學，我認為醫生這一個志業，要具備良好的人文素養，如果白天上醫學課，回到宿舍又與學醫的人在一起，一天二十四小時泡在醫學的環境之下並不理想，我認為宿舍裏有各個科系的同學會比較好，所以我一直主張是綜合大學而非醫科大學，這個理念很快地就被慈濟基金會的人接受。創下台灣由學院初創到升格為綜合大學之最快紀錄。也是我離開慈濟留下的最大禮物。

第一次拜訪證嚴法師，攝於慈濟護理專科學校，花蓮，1991年。

1、2. 慈濟醫學院開工典禮，1991年。

3. 與證嚴法師巡查大學工地，1993年。

4. 證嚴法師授與慈濟醫院籌備處主任，
   1992年。

5. 醫學院籌備小組，左一、二：祕書，左
   三：方菊雄教授，左四：作者，左五：
   齊淑英教授，左六：賴滄海教授，最右
   為陳幸一教授，1993年。

1. 慈濟醫學院開學典禮，1994年10月16日。
2. 醫學院開學典禮，李登輝總統致詞，1994年10月16日。
3. 印順導師（右一）及證嚴法師（左一）在看顯微鏡底下之染色體（chromosomes），2003年。
4. 李登輝總統來訪，作者走在總統及法師中間，介紹慈濟醫院及小兒科嬰兒室，1994年。
5. 證嚴法師之師父印順導師來校訪問，2003年。
6. 於醫學院院長辦公室，右邊是Y.H.，2000年。

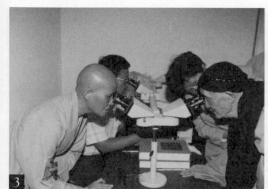

1. 聖嚴法師訪慈濟大學，2000年2月。
2. 拜訪李登輝總統，1999年5月6日。
3. 慈濟大學最原始的「樂團」，Y.H.（左）
   及作者，1994年。
4. 慈濟大學運動會，1996年。
5. 慈濟醫學院弦樂團（四重奏）第一次上
   台，1995年。
6. 成型後的弦樂團，1999年。

1. 大女兒悅舟結婚，紐約市，
   1995年6月10日。
2. 作者與三千金，左一：老三，
   作者後方是老大，右一：老
   二，1995年6月10日。
3. 悅舟結婚日（左一），Y.H.（左
   二）。
4. 全家與大女婿Patrick Fay律師
   合照。
5. 家父（左二）及岳父（右
   二），於證嚴法師精舍，花蓮，
   1996年。
6. 大女兒（中間）及夫婿Patric
   Fay訪花蓮，右是Y.H.，1996
   年。
7. 與老二及未婚夫，Roberto
   Flores醫師，攝於普林斯頓
   家，2000年。

1. 前國家衛生研究院院長吳成文院士夫婦（前排左二、三）及其母親（前排右三）及作者全家訪證嚴法師，花蓮靜思精舍，2003年。
2. 與慈濟醫學院院長賴其萬教授夫婦合影，1999年。
3. Mckusick教授夫婦訪慈濟醫學院，左一為方菊雄教授，1998年。
4. 拙著《台灣民主國郵史：郵史及郵票》得獎之獎牌。上為ROC獎，中為亞洲獎，下為國際倫敦大獎。
5. 1995年台灣民主國最後存活的人，是作者同學張明長先生之父張朝摺先生（生於光緒14年〔1888〕），時年一百零五歲。
6 家父八十大壽，攝於台南，前排坐著，左一：作者，左二：父親，左三：姨母，左四：大哥明星，後排站立者，左一：弟弟明道，左二：三弟明典，左三：明典夫人，左四：妹妹春芳，2002年。

金牌獎及特殊獎
1996年中華民國郵展ROCUPEX文獻類

金牌獎及特殊獎
1997年亞洲郵展文獻類

大鍍金牌獎
2000年英國倫敦郵展（10年一度）

1. 訪義大利老大學，Padua University，後面講台是義大利天文學家伽俐略站過的講台。
2. 訪捷克孟德爾寺院，1999年。
3. 二十一世紀第一日，1月1日花蓮外海之日出。
4. 打扮成泰雅族，1998年。
5. 普林斯頓家後園，Y.H.手牽大孫女 Amelia。這一張照片，作者曾用於慈濟大學告別演說上，謝謝他們讓作者們牽他們的手走，2004年。

3

4

5

IV｜衛生署火坑

全民健康保險制度是一個非常難得的社會制度，

世界上的開發國家無不想盡辦法要建立。

台灣有幸於1995年開始施行全民健保制度，

但十幾年來也累進了不少缺點，

包括最根本的永續經營的問題。

我任職署長期間，花最多時間是在處理健保，

也感覺到它的問題比任何人想像得都要更複雜。

每個人都可以說出一些應該改進的地方，

但沒有人說得出根本的解決之道。

即使如此，二年三個月的署長任內，

我對台灣的健保仍做了幾件值得一提的事情。

接任衛生署署長

隨著民選總統日漸迫近，台灣自1999下半年選情逐漸加溫。我不是民進黨員，也不是國民黨員，但我對國民黨之欺民、貪污、反民主作風很不以為然。我對民進黨也沒什麼了解，但阿扁在台北市之政績確實令人刮目相看。我自然期待有一新的政府。我沒參加過任何群眾活動，但朋友飯餘閒聊，大家對新政府的產生都有一期待，尤其是學界及醫界之朋友。2000年3月18日總統大選，陳水扁以些微差距擊敗宋楚瑜（陳39.3%、宋36.5%、連24%），令人意外的是連戰的大敗，證明國民黨被人唾棄。競選開票日我們幾位醫師、教授一起吃飯，看選舉開票結果。當新政府誕生時大家歡聲雷同，新的時代終於誕生，我們開始有一個新的希望。

一腳踩入政治圈

隨著就職日（5月20日）之逼近，阿扁組閣腳步愈來愈緊，但各部會首長的產生並不很順利。原因是數十年來，國民黨獨霸政權，很少給黨外人士有參與的機會，因此新政府找不到有經驗的人。行政院長更難找，後來阿扁找上國民黨時期的國防部長唐飛先生。其他部長也多波折，衛生署長一直難產。雖然我的名字在報上偶爾被點到，但絕不是A咖。首輪過了，還是沒有著落。4月初，我突然接到黃芳彥醫師來電說總統想請我當衛生署署長，我完全沒心理準備，而且此非我所長，於是回應黃芳彥醫師說我不適合，也沒此意願。但周遭的朋友加入遊說團，黃醫師繼續跟我聯絡幾次。4月3日，阿扁訪證嚴法師，法師告訴阿扁

說要以愛治國，要得人心，要氣勢放低。4月20日，我終於回答說如果5月20日就職前一晚，還找不到人，我可以充數，以免開天窗，使新政府難堪。這一句非政治性的話，我一出口就知道說錯了，會被人家解讀為我有意願。果真有更多電話來，新聞記者也開始報導。4月21日，證嚴上人說我不適合做官，不忍我在立院被罵。次日，林義雄先生也打電話來鼓勵我加入，但我一直說「No」，後來只好推說證嚴法師不會讓我走。沒想到阿扁辦公室馬上安排阿扁見證嚴法師（4月29日），並得到她首肯，借用二年。法師告訴阿扁李校長是人才要疼惜，要保護他，健保要支持他。上人及阿扁總統見面後，隨即召開記者招待會（4月29日）並宣布我的任命。記者會後諸多師父及Y.H.皆落淚。阿扁從靜思堂直接步行到醫學院我的辦公室來看我，我們關起門來，談了約十分鐘。他把與上人會談的結果告訴我，我說可以考慮借用二年，二年後我要回教育界，他點頭。他問我有沒有美國籍，我說有，全家都是（因為我在美國三十年，小孩子在那裏土生土長）。他問我可不可以放棄美國國籍，我說如果答應接任，會盡速處理國籍問題。（5月16日我向AIT正式提出放棄美國國籍，7月17日美方批准）。

　　辦公室外已聚集大批媒體人，先圍阿扁，再跟我談約一、二十分。衛生署長就此定局。後來有機會跟黃芳彥談起，他說當時民進黨主席林義雄只推薦一人入閣，就是我。他相當厚愛我，好在我沒讓他失望。

　　臨走之前，學校給了我一個超大的party，幾乎全校的師生都來了，把整個演藝廳擠得滿滿的，我二個女兒，康舟及培舟，剛好暑假要回台，就提早回來也參加了這個歡送會，以及我的署長就職典禮。

　　離開慈濟前有一件令我永遠無法忘懷之事。我台大醫學院畢業時有

一群人組成一小小弦樂團，當時我很想找布拉姆斯（Johannes Brahms, 1833～1897）之大學序曲（academic overture, up. 80）中之主題曲（德國年輕人歌，台灣曾改之為〈遊子吟〉），將之改成簡單合奏曲，畢業演奏，但一時找不到全譜而作罷。慈大籌備期間，我在想這個曲子是否也可以稍微改變而成為我們的校歌（我擬請蕭泰然教授改編），正在猶豫間，慈濟基金會已經找人作好了，很好聽，所以又與布拉姆斯這個曲子斷了緣。1999年學期中美國奧勒岡州Spokan大學四重奏樂團來訪，我請他們回去後請其音樂系教授把我們的校歌改成四重奏。我上任前一日，5月19日，他們再度來訪，給了一場演奏會，準備將改編後的校歌當會後encore演奏曲。但因為當天我要趕飛機上台北，只能聽上半場。他們將此encore曲提到中場休息時演奏，令我非常感動。演奏一次後，我要求他們再演奏一次，就在第二次演奏時，我在校歌中起立走出會場，大家掌聲雷動，送我離開慈濟大學。去花蓮機場時一部校巴士坐滿了同仁，親送我們上飛機。

　　為了盡早進入狀況，加上我沒準備帶機要祕書入署。在美期間，我曾多次回台，協助衛生署建立台灣產前胎兒檢查，新生兒代謝篩檢及遺傳醫學門診之建立，所以我認識了幾位衛生署同仁，其中一位劉丹桂女士是保健處長我就請她當機要秘書。丹桂能力佳，協調熟，不但讓我順利接掌，也讓之後的運作順暢良多，真是幸運。我於5月15日先入署，與一級主管茶敘，很感謝他們給我一很簡要的簡報。我記得在會中我曾表示我對不正確的醫藥廣告最不恥，所以之後一定要在這方面大整頓，我並說不正確的知識傳播是一種罪惡，時任藥政處長胡幼圃教授甚為同感。會後要離開，我背著我的提包就要走，但多位一級主管爭著幫我

提，我當場告訴他們我是一介平民，我不希望這成為習慣。記得當署長之後第一次出國，回到機場也有一些同仁來機場接機，我也老實告訴他們大家都很忙，不要花時間來機場接我，以後這些習俗都改了過來。

　　就職前還有一事我必須要處理的是副署長的人選，因為我的好朋友當中獨缺懂得政務的人，我自己並沒有適當人選，因此，我要求民進黨推薦給我一個兩年後可接班的人。5月12日黃芳彥醫師打電話來推薦黃富源醫師。黃醫師是醫界有名的公正、有道德勇氣的小兒科教授，時任馬偕醫院副院長。我隨即約黃富源教授在國賓大飯店一樓咖啡廳小敘。我們談了一、二個小時，相談甚歡（他也不是民進黨黨員），他說要一點時間想想，並與太太談談。不久，他就打電話來，說他願意與我併肩作戰，於是我們開始了二年多的絕佳搭檔。我們二人合作得很好，情同兄弟。衛生署署務他都打頭陣。事前，我們會先商討出一個底線，到外面他就堅持底線。不成，他就告訴對方說讓我回去報告署長是否有改進的空間，我再找機會解決遺留下來的問題。就這樣，大部分的政務都可以完滿解決，減輕我不少負擔。

　　5月17日，我到台北榮總會見未來老闆──行政院長唐飛將軍，他是國民黨時的國防部長。雖病臥床，仍堅持起身見我，我請他坐下或躺下，他還是站著，並告訴他夫人我的背景，我真慶幸台灣有此儒將。就職前一天，5月19日，我、Y.H.、康舟、培舟四人先到台北，住進君悅大飯店。5月20日，衛生署的車子來接我們去行政院。我隨內閣團隊坐車去總統府。在車上坐在我隔壁的是蔡英文（陸委會主委），我們談到選舉結束幾個禮拜以來社會之不安情形，有政變之傳說，有共黨介入說，有國民黨動員動亂說。蔡主委告訴我一個字「亂」，是對岸對台的

唯一指導原則，就是儘量使台灣社會亂，要讓人民恐懼，對新的執政黨產生不信任感。總統就任後就請唐飛任行政院院長，小小的行政院集會所擠得滿滿的。當天穿紅色衣服的女性特別多（張富美、鍾琴等人），真是喜氣洋洋。我的家人也在人群中，其中年紀最輕的（新聞記者除外）可能就是我兩個女兒，她們從沒碰過這種情景，非常好奇。

就職後第一件事情就是照內閣團體照，照完之後各單位回去交接。前署長詹啟賢在歐洲，所以由副署長楊志良移交給我。移交完成已過中午十二點，又是星期六，衛生署同仁都下班了，只有一級主管們留著等我一起吃午餐。我們初次見面，在附近一餐館簡單吃過飯就分別回家了，我則回署長辦公室，看看週遭的環境才離開。由這一天起，5月20日，台灣的醫療衛生行政工作就由我負責了。

就在短短幾個小時之內，卻埋下了以後一個很不愉快的事。

接手未爆彈

交接前不久，衛生署處理了一件事，就是藥價的問題。健保局行文衛生署，詢問如果採多量單一藥品，價格可不可以降低，但仍是原來單價。這個問題衛生署也開了不少會，包括法規委員會（有律師、法官等），結論是這樣做是合法的。於是衛生署的公文由底層一路簽上去，原來署長在原檔也簽了，但來不及簽正式發文就出國了。也許因為是時間緊迫的關係，5月20日，我就職的第一天來不及給我看公文，公文就以我的名義（代簽）發出去了。這一封公文幾乎賦予所謂藥價黑洞的合法性。有一天立法院諮詢，國民黨立委徐中雄先生在公堂上亮出這一份我從沒見過、但有我簽章的公文，指責我是藥價問題的元兇。我完全不

知他在說什麼，但亮在我面前的公文確實有我的圖章，我只好回答說如果有我的印章我會負責任（行政體系上副主管及主任祕書是可以合法代簽的）。回到署後我找同事問起，才知道這是我的第一道公文，來不及給我看就出去了。之後這件事不只一次被提出來追罵，雖然我心很不甘，但我並沒有把它當做前任署長故意設計的陷阱，因為設身處地我可能也會簽，是衛生署法規會專家們通過的案件我有什麼理由不簽。我把這件事之來龍去脈向徐中雄委員說明，他也了解，但是以後健保一出狀況，藥價一有問題，每每被提出來說署長李明亮是禍首，感覺很不好。就連我離開衛生署多年，2010年底、2011年初國民黨立委羅淑蕾還是拿出這一份公文，又在電視上堅持是我種下的惡果。我馬上打電話給徐中雄委員，他說他知道這件事，我請他與羅淑蕾委員溝通一下，不要再追這老案子了，如果她還是要一直講，我會把整個案子以國民黨的陰謀論把它全部揭開。我也打電話告訴羅委員，但我不知道徐委員是否跟她溝通過。羅委員反問我，我知道之後為什麼不去改它。我反問，2008年國民黨執政之後已歷經三位署長，為什麼沒有一位去改它。政黨輪替本來就要概括承受，不是把責任往前人身上推。當年簽發公文的衛生署同仁後來都成為好友，我也不認為他們會設一個陷阱讓我掉入。

　　無獨有偶，類似於上述公文一事，2011年4月又發生一樁。在偶然的機會裏，一位技正發現我們吃的東西裏面含有很多塑化劑，調查的結果發現有毒的化學物不只一種，還在很多很多食物裏，而且百姓已吃了三十年。社會譁然，於是有人開始懷疑為什麼衛生署都沒查出來，何以至今才發現？2011年6月1日在電視政論節目，國民黨立委邱毅說這塑化物事件之禍首是前署長李明亮，因為我在2000年就任後不久，按行政

程序發布公告。隔天，偶然一個機會與一民進黨朋友在一起，他說：「黨部今天早上在處理您的事情。」我聽了之後嚇一跳，我又不是民進黨員，何以他們來處理我的事？原來，如果塑化添加物始於民進黨執政時，那民進黨多少有點政治責任。於是他們請律師去調查這件事。結果又是烏龍一件。

事情是這樣子的：1999年6月29日，當時還是國民黨執政，行政院長蕭萬長以食品添加物採全面辦理查驗登記會造成貿易障礙，應予簡化等理由，提出食品衛生管理法修正草案，並於2000年1月14日立法院三讀通過，同年2月9日總統公佈施行。衛生署依法在行政程序上要發布公告，我於2000年5月20日接任，這個法案因為是我在職，所以由我公告。至於公告令本身是否是我簽的，或者是代簽的，我不知道（像這種例行公文，依法常可以代簽）。我沒有意思把責任推給當年的行政院長蕭萬長先生。當年有當年的時光背景，有當時的盲點，如果我當時在蕭院長的位置，可能也會作同樣的決定。如果真的要追溯，是否要追溯到三十年前的蔣總統，因為人民已經吃了三十年了?! 像邱毅委員這樣隨便把責任推給前執政黨是很不可取的。還有當時的媒體直接引用邱立委的話，不加證明，就以巨大的跑馬燈「李明亮是禍首」的字眼出現於電視，同樣令人心寒的。這幾樣小事件，令我深信政治是醜惡的。任何政務官要接任之前，最好要有個心理準備，前朝的爛東西隨時都會掉到你身上的。

病人族譜之建立

離開了花蓮到台北，生活起居上還是略有不適。我們搬進去大安森

林公園對面的閣員宿舍14樓，景色非常宜人，生活上一個大的改變是晚上到外面吃飯的機會大增。我們在國外或在花蓮，絕大部分晚上都是在家吃的。當了署長，各式各樣的飯局都有，祕書小姐知道我的生活習慣，可拒則拒之，尤其是跟立法委員的。台北音樂會很多，而且水準都很高，我跟Y.H.有機會盡量參加，國家音樂廳的公關主任陳冠洲先生因此成為我們的好朋友。國家音樂廳三樓座位有一區是貴賓區，經常會留席位給我們，無形中我成了「那個寧願去國家音樂廳聽音樂而不跟立委吃飯的署長」。不是我對立委不敬，而是音樂是我生命的一部分，尤其是在忙碌一天之後好好聽一場音樂會是再好不過的。

離開花蓮，我在花蓮慈濟醫院的遺傳醫學門診不得不關，因為我無法定期或病人掛急診時回去。好在我已培養了一小團隊，有年輕主治醫師及諮詢員，可以服務地方。遺傳醫學門診是慈濟醫學院在花東開設的第一個門診，我1992年回台到花蓮慈濟大學籌備期間，衛生署有一筆經費要在東台灣設立產前檢查中心，剛好跟我回台灣、由哥倫比亞大學回來的染色體專家方菊雄教授一起合作，我自己除了看病人之外兼生化檢查，於是花東遺傳諮詢中心很快地設立起來。

遺傳疾病的特點是病人少，不是幾萬人才有一個，就是幾十萬人才一個。但是一旦有病，看病不是只看病人一人，而是要看全家，所以每一病例要花很多時間。我平均一病例要花上四十五分鐘至一個鐘頭，每個門診（一個上午或一個下午）看三至五個家庭，所以在醫院業績上我有極壞的紀錄。向醫院爭取病人的權益、或更大的醫療空間、技術人員的待遇等，每次都會碰上困難。雖然如此，每一病例我看完之後，一定寫一封報告信給家族留存，信內包括病史、檢查結果、診斷、治療、癒

後復發率，以及遺傳模式，這樣家族以後到其他醫院看病可以拿出來給醫師看。這個看病模式是我在美國行之有年的方式（美國遺傳疾病的標準模式），到現在慈濟遺傳中心還保持這種方式。即使我當了署長，接班的人還是保留，可以說是全台灣唯一的看診模式。雖然這方法讓我與病人建立絕佳的溝通管道，也屢次受到家族的肯定，但我無意把它推廣到每一醫師看病必做的通則，因為時間上絕對無法允許。我之所以做得到是因為病人少，遺傳問題真的很複雜。若針對一般病人也如此服務是過份奢求，也不切實際。

因為遺傳疾病病人很少，建立完整的病人家族譜（pedigree），是一般醫師，甚至於一般國民都需具備的能力之一。所以我一直努力教學生如何建立自家的完整族譜。我所知道的最多人的族譜是Johns Hopkins大學醫學院遺傳醫學大教授Victor Mckusick對Amish族人之超大族譜（全在電腦內）。對一單一疾病最大族譜則是委內瑞拉（Venezuela）之亨丁頓疾病（Huntington Disease）有上萬個人。委內瑞拉西北角有一湖Lake Maracaibo，沿湖有一村Barranquitas，每10人就有1人有罕頂頓疾病，全村有上千人罹患（此病是目前無藥可治之神經疾病，屬單基因顯性遺傳疾病），Nancy Wexler醫師本身也患有此病，曾為委內瑞拉這家族做過世界最大的族譜，是我見過最大的族譜，展開來貼在牆上，滿滿佔了整個四面之牆。

關於族譜我想起來幾年前有一個很引人注意的花邊新聞：一中國名物理學家諾貝爾獎得主，時年八十二歲，與一位年僅二十八歲的女學生結婚。愛情本無什麼年齡限制，只是差距有點令人驚奇。我知道了這個消息之後，不只一次告訴Y.H.，她聽了之後有點不耐煩，跟我說：

「好了，好了，你去找一個九十六歲的好了」我不小心，自己時年剛好六十九歲，其「反轉」歲是九十六歲，被人笑了一陣子。不久同一家庭出了一則更為勁爆的新聞。這消息以「這四口人，搞暈了十三億人」之標題出現在報紙上。內容是上述那位年輕小姐之父親年六十八歲，離了婚，與一位十八歲的年輕女子訂婚，這位小女孩是上述物理教授之孫女。這樣一來，這個關係就有一點複雜了，也真叫人暈！暈！暈！難怪報上說這四口人搞暈了十三億人。一個人可以同時是老公，也是爸爸的爸爸的爸爸的爸爸。一個人可以同時是女婿，也是爸爸的爸爸的爸爸。我是學醫學遺傳學的，一天到晚教學生怎麼畫一個家庭的族譜，這一個家庭還真考倒我了。將來這一對新人有了小孩子，可憐的他或她更不知道怎麼稱呼家人了。這一個族譜是很難畫，但做研究生考試的題目應該是很有創意的。遺傳學上最大的禁忌是近親繁殖，在這看來非常不平常的家庭裏，這一點倒是不用擔心。雖然令人有點頭暈，大家應該祝福他們！（後來在與友人閒談中，得知上述新聞是捏造的；如屬實，還真不應該，這種玩笑不可以建立在別人的痛苦上）。

走進窮鄉僻壤

當了署長不久要財產申報。我的財產真的很有限，但經由電腦清查印出來才知道我有九筆土地，Y.H.有十六筆，美國普林斯頓兩人共有一筆，這個突來的財富令我高興了一陣子。可惜我在台灣的土地都是鄉下草地而且面積奇小，最大的一筆只有204.5㎡（5.7坪）之1／2，最小的是0.37㎡（0.01坪）之100000分之3166，另有一筆0.55㎡（0.015坪）之100000分之3111，連一隻小貓也放不進去。怎麼會有這麼小的地，我也

莫名其妙。最大的原因可能是祖先有不少小塊地，代代傳下來，但一直沒分割，子孫幾何級數地增加，導致每人分到的地連養一隻小貓也不夠。Y.H.的土地比較大一點，有10000㎡之1／2，12.571㎡之1／2，但是也有4㎡之1／2，5㎡之1／2，而且都是山坡地，連路都沒有。無論是我的或是Y.H.家的，都有一共同的歷史，就是一代代細分下來，將來要出售0.37㎡之100000分之3166根本無法處理。我認為唯一可以解決這個問題的是由政府出面，強迫徵收××㎡以下的地，錢就交給鄉公所或學校做公益事業。地政重整本來是定期必做的，只是以政府做事之欠缺計畫、欠魄力，可以預期的是將來個人所有地變小，最終只夠養螞蟻。

當了署長之後，我儘量往窮鄉僻壤走，我要在最短的時間內了解農村的發展情形，因為提高偏遠地區人民的生活品質是我的當前急務。我從台灣頭跑到台灣尾，從西部到東部，尤其是我住的花蓮山區原住民的生活。令我非常驚奇的是台灣農村已有起碼的基礎建設，有自來水，有污水處理設備（雖然不完整），有衛生室、衛生所、公共衛生人員。約在2000年，英國《經濟學人研究雜誌》（*Economist Intelligent Unit*）從歐洲各國，英、加、日、韓、新、台等三十個所謂已開發的國家，做一全面性醫療服務的評等。令人驚奇的是台灣竟名列世界第二名，僅次於北歐瑞典（第一名），令人非常振奮（美國則遠遠落後於第二十名）。因為這個消息使台灣醫界聲名大噪，經常有人來取經。我曾做一段回顧性的DVD，記錄半世紀前的台灣及今日的台灣，專門給落後地區來參訪的醫療人員看。我要讓他們知道，半世紀前的台灣是跟他們現在的國土一樣百廢待舉，但是經過我們五十年來的努力，就是今日大家所見的台灣。台灣能，他們也能，以此鼓勵他們。我曾寫了一篇論文〈From

Recipient to Donor：How Taiwan Transformed its Healthcare System〉（從被援助者到援助者：台灣如何改變其健康照護系統）分析台灣成功的理由，本文在2011年11月亞洲暨大洋洲醫師會聯盟大會上發表過，也收於附錄。

也是當了署長不久之事，我發現我跟衛生記者及老百姓之間的溝通不是很順暢。探究其因，我發覺衛生記者之醫療專業背景不夠，很少有醫療之訓練，於是我決定增強他們這方面的理解。我列出一系列的課，有關記者必須知道的基本醫療常識，如抗原抗體之關係、常見傳染病之病毒學、慢性疾病、藥物之作用及副作用等等約十堂課。每次2小時，時間由他們選，晚上、週末我都可以用自己的時間來給他們上課。我把這個課表交給公關室主任羅木坤，由他與記者們商量。過了三、四個星期，我問羅主任上次委交的課表結果如何，羅主任說：「報告署長，記者當中沒有一個人有興趣，因此，我不敢向您報告！」如果沒有求知的意願，我什麼忙也幫不上的。

猛爆的一星期

我五十歲才開始學大提琴，對於希望擁有或者借用一把好琴可以說是我的夢想的一部分。在當慈濟大學校長時候，我就知道奇美公司許文龍董事長擁有不少名古琴，我也去過他的博物館看過。其中有二把Antonio Stradivari的大提琴（1709年製之Boccherini及1730年製之Pawle），看了很想借用它（當然買不起，每把百萬美金起跳），但又不好意思開口借。當了署長之後，我想或許借署長這個光環，可以開口向主人借幾天，最少可以滿足我也拉過Stradivari名琴的慾望。於是我打

了個電話給許董事長文龍，自我介紹一下，他很爽快答應我的要求，並
請他手下看管琴之琴師送來一份借用表，我看了一下，即使只借用一個
星期，光保險費就要一筆錢（我很了解為什麼要保險）。我付不起，所
以打電話回去給琴師說我不借了。過沒幾天他回電來說許董事長特別允
許我可以不付保險費借用。我喜出望外，借了衛生署一部休旅車直開台
南，借用1709年製的 Boccherini 那一把。我小心翼翼地放在車子中排椅
子上，人就坐在後座，以防萬一有什麼意外，前後面都有人肉牆保護。
前面先撞到司機先生，後面則先撞到坐於後面的署長我，大提琴在中座
是最後才會受損的。就這樣直接把琴帶回台北官邸，當日安全抵達。

　　Boccherini這一把琴製於1709年，有近三百年歷史。是Antonio
Stradivari六、七十歲時製的，那個時候大提琴大小未定。經常遊走於大
型（31英吋，約78公分）及小型（27英吋，約68公分）之間。這一把顯
然曾改變其大小，在琴下部尤可見增添木板之痕跡，但聲音不受影響。
這一把曾經為名作曲家Luigi Boccherini（1743～1805）所擁有過，所以
稱之為Boccherini琴。如今我終於與三百年前的大提琴製家及作曲家搭
上了線。

　　剛好我一個禮拜之後要出國，在花蓮又爆發了可能是一非常惡劣流
行病（可能是漢他病毒〔Hantavirus〕感染），我得專心處理這一件可
能的流行病，不斷地奔走於台北、花蓮之間。在處理這病例時我犯了
一個公共衛生的大錯：當時社會上流傳說這個病例（死了一大人、二小
孩）是被人謀殺的，是中毒死亡的，所以是社會刑事大事。但是臨床上
我們認為是經由老鼠排泄物傳染的漢他病。台灣只有台北榮總毒物研究
所有能力解決，所以我們把當時還生病的病人以直升機由花蓮轉送台

北。這患了流行病學第一禁忌：流行病患者不可外移，因為這樣可能引起流行病之失控。當時如果真的是病毒引起的，又因病人離開花蓮引爆了社會大流行，那我這個決定是罪該萬死的。幸好，後來無事，不知道是否有人下毒，也不確定是否為漢他疾病。就在這狂風暴雨中的一星期內，我盡量找時間拉琴。也許是琴久無人拉，聲音還沒「醒」過來，更大的可能是我的技術不配拉那麼好的琴，聲音始終沒有我想像的好。雖然如此我還是照了不少照片，最少告訴自己我曾經擁有過。我的同仁甚至要幫我排電視錄音，不是要演奏，是要留下琴聲的。但是因為時間上實在無法安排出來，最後沒錄。出國前一天，我又親自用那一部休旅車，琴「坐」中間，人坐在前後，送回台南。我當署長最恐怖的一星期就這麼轟轟烈烈地結束了。

有眼不識眼前美人

今署立醫院在凍省之前稱之為省立醫院，是老百姓的褓母。但是不可諱言的，這些醫院也累積了不少問題被社會所詬病。其中最大的原因是院長一職無任期，可以永遠當下去，自然各種問題就隨之而生。為了改革署立醫院，我當署長的時候就跟黃富源副署長草擬建立一院長任期制度：第一，院長是有任期制的，一任三年，可以連任一次，六年後一定要下任或改派其他醫院。第二，院長遴選有一考績辦法，分門別類佔有不同百分比重，如行政成果（如醫院評鑑等）、論文發表、公共衛生推廣等等，依一定百分比評比而得分。第三，有一特別委員會，由副署長擔任召集人，當時很有名望的陳楷模院長、台大醫院林國信前院長等被聘為委員，對每一候選人interview。而後所有要調職或希望升任為院

長者，依得分排序。接下來把所有空下來的院長位子列表，第四，得分排序有其優先選擇到那一個醫院去的權利。排序愈後者，院長空缺可以選的就愈來愈少。第五，院長上任後可以建立其自己的團隊，把醫院建立起來。這個制度維持多久我不知道，但在2012、2011年，好幾所醫院出了問題，尤其是採購方面；也有幾位院長被收押禁見。為此不少媒體一直追問我這個問題，我不知這些不法事跡是否與不當院長任命有直接關係，我僅在此簡單回顧說明之。

　　當署長還有一件經常被提出來取笑的糗事。有一天為了推廣婦女健康，要作一宣傳，是由寶僑公司支持的。主題是三點不漏，手指比一個6，表示只要花六分鐘做一些簡單的篩檢，就可以減少不少婦女的疾病。除了署長要上台比手勢之外，還請了一位小姐，她的名字叫蕭薔。我問同仁蕭薔是誰？大家哄然大笑，不解我為什麼不認得台灣第一美女。後來我仔細看了她，也沒有覺得她美到要使我經常被取笑的程度。我在美國三十年，回台一直住在後山花蓮，平常又少看電視、報紙，也難怪我不認得蕭薔小姐。不過我現在總算進步了，現在我認得林志玲小姐，同樣的問題如果再發生，我不會再問林志玲是誰了。

　　蕭薔的事讓我想起了一件更糗的事。有一年美國國內航空大罷工，飛機完全停飛，我們從紐約回邁阿密只能搭火車。火車（快車）要坐二天一夜，吃喝都要到餐車。一個中午我們去餐車，只剩下半張桌子有空位子，是四個人一張桌子的，已先有二人坐著，一個年輕少女靠窗，一個中年婦人靠裏面，她們並排在桌子的一邊。Y.H.坐靠窗那個年輕小姐的對面，我就坐在那位中年婦人對面。桌面超小的，如果雙方同時低頭吃東西，可能就會碰到頭。坐下來不久我就發現到坐我對面的中年婦

人，左邊睫毛貼得有問題，不曉得原來就沒貼好，或者貼好給跑掉了位置，變成粘在眼瞼中間，而且是向上揚斜的，是上繞的假睫毛，一平一翹很滑稽。我馬上用台語告訴Y.H.，要她注意其假睫毛，二人嗤嗤地笑起來。我很得意這個發現，並專心欣賞，完全忽略了她右邊的年輕女孩子。過了不久，她們二人吃完要走了，一男服務生把手臂彎勾著，讓那年輕女孩子挽著，離開餐車回她們車廂，然後他再回來收拾桌面，這時服務生說了一句：「Isn't she beautiful？」（她很漂亮哦）接著說她是世界小姐（Miss Universe）！我真是不敢相信我自己的眼光。人生幾時世界小姐會面對面跟你坐得那麼近，而你沒注意到她，只注意到旁人貼歪的假睫毛。之後一直想要記起這個世界小姐的長相，卻怎麼也想不起來。不然我會同她照照相，也可以向朋友炫耀一下。

遺憾未竟之事

當了二年三個月的署長，我最大的感恩是上級對我無條件的支持。無論是行政院長或總統，從來沒有向我說什麼事情要做、什麼事情不可以做，可以說是絕對的信任，雖然社會上不同團體、不同立委，偶爾對我的政策不贊同時，總統都會以「我信任署長，我尊重署長」回應，使我做起事來加倍順暢。當然每一重要政策我都會先與行政院長商討而後訂之，訂了之後我都會請黃芳彥醫師轉告總統，希望他不要扯我的後腳。總統每次都會守約，不公開反對我的政策，這點阿扁是很「聽話」的，謝謝陳總統給我的支持。

二年三個月說長不算長，但說短也不算短，有些事我應該做好或更好，其中沒做好甚至於失敗的也算不少。簡單列於下，表示我的遺憾：

　　第一，醫療品質沒有提升，甚至於下降，這是我最大的遺憾。健保實施之後，醫生看病多，但可以給每一個病人的時間反而變短，於是醫生最重要的職責卻反而被忽略。我以為總額之實行或者合理問診量之施行，會讓醫師花較多時間在病人身上，但結果卻沒有成功。我認為病人醫療知識之提升是醫療品質提高之最重要因素，因此我在衛生署也成立了一跨科之衛生教育委員會，何時可見成效我完全沒有把握。

　　第二，不實醫藥廣告是我最討厭的，我甚至於認為這是犯罪行為，但身為署長卻一點辦法也沒有，原因是很難證明何者是絕對正確、何者是不實的。例如常見某某醫師廣告說他有某種祕方，可以治百病。顯然地他游走於法律邊緣，每次要取締，民意代表就介入。我曾經雇了一小批公衛學生，每天只看電視，如果有誇張不實的廣告就取締，但罰款之輕，業者公然一犯再犯，成果非常有限。我常對醫學院學生說這些不當醫療廣告的盛行是醫生的責任。如果人民有良好醫學常識，它們就沒有存在的空間。觀察西方較文明的社會，這類廣告一定馬上被排斥。

　　第三，國人肥胖人數愈來愈多，除了運動不夠之外，就是飲食習慣不良。一般國人對食物熱量沒有概念，一天要吃多少卡路里，一樣食物有多少卡路里渾然不知，只要好吃，就拚命地吃。因此於2001年4月20日，我先召集了國內六間國際大飯店之主廚，並招待記者，希望這些大飯店帶頭，教人民熱量的觀念，我建議在菜單上，每一樣菜每一份有多少卡路里都清清楚楚地標示出來，一大餐吃下來多少卡也要讓顧客知道（當然我請了一批營養師來指導他們）。結果實施起來，反應不甚理想。人家來吃大餐是要大吃特吃一頓，何需外人來干預可不可以吃。我的最終目的是要人民每天買便當時，不只是花六十元或是一百元，更重

要的是他們要知道便當含有多少卡路里。這個理念很可惜敗得很慘，完全沒有做起來。當年外國人來台灣，知道我們在推行這政策，都認為非常進步，沒有想到人民自己反倒無法配合。

全民健康保險制度

署長任職期間，我花最多時間是在處理健保。幾乎70～80%的時間用在處理健保事務。在未接署長之前，我約略知道健保財務有問題，虧損不少。為此我請當時健保局總經理賴美淑教授到慈濟一趟（2000年5月18日），向我詳細解說，才知道事態嚴重。她並告訴我她想離開總經理一職。2000年有250～300億缺口，如何拯救財務變成我這個署長第一要務。所以，我上任不久便力邀當時國家衛生研究院論壇總召宋瑞樓院士（宋教授為台灣德高望重、人人敬重的醫界大老，也是我的老師）出面對健保做一個總體檢，並請他在年底前給我一份改進的建議。

隨著內閣開始運作，外界對健保之批評愈來愈烈。9月中，亞東醫院有一高階主管說健保局是萬惡共匪，人可誅之。我承認，我們的制度比共產黨更共產黨，我們的國家是最社會主義的資本主義國家，是最富有的乞丐國家，二個互相矛盾治國之中心思想同時存在，繁榮就是不可能的。

全民健康保險制度是一個非常難得的社會制度。世界上的開發國家無不想盡辦法要建立。不幸的是這個完美的制度非常難找，台灣有幸於1995年開始施行全民健保制度，但十幾年來也累進了不少缺點，包括最

根本的永續經營的問題，因此全民健保之基本精神是如何得以永續經營。健保的財務數學上是再簡單不過的。中學生就可以算出來：不是開源，便是節流，或者二者同時做，但現實狀況又是與此相違。開源不外是費基範圍增大或是費率之調升，節流是服務品質之降低或是款項之減少，不幸的是無論任何一項都非常難為人民接受。

果然是燙手山芋

很快的，我就感覺到健保的問題比任何人的想像更複雜。每個人都可以說出一些自己認為應該改進的地方，但沒有一個人可以說出根本解決之道。這使我想起正如中華民國憲法要修的地方很多，但是修憲這裏修一點、那裏修一點，不但無法解決基本問題，有時反而使問題更複雜，不修比修更好，於是不少人認為根本改革之道是創憲而不是修憲。類似的思考模式我也漸漸領會出健保改革之道應該要從根做起，不是零零碎碎之修補。於是我們歷經幾次內部高層的討論，漸漸形成一共識，要啟動健保全盤性、根本的改革。正苦於如何向社會說明這構想之時，時任衛生署企劃室主任郭旭崧教授突然想出「二代」健保這個名詞，使我頓悟這確實是一個非常好的名詞，我極力贊成。二代健保表示，到目前的第一代健保已經完成階段式任務，我們需要新思維、新方法、新政策。就此我們定了案：要儘速進行二代健保之架構。二代英文是second generation，所以我們簡稱為2G，郭旭崧的這個名詞就成了台灣健保的創新名詞。

再過來就是如何開始建造這個大工程。我向署內提了二個建構大原則：第一，第一代健保創立的幾位大功臣，盡量不要列入。因為人都是

一樣，會為自己的思維、行為辯護，這會使二代健保很難脫離舊思維，減少創新的機會。第二，同樣的理由，我要求儘量將現有健保工作人員排除在外。根據這二個原則，我們敲定主任委員由政務委員胡勝正教授來擔任。胡政委是美國普渡大學經濟學教授／主任，主攻醫療經濟學。他是政務委員，可以協調跨部會的專業人才，而衛生署長因熟悉實務運作，就擔任協同召集人，負責內部人員之協調。

再過來是最重要的人──執行長，我請對健保理論、實務上最熟悉的人賴美淑教授來擔任。三人開始設置二代健保規劃小組，下設二十一名健保規劃小組委員，其中九名是工作委員，負責規劃之推展。2001年設定議題，共分四組：政策評估綜合組、體制財務規劃組、醫療分配規劃組及統計分析組。次年，再增公民參與組，因為一代健保規劃時，採較精算式的模式，與外界的溝通不是很完善，因此我認為二代之設計要全民參與，共同負責這新政策的進行，不管是醫事人員、民意代表、醫療團體、人民都要佔有重要位置。2002年工作目標是各組擬定方案；到了2003年開始著重細部規劃與衝擊評估；到最後一年，2004年，各小組之規劃方法整合，提出總結報告。所以，這個工程經過三個月之籌備期（2001年4月至6月），三年兩個月之規劃期（2001年7月至2004年8月）共三年五個月，動用台灣醫界、公共衛生界，各方面專家學者共一百一十人，幾乎網羅了全國健保有關專家（尚不包括衛生署或健保局工作人員），經過無數次會議，總共花費了七千六百多萬完成幾百頁的總結報告（2004年8月出版），送交行政院。我在2002年8月卸任後則自動退出規劃小組，讓接任的衛生署長接規劃小組之協同召集人。因此，下半段的規劃內容我就比較生疏，送到行政院的下落我也不甚清楚。交

到立法院之後，我力促民進黨就二代健保儘速立法通過。但是因為新法牽涉的範圍太廣，影響各階層的人民，所以在立法院一直爭議不斷，而且不斷被修改。後來在立法院佔少數的民進黨立委乾脆讓新法擺在那裏沒積極衝關。2008年國民黨重獲政權，加上立委絕對多數也無法順利過關。為了要得到各方的支持，二代健保被立院修得面目全非，尤其是費率的決定更是荒腔走板。本來經專家專心設計、計算出來的各種費率，立法院隨意修改，像菜市場之喊價，實在不把專長學者的研究成果放在眼裏。到了2011年國民黨楊志良署長提出的版本，他說是「他們（行政院、立法院）的版本」（完全失去二代健保之基本精神），表示該版本已非衛生署原意。

　　健保制度是一永遠無法完美的制度，因為健保是社會的產物，社會隨時在變，健保制度也必須隨之調整。雖然二代健保制度剛開始，我認為政府應該還要有三代（3G）健保的規劃。三代、四代、五代是永無止境的，這也就是為什麼德國已有一百多年的健保，現在還在大修中。

值得一提的健保六事

　　健保實施了十幾年，造福無數人民，但也累積了不少缺失，醫療品質一直提升不起來，醫療行為也屢遭詬病。2010年3月起，監察委員黃煌雄開始了監察院有史以來最龐大的調查工程，走訪全國一百四十四家醫院、一百零一家衛生所（室），聽取超過三千位以上的醫事人員及行政人員報告。人稱黃委員鐵人團，他進行了兩百四十五場次實地訪查座談，包括十二大國內外藥廠及藥商，調查之問題超過三百大項，調查之規模可說史無前例，甚至於用罄監察院公關費用，令王建瑄院長也略有

微詞。最後於2010年中提出近千頁之報告，內容包羅萬象；我告訴黃委員他的研究成果可以拿一個博士學位了。2011年4月16日黃委員還開了一次健保改革研討會，有七個前後任衛生署長參加，陣容可以說夠大，但還是沒有什麼具體改革之道出現。

我對黃委員的建議有二點：

一、健保沒有完美的政策，所以調查／研究不可無限上綱，見好就收，階段性任務完成就給行政院參酌實行，三代健保可以開始研擬了，未來四代、五代，要代代相傳下去。

為了達成這恆久的改革，我建議政府設立一健保研究單位，有獨立自主經營權，可隸屬於國家衛生院內之衛生政策研發中心或中央研究院。此外要有固定的經費來源，但更重要的是這個單位之研究要具有其獨立性、權威性，而不容民意代表在議會以菜市場叫賣方式隨意改變。

二、一個優良社會政策無法落實之最大原因是人民的水準不夠，全民健保之缺失是全民的共業，我常說是全民共犯。所以改革根本之道是人民素質的提升，要教育人民健康的知識，更重要的是教育人民對社會的公德心，所以人民的教育應該在未來健保改革上扮演重要的角色。

我曾於2005年1月10日，在《自由時報》發表了一篇文章，題目為〈請問你為健保做了什麼？〉，我的意思是人人開口閉口罵健保，而忘記了健保今天會這麼多問題是每個人都要負責任，誰敢說他（她）從來沒有濫用過健保？衛生署有責任，健保局有責任，醫院、醫療人員有責任，最主要的是每個國民都有責任，所以我說全民健保是全民共犯。解救之道唯教育而已矣。

事後回想起來，對於一個署長而言，我當年花在健保的時間實在太

多了，說我像一個健保總經理也不為過，立法院或外界對健保局的質疑我都不假思索挺身而出，對真的總經理來講，我可能有點越權了，雖如此，我反而與健保局上下同仁建立很好的革命感情，至今我們還是經常保持聯絡，歷任的總經理或今之局長我們都經常交換意見。而在二年多的署長任內，我對台灣的健保做了幾件值得一提的事情：

1. 健保IC卡之建立

這項花了三年、四十二億的工程，當年爭議性也是很大的。但是基於IC卡可能的好處，我認為勢在必行，所以不只一次帶著賴美淑總經理四處奔走，有一次去拜訪台中一位女性立委，她當面對賴總經理破口大罵，說她胡說八道，咎由自取，讓我心裏非常不忍。不管委員怎麼厲口，賴總經理都是低聲下氣，不斷賠不是，連聲說「委員拜託了」、「拜託支持我們了」，我則氣得話都說不出來，如果她是我的親人或我本人，我一定當場翻臉，調頭就走，憑什麼我要被罵成這樣，賴總之用心讓我由衷感佩，也慶幸中華民國有這麼好的官員。2001年4月26日親民黨提出IC卡翻案。幸好，經過我們多方努力不懈，終於6月6日決定通過（89票對24票，12票棄權），IC卡正式上路。IC卡宣傳期間，街頭到處是IC卡樣本的大張相片，其中使用人的照片就是我，一時間街頭到處是我的影像。

2. 合理門診量之設定

台灣醫療，最多被人詬病的地方就是醫生看太多病人，也因此每個病人分配到的時間就非常有限，病人之健康教育品質當然會打折

扣。看太多病人之原因很複雜，改正之道有一方法，就是限制每診看診的人數，稱之為合理門診量。但是我們沒有限定醫生看病人數的權利，唯一的方法是以給付來抵制看病人的數目，也就是在上限人數之內（如每診三十人），每人給付一定的款項，超過這個數目，給付就遞減，希望從經濟上之反誘因，使病人數目減少，看病時間得以加長，這樣可以加強醫病溝通，病人也可以得到更多醫學上的照顧。

這個觀念很早就有人提到，但醫界、醫院都是採取負面的態度，不過我還是覺得是值得一試。於是2000年12月中，我把它正式搬到枱面上來，醫界大力反對之聲音劇烈到涉及我的去留問題，記者問我如果合理門診量走不下去我怎麼辦？我答說如果政策走不下去，我辭官，表示我執行到底的決心。2001年1月1日正式實施，百姓開始恐慌，因為怕排不進名單內。但我還是堅持下去。與這個政策並行的是鼓勵醫院開設教學門診，老師（醫師）一邊看病，一邊教學（教學醫院本該這樣），門診人數有一定限制（也是三十人），衛生署再給付一個特別的費用，這兩項政策成效多大，我不甚清楚，但多數醫院都還在實行。

3. 醫事人員之經濟負擔

在健保支出的負擔上，醫事人員佔了相當大的比例。這比例最好不要超過六成，愈接近五成愈好。公立醫院大都人事支出佔很高，原因是公務人員依年資敘薪，年齡愈高，敘薪愈高，因此年齡相對的高（雖然經驗多）。反之私立醫院則較年輕化，這一點護士尤為明顯。

在薪資負擔方面最大的一區塊是醫師人員之支出。在一般人觀念

中，醫師代表一穩定且相對的高收入，一直是令人羨慕的一種職業。醫師的工作令人難以想像的艱辛，薪資高也是很合理的。但到底多少才是合理的呢？

2013年夏天，我到芬蘭這個心儀久已的北國，Nokia的國家，西貝流士（Sibelius，1865～1957的家鄉，醫療制度極公平的國度。我當署長的時候，芬蘭醫師公會理事長（名字忘了）來台訪問，針對芬蘭的醫療制度做了一個演講，其中有一幻燈片，記載他們各職業團體的年薪，有特殊技能的工人（skilled worker）年薪三萬五千美元、醫師五萬美元（工人的1.4倍），令我很驚奇。世界醫師薪水與一般人民的比例各國相差極大，歐洲一般是2-3倍，美國5-6倍，台灣沒有確實的數目，我的印象是比美國更高。於是，演講之後，我問他，他的幻燈片說醫師薪資五萬美元是否少掉一個零？他說沒有。我問他為什麼只有工人的1.4倍？他的回答是：Why not？（為什麼不可以？）我一時啞口無言。醫師是一非常辛苦的職業，台大急診科柯文哲教授說他連續二、三十年晚上沒有十一點之前回過家，跟小孩幾乎沒有互動。現在的醫師，不但要被告、被罵，甚至於被打，這種工作要多少薪資才算值得？當然你可以說醫師不是單純的工作，有救人的成就感、滿足感，但憑良心講目前的醫師在我們社會之形象若何？不久的將來是否還有父母要他們兒子去學醫？醫生不足，我們社會怎麼辦？署長經常是最尊重醫師的，但也有過把他們罵得體無完膚的署長。大家定下心來好好思考、好好規劃，應該是刻不容緩了。

4. 健保欠債

　　健保財務一直不穩定，原因非常複雜。入不敷出，當然要開源節流，但無論是開源或節流都非常困難。除此之外，地方政府欠債不還更是不幸。當年欠債不付的有台北市、高雄市及不少縣市。後者欠額不多，零零星星，使經營愈加艱辛。民進黨執政不久，2000年6月1日行政院即召開「健保財務問題與對策協商事宜」會議，對於各級政府未依法按時繳付保險費，需依欠費支付融資利息。過了一年多，欠債毫無改進，2002年1月9日我在行政院院會報告台北、高雄欠債，並重言說這個欠繳已成為健保財務改進的絆腳石，應該以法律途徑解決之，在場高雄市長謝長廷無言，馬市長剛好缺席，代理人也不語。4月10日我帶健保局張鴻仁總經理等人下高雄市市政府拜訪謝市長，他說願託健保局貸款，高市付利息。同日我也與主計長林全談，他說目前最佳處理方式是貸款，並說如果要告市府要同時宣佈。4月23日我去台北市市府見馬市長，馬幕僚鄭村棋及主祕也在場，說錢遲早會付，但受議會約束，建議「利息」二個字不要用，要用「融借」，我說不可。結果如何我不知道，因為8月底我就離職。離職前我也與游院長談起這事，他說不要隨便告政府，以和為貴，尤其中央告台北市會被誤解為政黨之爭。我離職後台北市之付款進展聽說也頗不順。

　　2002年3月25日，台北市政府向司法院大法官就中央與地方勞、健保補助款之分擔疑義要求解釋。司法院於10月4日解釋，地方政府給予補助，符合憲法規定。次年2月12日健保局以行政處分之方式，要求地方政府二個月繳納，逾期未繳，移送行政院執行處執行。台北市政府不服，於2003年3月14日提起訴願，遭衛生署駁回，又於11月

27日向台北高等行政法院提行政訴訟。健保局其後經行政院核定移送強制執行。台北市政府再向高等法院上訴，終於2007年6月28日判定健保局勝訴。

　　健保制度本來就不是很健全，尤其是財務方面，節流不易，開源更難，如果有人或單位欠錢，問題更嚴重。台北市為台灣首善之區，資源最多，醫學水準最高，醫學中心最多，醫師水平最高，密度也最高，每人所用於健保費也最多，在這種情況之下，台北市應該當表率，維護這個制度。今居然欠錢不還，且由國家最高行政首長過去所主導，可以說是最壞的示範，而且法律程序已走完，沒理由再拖延。據聞所欠的錢，半數由台北市付，半數由中央編錢補助，實則由全民負擔，其實是非常不公平的。

5. 總額給付

　　總額給付是給一定金額上限給各單位（如醫院），各單位再自行分配。以前的給付有如小孩入百貨公司，買什麼健保局就付什麼，沒有限制，所以費用不斷地增加。有了總額就是一個月給一定金額，依自己的需要、優先次序去採購，如何分配、如何使用，自己決定。總額之觀念行之有年，中醫、牙醫早已實行，後者還實行得很順利。西醫基層也於2001年7月1日實行，但醫院總額卻遲遲不見進展。我當署長時深深覺得如果消費不加限制，醫療經費一定火速上升，到時無法應付，將積重難返，西醫總額勢在必行。但這會給西醫界很大的壓力，因此反彈聲音一定很大。於是我藉一次回美的機會，找普林斯頓大學Uve Reindhart教授（美國醫療經濟學權威、健保專家），我問他

世界上健保做得不錯的國家，有哪一個國家沒有用總額制度的？他思考了片刻答說沒有。這最後的資訊，也是最強有力的，使我回到台灣之後，馬上決定總額制度擇日實行。

2002年2月25日，經十七次會議之研議方案，終於提交費協會，於4月26日正式完成協定。

這全世界認為是很好的健保政策，在台灣實施之後毛病百出，點值（醫師／醫院向健保局申請給付的單位，1點等於1元）直直落，在國外總額之缺點是醫院／醫師既然付的錢是一定值，病人會愈看愈少（點值會升高），導致看病等待的時間會愈來愈長。但奇怪的是台灣醫師搶著看病，導致點值往下滑。這是台灣醫界很特殊的現象。跟外國人談起此事，他們都說個人考量大於團體合作之精神。例如點值降到0.85，不是說每一塊錢少賺0.15元，因總額數目是一定的，要調整的應是總額數目。因此我在當時就說總額每二、三年要檢討一次，做必要的調整。當然也不是說調就調，因為健保費用來源有限，總額自然會受限制。

6. 健保雙漲

健保自從政黨輪替之後就一直處在虧損狀態，而且持續擴大中，對於這個非常困擾的問題，我一直與行政院長保持緊密的聯繫（先是張俊雄院長，後為游錫堃院長，二位都非常關心健保的財務狀況），很快地我發覺到財務上如果不做根本處理，健保勢必無法撐下去，某種方式，適當程度之調整成為必要的步驟。

經過內部詳細精算及商談，我們決定作二調整：一、費率由

4.25%調升到4.55%；二、部分負擔在醫學中心也適度調升，但基層
醫療單位則不變，至於擴大費基部分決定以後再議。這些決定我不只
一次到行政院院長室報告，每次院長都會邀主計處及胡勝正政委參
加，我則帶副署長及健保局總經理去。院長很理解健保財務之嚴重
性，如果不調升，年底工作人員的薪資就發不出去。我一再向他保證
我會負起全部的行政責任，游院長則關心貧窮人民會負擔不起。我說
窮人之基本費不用改，即使有改的部分，全國平均也只是三十八元，
一碗麵或一條麵包而已，但健保得維持下去。有此過渡期間，才能準
備更基本的改革。在2002年上半年我就陸續放出健保調升的訊息，也
盡量利用機會宣導，終於在7月23日經行政院拍板定案，決定9月1日
實行費率及部分負擔調整。隔日向民進黨黨團報告，他們知其必要
性，勉予同意。7月24日宣佈雙漲消息。

　　宣佈前我曾電健保大老葉金川、楊志良、前局長賴美淑教授、石
賢彥及吳運東理事長說明，他們也贊成，但後來葉及楊卻又公開反對
部分負擔調整，使我很不解政治人物的口頭承諾。處理這個事件中我
沒做好的，就是我一直沒與健保監理會討論，這是我的疏忽。6月26
日監理會楊志良主委來我辦公室提出辭呈抗議，我也接受，楊並發表
聲明交給媒體。

　　我趕在7月底決定健保雙漲，有二個理由：第一、健保自實施以
來沒調價過，如果不早日處理，後果不堪設想，最主要的是7月恰好
立法院休會可以順便通過。依法，費率調整在6%以內（這次的調整
是由4.25%調升到4.55%），只要署長提出，行政院報備即可，不必
經立法院通過。如果這件事要經立法院討論，必定又要拖下去，沒

完沒了。第二、7月底我得赴美參加美國外援署（USAID）之會議，要見多國的部長級人物（匈牙利、立陶宛等），所以就在7月底前宣布。這一宣布果然激起大波浪，媒體大加攻擊，立法院更是罵聲連連，說我是用偷渡奧步（但最少是合法的），而且丟了顆炸彈就溜掉，以後健保雙漲變成李的代名詞；但是至今我沒有後悔我做了這個決定，也很感謝游院長及陳總統的支持。

8月18日返抵國內，知道國內為健保雙漲一事吵得沸沸揚揚。我隨即成立健保危機處理小組，由賴進祥主祕任總領隊，衛生署同仁全體加入，我幾乎每日與媒體溝通。8月25日親民黨立委開始攻擊我，說我不負責，又要落跑（我要辭職的消息已成半公開新聞）。8月27日，所謂有史以來人數最多的示威遊行，開始說是五萬人，但報載人數一直減，由五萬而三萬而兩萬，最後說是八千人，聽說不少人走一、二條街就脫隊去微風廣場玩了。愛國東路之衛生署大樓全署動員戒備，由主祕賴進祥領軍。他不知從哪裏計算出雞蛋最多可以丟到四樓（因為要將雞蛋丟遠或丟高，都要抓得很緊，愈遠要抓得愈緊，而雞蛋殼有一定硬度，不能抓得太緊，所以即使有很大的力氣也沒法丟得太遠或太高）。衛生署位於大樓高層，署長室在十四樓，無論如何丟不到署長室。這一份我完全沒想到的資訊，使我們有因應新的策略。不知何故，遊行隊伍卻不經過衛生署，直接略過正在開民進黨中常會（扁總統也在）的民進黨中央黨部，然後到行政院。原本要參加示威遊行的醫改會會長張苙雲教授，經藥政處處長王惠珀的說明之後也取消參加（但條件是我要留任）。我因怕行政院那裏沒有專業人才防守，一早就到行政院留守在祕書室（祕書長劉世芳坐鎮，她應付自

如，還頻頻招呼我，怕我不適應）。群眾一直推撞行政院大門，我怕
一旦撞破，群眾進入行政院會引發大問題，所以我與劉祕書長由左邊
大門溜出去，進入群眾內，準備與他們直接對話，奇怪的是他們看到
我一直對我高喊「李署長加油」，非常友善地把我當成他們那一邊的
人，以為這是游院長的決定，我不過是代罪的羔羊，其實這是完全不
正確的。我對劉祕書長說交涉時絕不可退讓，不然前功盡棄，群眾一
直要求見游院長；但他不肯，說此例一開，以後很難做事。後來只剩
一、二百人在行政院門口叫喊，有同仁告訴我這批人是共產黨同路
人，因為他們開始唱國際共產黨歌，完全變了質。這次明顯的是國親
兩黨在爭資源，侯彩鳳立委想收尾也沒轍。

　　另外一主導人是林惠官立委，他是個很強勢很難溝通的人。隔天
7月28日，報紙報導得不多，民生報用大標題說事件已政治化。這一
天星期三是我最後一次參加行政院院會，無人提及前一日的示威遊
行。最後，游院長宣布這是我最後一次參加院會，肯定我過去的努力
及改革的魄力，大家熱烈鼓掌，我站起來鞠躬致謝。

衛生外交篇

　　在任署長期間，我花了不少時間在國際關係上，因要參加世界衛生
組織（WHO, World Health Organization）的關係，我們必須要加入世
界醫師組織（WMA, World Medical Association）。我們自1972年被趕
出聯合國後，也一並被驅出所有聯合國之外圍組織如WHO。為了要入

WHO，我們衛生界人士也要做外交工作。總統還給我一個無任所大使（無薪）的頭銜，方便進出國外。2001年是我第一次帶團赴日內瓦參加世界衛生大會。去前對於我們要用什麼名稱（國名）加入，大家意見紛紛。4月30日我們署裏擬訂的名稱是台灣（中華民國），英文是Taiwan（R.O.C），經由外交部次長高英茂向總統府祕書長邱益仁請示總統，5月2日我收到正式確認的國名是Taiwan（R.O.C）。我們當時派出了多方說客，到處遊說，其中有一段語言上的差錯，值得在此一提。遊說團中有一位立委在跟德國官方代表討論中用詞不當，他向德方人員一再提說你們應該如何如何，翻成英文變成you should…, you should。should這個字，有應該、應當之意，所以有訓示之意。說者無意，但聽者頗不以為然，德國官員說you irritate me（你令我不爽）。小小一個字也不可大意，尤其是外交辭令。

　　為了得到友邦、非友邦國家之幫助，我前後去了美、加、日、北歐、法、意、奧、英，以及東南亞的越南、菲律賓，還有南太平洋洲的巴布新幾內亞（Papua New Ginea）。有幾件值得一提的事。2002年4月15日，我到美國衛生部會見部長Tommy Thompson，他在聯邦政府辦公室內接見我們。台灣自從中美斷交之後，我大概是第一個正式進入美國聯邦政府辦公室的中華民國中央級官員。我們參觀了美國的衛生災害政策中心，後來甚至於依照此中心設立了類似機構NHCC（National Health Commanding Center）。與Thompson部長會談之後，為了要為歷史做一見證，我問他可不可以和他照個相，他甚表歡迎，而且要我坐在他的辦公椅辦公桌前，他本人及Y.H.就站在我後面，我就做了兩分鐘的美國衛生部長。令我非常驚奇的是他的桌上竟只有二支筆、一小疊白

紙，沒有電話，沒有茶杯，更沒有公文檔案。我直接問他為什麼辦公桌面上空無一物，他說不需要。台灣的政務官，公務之忙令人不敢相信，哪來那麼好命坐在辦公室與客人聊聊天即可。那一次的會談是希望美國出面帶頭為台灣出聲，幫助我們入WMA。他很爽快地答應了，並自動聯絡日本厚生省，請日本也出面。雖然歐盟他也聯絡了，我們自己也做了很大的努力，但還是沒法說動歐盟（歐盟採集團行動制，要全部同意才統一投票），可惜那一年入會還是失敗，但能夠得到老大哥出手拉我們一把已是感激不已了。同年的WHA會議，我們雖然不得入會，但在WHA的正式會場，我得以在WHO記者會場招待國際記者，雖然偌大的會場，去的記者只有一、二十個人，但台灣近代衛生歷史上，官員可以在WHO記者會場正式招待記者的也只有那一次吧。

另外一次的聯合國記者會，是在紐約聯合國本部。我於美東時間2003年8月6日SARS之後，應聯合國記者協會（UNCA）之邀，在聯合國記者協會會議室，就我國抗SARS經驗向該會會員及各國駐聯合國代表團做簡報，計有來自美國有線電視新聞網CNN、英國國家廣播公司BBC、哥倫比亞廣播公司CBS，以及英國金融時報、美聯社、路透社、德通社、朝日新聞、日經新聞、越南新聞等，近二十家國際媒體及多個國家駐聯合國常任代表及官員共五十多人參加。中國當然也向聯合國祕書長安南提嚴正抗議，幸好沒有任何阻礙。

也是為了遊說入WHO事情，我到紐澳去，在澳洲，一群親台的議員請我們吃飯，我當然要趁機說說話，其實那個時候大家都知道我們入會的機會是微乎其微，他們很好奇我們的執著與勇氣，見識「知其不可而為之」的精神。

外交戰果輝煌

　　另一件值得一記的是，拜訪巴布亞新幾內亞，這個國家一切都還沒進入狀況，但是為了希望他們支持我們入會WHA，也得放低身段去訪問。記得美國老富翁洛克菲勒大兒子在PNG墜機死亡但屍體找不到，據說是被當地人生吃掉了。我到了PNG遇到當地台商，問PNG是否還有吃人的現象，他說已經進步了，不吃Sa-shi-Mi，要煮熟才吃，並指給我看他車身上幾個槍洞孔，使我們在該國的幾天提心吊膽。大使帶我們去中國餐館吃飯，餐館前面還有二、三個武裝軍人及幾隻大狼狗看守。

　　另外一場外交戰，成果輝煌，是參與歐洲每年在奧地利Bad Gastein舉行的歐盟衛生政策年會（European Health Forum）。這個會是歐盟各國成員，定期在奧國滑雪聖地Bad Gastein舉行的集會，與會者人是各國衛生部長及國家首長、歐盟組織、WHO 歐洲醫藥界高級人員，層級很高，討論歐盟衛生政策性的問題。第一次參加是2002年，只有我、Y.H.及時任署立台北醫院副院長趙坤郁三人。趙副院長是我極力想培養接班的人，他說他從來沒這個經驗，想跟我去看看這種戰是怎麼打的。全部大會中只我們三個非白種人，在一群歐洲大官中穿梭來去，也引起不少人好奇，我們這一批人是來幹什麼的。我們硬著頭皮，嘴巴掛著不自然的微笑，到處插入人家的會談群，偶爾碰到很不切實際的問題，也厚著臉皮參加宴會。期間我們還利用中午時段（沒人要的時段）舉辦一小小報告，報告台灣愛滋病的管控情形（台灣因健保關係，愛滋病病人只要願意站出來，所有治療都是免費的）。要去之前我準備了一組powerpoint，小心起見又準備了一套投影片。因為我知道歐洲人對高科技的儀器經驗不是很熟悉，萬一powerpoint弄不好，最後可用投影片代

之。果然我的overcautions又一次奏效，救了當天的報告，不至於開天窗。其實我發現前來聽演講的人對我們準備的中餐興趣遠高於對台灣愛滋病之關心。最大的收穫是我想盡辦法與會長Professor Günther Leiner認識，為翌年的參加鋪路。

　　2003年我已離開衛生署，接任署長先是涂醒哲，其後是陳建仁院士，於是我帶陳署長再去打一次江山。有了第一次經驗，我們第二次就沒那麼魯莽了，也有一些去年認識的老朋友。為了使陳署長可以年年接棒下去，我儘量讓他打前鋒，我在後面出主意，於是歐盟衛生首長宴會就由陳署長出面，我沒出席，避免有太多人曝光。陳署長出場可圈可點，又建立了更多關係，奠立了台灣在歐盟國家衛生平台一席之位。不久，陳署長離開衛生署，剛好在國家衛生院衛生政策研究暨發展中心，我們國衛院衛政中心副主任郭耿南教授，慢慢加入我們，一起推動WHA加盟的工作。郭教授是由芝加哥大學回台的骨科資深教授，英文很好，專業學問也是國際非常出名的，我力勸他積極加入歐盟會議籌備核心單位，可以主動爭取到台灣主持的特殊時段。我們事先商討了與歐盟各國相較，台灣有什麼賣點可以推銷，結果我們準備了台灣受世人共同推崇的全民健康保險制度，2004年由郭耿南教授先向大會爭取機會報告這個題目。經過郭教授的努力爭取，我們在大會幾年來有兩次的報告、也參加其panel session。台灣醫事人員在異鄉居然打出一點名氣出來。郭教授與主辦單位因為工作關係變成好友，大會主辦人乾脆請台灣加入他們籌備的諮詢委員會共同籌劃，成為此歐盟衛生政策大會中的主要工作人員。短短二、三年前，我們幾個憨人，橫衝直撞進入與原本無關係的歐盟團體，如今變成他們爭相邀請參與研討會之國家，真是「辛

苦誰人知」。北京方面多次向奧地利政府抗議，但會長Leiner教授仍堅定立場讓台灣參加，在大會堂每年都會懸掛我們的國旗。郭教授在這方面非常努力地參與，直到今天，我們還是每年扮演著很重要的角色。多年的投資，最主要的目的是希望歐盟這十幾個國家一起投票贊成台灣入會，可惜歐洲的政治非常複雜，但我們卻因此結識了不少歐洲朋友。

立法院經驗

在衛生署短短兩年多時間當中，與立法委員的往來可以說是我人生中最不一樣的經驗。關於立法委員的一切，過去我都是從媒體及民間傳說中得來的，盡是負面的訊息。對於一向不看報、不看電視、不聽廣播的我來說，很多經驗都是一生第一次。現在回想起來，大致說來，立法委員待我還是相當客氣、相當友善的，這不但是我個人的感覺，很多朋友，尤其是署內同仁都認為是我運氣特別好的關係。為什麼如此，我也百思不得其解，有人說因為我是大學校長出身，大家不免尊重幾分；有人說我是慈濟出來的，台灣慈濟的人不下二、三百萬，慈濟會員睜著眼睛在看，如果他們的校長被欺負，這一、二百萬的選票是不能小看的；有人說我很老了（我是內閣人員中年紀第二老的），欺老總是不道德。總之，委員對我總是客氣三分，至今我還是感激在心頭。

有一次（2000年7月28日），記得是張蔡美委員，問我什麼事我忘了，她說我很頑固，問我是不是我怕丟烏紗帽？「烏紗帽」這個名詞在我出國前是沒聽過的，出國三十年，加上回國後一直躲在後山花蓮慈

濟。如果我不知道它的意思就無法回答委員的提問，所以我問她什麼是
烏紗帽？大家嘩然，有人認為我故作清高，其實不是的。張蔡美委員也
拿我沒什麼辦法。

另有一次（2000年9月26日），有二位女立委聯合質詢，澎湖許素
葉立委及台南縣的黃秀盈立委。黃立委及另一位洪玉欽立委都是台南縣
資深立委，認得台南縣曾有一位非常得人望的台南縣前議會議長廖乾
定先生，知道廖先生有個女兒就是內人Y.H.。或許因為廖先生過去曾照
顧過他們或者其他原因，他們對我這個不同黨的閣員比較關愛，因此諮
詢時對我特別客氣。許立委問我說澎湖醫療資源貧乏，健保費是否可以
只交一半？我不假思索回答「不可以」，因為澎湖醫療資源雖不如台灣
本島，但對他們有政府各種各樣的特殊計畫幫助，本島人卻沒有。如果
健保費依資源多寡而交，那南部各縣市資源少於北部是否也要少交？中
和、永和與台北市只有一橋之隔，醫療資源也不如台北市，健保費是否
也要少交？這樣全國會陷入沒完沒了的混戰，因此，澎湖少交健保費是
不可能的。二位委員聽到我的回答「不可以」之後，笑著告訴我：「署
長，不要說不可以，要說我帶回去研究研究。」於是我馬上改口「我帶
回去研究研究」，大家哄然大笑，這個老狗也是學得蠻快的。這二位立
委教我而不辱我，感謝、感謝。

跟上述這麼良性交戰完全相反的也有。有一次（2001年5月30日）
是環衛委員會與另一委員會聯合審醫院管理局，此會之委員我完全不
熟，當然也從沒向他們問候過。這次諮詢會，場上坐了一位立委朱星
羽，他一看到我，就莫名其妙地破口大罵，罵什麼我也聽不懂，只聽到
他說我從來不去他那裏溝通拜會，我當然連賠不是。衛生署駐立法院羅

木才主任更是低聲下氣連說是他的錯，沒有好好帶領我，一切疏失都是他的錯。朱委員還是繼續罵，就只差沒出拳頭打我。不久，有一位大概是朱立委助理來他身邊，低下身來跟他說了幾句話，朱立委就起身離開，並說對不起，他來錯地方，這個會議場所不是他要來的，難怪我這個首長他完全沒看過，我呢？摸摸頭，自認倒霉。

　　立法院文化之敗壞至此，國、民二黨都要負責，尤其是國民黨，長期多數的黨應該好好樹立典範。因此，我對另一政黨民進黨，有很深的期待，尤其是年輕專業的立委。有一次環保衛生委員會諮詢，一位年輕、專業又努力的民進黨立委諮詢時態度不佳，令我非常失望甚至憤怒，在台上我甩紙丟筆。下了台，他知道我非常生氣，也知道自己態度過份了，連忙趕來我的座位前賠不是，我說你們年輕人講話要客氣一點，我想專業上我可以教他至少十年，他不尊賢也要敬老。事後我很快遺忘這事，後來我們也成為好朋友。我認為他是台灣政界明日之星，力勸他朝公共衛生領域進修，後來他也利用空檔到美國哈佛大學研讀。在我要離開署長一職時，民進黨中央屢問我有何推薦的繼任人選，我都提議這位立委，後來他也被選為五都市長之一。

會內眾生相

　　立法委員雖然對我還算客氣，但多位委員對張俊雄院長卻言下無情。2001年2月20日廖學廣委員質詢張院長的語氣相當逼人，院長大怒，二人在議會大聲吵起來。3月2日也有一次，我忘了是哪位立委質詢院長，院長氣得面紅耳赤，我看事態嚴重，怕院長血壓會太高出事，電告台大醫院院長李源德，他派副院長陳明豐（今台大醫院院長）來立法

院，量了院長血壓，發現他血壓雖然還不算危險，但還是偏高，於是當場給院長降血壓藥服用。張院長為人正直，非常有愛心。他在2001年9月中曾引述一段令我非常感佩的一段話：「人要有勇氣改變可以改變的，要能夠寧靜接受不能改變的，要有智慧分別可以與不可以改變的。」善哉此言。前環保署長陳重信教授在他的名片也印上這句話。後來Y.H.告訴我這句話來自聖經，甘乃迪總統母親經常以這一句話教育子女們，也令我對西方文化之無知感到有一點不好意思。

　　應付立法委員是一門學問，我也找出一些撇步。我發現立委都很愛放炮，雷聲大，雨點不見得大，尤其很怕數目字。於是我想出了一招，就是把一些有關的數目字，寫在一張張小卡上，例如：台灣吸菸人口男性幾％，女性幾％，少年的幾％，諸如此類的數目字寫在一張張小卡上。每次會期前，我把這堆卡上的數目字重新背一下（對一個唸過醫學院的人，背這一大堆的數目字並不難）。立委一問，我就找機會把這些數目字丟出來，立委聽到具體的數目字都會止步，不再追問，因為他們認為我有備而來，不敢自曝其短，這一招屢屢讓我有驚無險過關。

　　立委依其好惡可以分門別類，有對健保特別有興趣的，有對藥價很關心的，有對中醫藥一直窮追猛打的，有對菸害很關心的。有些人對我態度特別友善，如靳曾秀珍委員，江綺雯委員、黃秀孟委員、鄭鈴蘭委員（都是女性，而且都是在野黨國民黨的），有碰到我就破口大罵的（如林惠官委員）。有一天中午，一美國議員打電話來討論我們的健保制度，一直讚不絕口。恰好林惠官立委來電，我不敢怠慢，請祕書接進來。同時接聽二個電話。林委員照樣莫名其妙地大罵我們的健保。所以我一隻耳朵在聽我們健保多好多好，一隻耳朵在聽我們健保多壞多壞，

真是會使人精神分裂。這是我們一個很奇怪的現象。一般來說我被痛罵的不多，比如藥價黑洞的，或有關健保IC卡製作的，但最慘烈的要算民進黨立委彭添富對黃富源副署長之質詢（2003年5月9日），這對黃副來說是決定性的一刻，使他毅然決然放棄接手署長之意願。我回國之後將其質詢稿要來看（立院每日都有詳細紀錄），讀完之後對其遣詞用字之厲，令人毛骨悚然，如果我是黃副署長我也會丟官而去。事後我打電話詢問當時立法院民進黨黨團負責人之一的沈富雄委員，他說立法委員本來就如此啊！何必太認真呢？（沈委員是我很尊重的台南一中我的後輩）。他都這麼說了，我還有什麼話講?! 只可惜國家憑空失去了一位非常好的政務官黃富源。黃富源副署長還有一段被人津津樂道之事，有一次我不在，他代我上台備詢，委員詢問時他拚命寫字，大家認為這個官員很認真，一直在記筆記，下台後人家問他在台上記什麼筆記，他答說他不是在做筆記，而是在紙上重複寫一個字「忍」，提醒自己絕不可爆發，要忍，一忍再忍。

擔任衛生署長，尤其是立院諮詢期間，我出了不少糗事。有一位姓蔡的TVBS記者，我要離開衛生署時把我答詢的電視紀錄剪集成輯給我，裏面有我初次備詢時，諮詢完了我還不知要下台，同仁提醒我時才下台的窘況。這位蔡小姐本來專修健保的，後來和我談到她的人生規劃，我說如果她是我女兒或妹妹，我會勸她離開當時的職場（新聞記者行業），她聽我的建議，我幫她申請出國進修。後來她由法國學成回國，我把她介紹到一間外國大藥廠工作，做得很好，現在在輝瑞台灣公司當公關主任。

立法院的經驗，讓我經歷了台灣政治文化醜陋之一面，也使我體會

到人性善及惡的深層，對我個人而言，我不知道這是一種成長或折磨，總之，我感謝有這一個機會。

上任不易，卸任更難

上任不到一年我就確切知道，署長這個職位的運作方式跟我過去的行事模式相差很大。其實，我知道我的好朋友在外面打賭，賭我署長做不了三個月就會離職，顯然這句話只對了一半。我不想做超過我原來訂定的規劃──二年即回大學。2001年1月，張俊雄院長下任，游錫堃先生接任，我就想趁這個機會不再續任衛生署長，我告訴了新院長游錫堃，他力勸我再做一段時間再走，我說趁這個時候下任，不要2002年暑假，我回大學又要找新任署長，並建議由黃富源副署長接任。但黃認為自己還不夠成熟，堅持不接，於是游院長又回來留我。2002年1月中，美國對台灣很友好的眾議員Sherry Brown來台，我跟外交部次長高英茂教授陪他去見阿扁總統。離開前總統抓著我的手說「辛苦了，歹勢、歹勢」。（顯然地，游院長有告訴總統我想離開的訊息）。高次長剛好在旁，他對我說：「你大概跑不了了，看總統的肢體語言很清楚，他不要你走。」

1月20日，游院長自總統府打電話給我，要我晚上六點半去他官邸，我準時赴約，他開門見山作揖，連說「拜託、拜託」，我還是力拒，相持不下，只好藉口回去考慮。當晚去聽台北交響樂團第一百場演奏會，encore時奏台灣搖籃民謠，想及外祖母經常唱的台灣搖籃歌，想

到台灣這個小島，心思澎湃洶湧，眼淚奪眶而出，當晚我坐第一排正中間，台上演奏家一定有人注意到台下這個老頭子流淚，我用手掩面假裝打盹。想到兩年前阿扁找我當署長，我猶豫不定中參加了一音樂會，聽到蕭泰然音樂1947序曲，也是臨門一腳，使我下定決心，撩落去了。

游新院長一批一批公布了新任部會首長，但衛生署長卻定不下來，這時外面已知道我續任機會不高。到了最後幾天，我乾脆躲起來，與Y.H.躲到北投春天溫泉，關掉手機等待暴風雨過去。後來準備擔任行政院祕書長的李應元找到衛生署署長祕書，告訴她國家要事，一定要知道我人到哪裏去了，找到我後，他做最後嘗試，電話長談了很久。最後他說了一句話：「老兄啊！讓小弟再拜託你一次。」這一句話讓我差一點掉下眼淚來。應元兄雖然比我年輕很多，但一生的奉獻讓我非常感動，於是我答應再考慮看看。他請我在隔天的記者會上出現一下，我就去了（1月22日）。他當場宣佈最後一批行政首長，包括衛生署長李明亮。我逃也無法逃，就這樣套住了。

又過半年，暑假到了，我要準備回慈濟大學上課了。6月7日，我與黃副署長提出書面辭呈，正式請李應元祕書長轉呈游院長。游轉呈陳總統，總統透過黃芳彥告訴我們，黃富源及我是台灣最後一道道德防線不可破。6月19日晚上，我又去游宅，他還是不放人，說「留不住這麼好的人是他的失職」，有這種領導人真感人。6月21日衛生署晨會我宣佈我將離開之決定，眾人黯然，後來黃富源副署長告訴我他昨夜與游院長談了一、二個小時，黃副告訴游他還沒準備好，無法接。6月25日，黃芳彥醫師來電說總統及游院長已談好我及黃富源副署長的事。結論是黃到6月30日止，7月1日起由涂醒哲接任副署長，9月1日涂再接署長。同

日游院長也來電說他很「嘸甘」我們二人離去,鐵漢也有柔情之一面。6月26日是我六十六歲生日,署務會議時我宣佈黃副將離開之消息,如同丟下一顆炸彈,我要黃說幾句話,他哽咽無語,我趕緊接下麥克風解圍,黃有一綽號叫「Wu-Si」(日語,牛也),平時豪邁,但也是性情中人。次日我們給黃副辦一告別party,我在會中說應該是黃送我走,現在反而是我送黃走。黃夫人說黃副昨夜一直練習要怎麼說話,講呀講他自己眼眶也紅了。就這樣黃副結束了二年一個月又十天的衛生署生活,我也和一輩子合作最愉快的工作伙伴告別。我們雖然不是一肥一瘦的王哥柳哥,但是合作無間,感情上如親兄弟。2003年SARS時候他比我先回行政院幫忙,再把我捉回去,到了SARS末期他真的拚老命在做,被我虧了幾次,我跟他說:「我比你年紀大那麼多,我還在工作,你卻連話也說不出來了,躲在角落休息。」他只是苦笑。後來我才知道他身體不適,其實他已發現得了攝護腺癌,但因怕影響到SARS團隊的工作,勉強撐著,到SARS結束時才開始治療。我非常內疚,生怕這個遲延會耽誤他癌症的治療,幸好其後一切順利。

黃副辭職的消息一公開,外面議論紛紛,大家問的是那李署長不走了嗎?只有一記者完全猜對,說黃副署長先走,表示李署長必走,因為他知道如果李署長先走了,他就跑不掉,所以他先離開。這個記者小姐頭腦非常清楚,但我完全沒理會她。

6月30日也是涂醒哲來接副署長的第一日。涂人很聰明,思路快,但易陷跳躍式思維,部下很難適應。我勸他話少說點,作事低調點,多誠意溝通,多拜訪各部會首長、立委等。為了要見證這段李涂會,我用了整個禮拜六早上和他談話,並請來他夫人。Y.H.也來,所以有四人見

證我曾努力過，涂及太太都頻頻點頭，聰明人一點就破。說完我就把衛生署交給他，當天晚上十點半踏上空軍一號專機與總統去非洲訪問。

曲折辭官路

我剛好有一朋友送的CD，是Sarah Brightman與Andrea Bocelli對唱的歌，其中有首「Time to Say Goodbye」，似乎在提醒我應該退的時候了。歌的故事是說德國拳王Henry Maske要打最後一役（1996），女友唱給他聽，要拳王這一役之後要退了，但據說拳王打敗了。我也覺得署長的生活對身體很不好，最主要的是我一點也不enjoy這種生活，二十小時的三萬五千英呎飛行，使我毅然下定決心。

在非洲我們訪問了塞內加爾、聖多美普林西比（Sao Tome & Principe）、馬拉威和史瓦濟蘭四個國家。7月9日離開非洲返台，又是在三萬多英呎高空，我要求扁隨扈說我要在機上和扁談話，我知道在機上他沒地方跑，所以在他頭等座艙會客椅和他談了四十多分鐘，我當然趁這個機會跟他報告我的計畫，一談再談，他還是不點頭，後來勉強說以後再議。我們也談到署長繼任人選，他說涂勉強可以接受，但交代我一定要提醒涂要「低調」。我告訴扁，此去半年健保會進入很難經營時期，面臨存亡之戰，提升費率逃不掉，要他有心理準備，他說一切尊重我的決定。回到台北後我很快告知署內親近的主管，我的去意已堅，已向總統告知。國健局翁瑞亨局長頓時眼紅，這位醫界的良知說我走了，他也會離開。一年前國健局要成立，四面八方推薦不少局長人選，我選擇了我一面也沒見過的非常虔誠的基督教徒翁瑞亨醫師。我毫無猶豫請他勉為其難為人民做點事。我離開衛生署後，他不久也就離開國健局，

出國進入神學院。

　　我的離去很快成為新聞，電視也出來了，電話不斷，只好關機。在立法院游院長也被質詢，他說真有此事，但慰留中。此言一出，引起更多疑問，甚至於電視台以此為專題大做評論，內容荒腔走板，非常可怕，連沈富雄、江綺雯委員都來電詢問。游院長認為這種負面消息有傷團隊，要我同意接受慰留，以免繼續發燒，我沒答應。媒體仍然追逐，甚至於說我與游院長因健保調升部分負擔，意見相左，憤而求去……這種說法，一點根據也沒有。

　　7月底一趟美國行，拜見美國衛生部長Tommy Thompson及美國援外署（USAID）人，也順道參加了第三女兒Mae的婚禮。8月中回台，馬上去見游院長，他說對我之求去他沒問題，是扁在留人。他也告訴總統我去意甚明甚堅，要他趕快找人。次日黃芳彥打電話給我，說扁還是不放人，我趕快請黃富源動員醫界大老遊說扁，早日定案。我在美國，黃富源告訴我說黃芳彥告訴他一切OK，後來我才知道，因為我曾放話，如果扁不放人，我會自美請長假不回台。我也找了行政院祕書長劉世芳，說如果不放人，我會撕破臉，棄而就走，因此，大家都鬧得有點不愉快，我更告訴黃芳彥我不再談去留，只談移交。黃告訴我說，扁說自己很可憐，並說閣員大多像縣太爺，像李署長這樣的很少，也埋怨我不給他更多時間。

　　8月22日，傍晚六點半，我帶Y.H.到總統府見陳總統，黃芳彥醫師也在。我帶Y.H.去是要總統知道我講的話是真的。我採取的策略是以攻為守，我一直講話，不讓他有講話的機會，以免被說服又留下來。我告訴總統：第一，任職二年是當初約定的，現在慈濟大學課都排好了，非

回去不可。第二，我的年齡、身體狀況已無法負荷衛生署繁雜的工作。去見扁之前黃富源前副署長教我說，說話懇切一點，哀兵會有效，他當時也是用這方法離成的。總統聽完之後，首先肯定我的工作表現，用了「絕對肯定」四個字，使我嚇了一跳，以為要強制留我下來。幸好他接著說如果他不顧別人之健康，只顧自己，就不是好的領導人，終於勉予同意，還與我跟Y.H.拍照留念。困擾我半年多的事情終於拍板定案。

　　次日，我電告游院長與總統報告之結果，並商討宣佈下台日期。我說不希望在8月27日之後，因為8月27日有反健保示威遊行，若在此日之後會變成我是被迫下台的，游院長同意明天（8月24日），由衛生署宣佈，行政院確認。8月24日辭職聲明正式出爐。媒體大為震驚，他們以為這是一相當倉促、並有賭氣成份之決定。我當時說了一句頗為真實的一句話：「政務官最大的困難是實話不能說，謊話說不出來。」這一句也引起媒體的熱烈討論。事後一偶然的機會與黃芳彥談起，他說看了報導，甚為錯愕，認為這句話如果非出自我口，有可能成為一政治風暴。Y.H.問我這一句話是實話還是謊話，我不知所答，她說應是廢話。其他媒體上有少數人批評說，健保漲了價，我拍拍手不負責任就走，我都不介意了。接下來三天我打包、收拾私人東西，如有人問起，我只答絕非被逼退。報上出現了幾張我的照片，Y.H.說我笑得很自然，很久不見我笑成這樣了。8月30日署內告別party，我告訴所有的人，我已經回到以前真正的李明亮，非常感謝署內同仁。我說山不在高，廟不在大，人跟人相處也不在長，有情就好。晚上衛生署同仁在國賓飯店宴請我，好多同仁都紅了眼。我請他們不要再叫我「署長」，更不要叫我「死長」，我在我的日記上寫上一個字「fini」，結束我人生中非常重要的一章。

　　在衛生署服務總共二年三個月，比我預期多了三個月，當時我說唯一的遺憾是我是歷史上衛生署長任命最短的一位。雖然如此，我服務過三位行政院長（唐飛、張俊雄及游錫堃），以後的署長一個比一個短命，就是2008年政黨輪替之後，未滿三年也換了四個人。人說上山容易下山難，我說做官不容易，辭官更難。

永不落幕的衛生署

　　2000年5月20日，我單槍匹馬入衛生署，連機要祕書都沒帶。2002年8月底我又單槍匹馬離開衛生署。我認為只要真誠待人，每個人都可以成為你的好朋友。我一直很小心的就是，我不願意無緣無故的被捲入衛生署的財務困境。衛生署光健保局每年就有四、五千億，加上三十六間的署立醫院也有數百億，這中間當然存在著無數的陷阱。我小心翼翼地走，一再告訴署內的人，我一身清清白白，有點窮得不好意思，但我絕不願意在人生的最後一章被金錢玷污上，因此我每有機會便告訴手下的人：「每一樣事情我都可以cover（維護）你們，唯獨金錢不乾淨我絕不同情，而且我會積極介入幫政府處理，不手軟，不護短。」至於行政主管的特支費我完全不介入，交給祕書，以前署長怎麼做就怎麼做，該付的就付，不該付的就不付，不夠的由我的帳戶拿，剩下的可入我的帳戶，她們有我的印章、帳簿。二年下來，我不知道我戶頭裏的進出，完全信任手下的人。有趣的是，2011年6月10日我收到最高法院檢察署的一封信，說我的起訴撤銷了，奇怪的是我什麼時候被起訴的？從來沒

通知過我被起訴，也沒有查問過我任何問題，沒被起訴怎麼會有撤銷告訴呢？原來是這幾年為了政務官之特支費吵得沸沸揚揚，後來通過一法，把這件事當做是歷史共業不追查了，因此告訴撤銷。我看被撤銷之名單，歷任署長大名都在其上；政治真是荒腔走板。

衛生署對我個人而言，可以說是全身而退、完整的落幕，但對衛生署而言卻是永不落幕。衛生署的工作攸關二千三百萬人，由未出生到死亡之後，衣、食、住、行樣樣都有關連，是一不折不扣的地雷署，光食品一樣，什麼時候會爆出一個塑化物或其他可能的毒化物沒人可以預測。近幾年幾乎一年一署長，消耗之速，沒一政務官可比。想到不久之將來，衛生署與內政部社會司合併，工作會更繁雜，不曉得哪一位孫悟空可以掌控這個新單位。

對於衛生署的同仁，我只有感恩再感恩。在短短兩年三個月中的署長期間，我與衛生署的很多同仁建立起很深厚的革命感情，如祕書王婉貞和馬月燕、會計主任張瑋、公關的潘姐、衛教的徐雪瑩等，都成了好朋友，更不用說各局長及處長們。我下任後，每年逢我生日，多位署內好友都會聚在一起，一同吃飯為我暖壽。2006年，我七十歲生日，我跟Y.H.去樂賞基金會認捐劉岠渭教授音樂講座有關貝多芬第九交響曲（合唱交響曲）送給諸位好友，當做這交響曲主旨四海兄弟的一份感謝。我真誠祝福這些老戰友健康、平安、快樂。

1. 衛生署長交接。左一，前副署長
   楊志良；中間，行政院院長唐
   飛，2000年5月20日。
2. 署長辦公室，2000年10月。

1. 第一次行政院院會，2000年5月20日。
2. 與衛生署同仁合影於阿里山，2001年。
3. 與前段二位副署長及夫人。前排右一、二：黃富源副署長及夫人，後排張鴻仁副署長及夫人。
4. 與後段二位副署長及夫人。右一、二：副署長黃富源及夫人，左一、二副署長楊漢湶及夫人。
5. 世界藥理學會理事長，丹麥Peter Kielgast藥師夫婦（右一、二）訪台，2001年5月。

4

5

6

1. 與Y.H.代言宣傳器官捐贈，2001年。
2. 關懷婦女健康，與Y.H.記者招待會，2001年。
3. 向許文龍創辦人借用的義大利Antonio Stradivarius大提琴，是三百年老琴。
4. 國民健康局成立紀念合照。前排（坐者）左八：陳水扁總統，左九：作者，右六：新任局長翁瑞亨醫師，2001年7月。
5. 訪GSK藥廠總裁Andrew Witt，於新加坡，右一為衛生署藥政處長蕭美玲，右二是A. Witt，右三是台灣GSK總裁黃秀美藥師，左一為Y.H.。
6. 張俊雄行政院院長訪衛生署，2002年。

1. 全民健保IC卡製造團隊，左三為黃茂雄董事長；左五為張鴻仁健保局總經理，2002年。

2. 健保IC卡製作完成，卡號第一號是陳水扁總統，2002年。

3. 日內瓦當地報紙嘲笑台灣代表。巨人（中國）前面的小傢伙是台灣代表，2001年。

4. 日內瓦世界醫師大會。左一美國衛生部長Tommy Thompson，宣佈支持台灣以觀察身份參加WHO，2001年。

5. WHO記者會議廳，招待世界記者，2001年。

1. 訪美國衛生部部長Tommy Thompson辦公室，坐著為作者，後排站立者左邊是Thompson部長，右是Y.H.。
2. 向美國國會議員遊説，讓台灣參加世界衛生組織，前排左一：前外交部次長高英茂婦人，左二：楊黃美幸，左三：新澤西州參議員索拉茲，右一：Y.H.；後排，左二：楊次雄醫師，左三：前外交部次長高英茂，右一：作者。
3. 日內瓦湖邊，與Y.H.，2001年。
4. 世界醫師學會會長，瑞典Dr. David訪台。
5. 第二十二屆亞太聯合醫學會，日本竹見醫學講座得獎演講，2001年11月10日。

1. 與阿扁總統在空軍一號。
2. 與Y.H.和總統，攝於總統府，
   2002年8月20日。
3. 義大利電視台接受訪問，
   2001年。
4. 為花蓮原住民民進黨立委候
   選人陳信義花蓮助選。
5. 婦女健康檢查宣傳，左二為
   蕭薔，左三是榮總吳香達教
   授。

1. 台灣民主國國旗，收藏於台北博物館。
2. 辭衛生署長當天，左一靳曾立委，左三 Y.H.，左四為當時陸委會主委蔡英文教授。
3. 離開衛生署歡送宴會，2002年8月。
4. 辭衛生署長，行政院一等功績獎章典禮與 Y.H.合照。
5. 辭了衛生署長，難得一笑的Y.H.，2002年8月。

1. 老二康舟結婚，2001年5月12日。

2. Y.H.於義大利Padova，Scrovegni Chapel，參觀Gioto壁畫，2009年6月。

3. 學姊（周炳明教授夫人）吳秀惠醫師訪花蓮，2006年。

4. 三千金，攝於老二結婚時。右：老大，中間：老二，左：老三，2001年5月12日。

V｜後衛生署時代

SARS給了我一個很重要的啟示是：

流行性疾病是國家安全上很重要的一環。

處理不小心，一個國家可能就從地球上消失。

我深刻地反省，將衛生安全是國家安全這個觀念提到抬面上來，

尤其是希望當政者不分黨派都要有這個警覺之心。

我也深深體會到疫苗是防疫中的最主要武器

一個國家應有大量製造疫苗之能力，

因此大力促成國衛院內疫苗中心之成立。

完成階段性任務之後，我繼續衛生外交工作，

並成立台灣健康服務團，有計畫地從事國際醫療援助等等。

國家衛生研究院

國家衛生研究院（國衛院）的主管機關是衛生署，署長亦是財團法人國家衛生研究院董事長，當時國衛院院長是吳成文院士。吳與我從學生時代就相識，二人曾經合作研究過，是無所不談的老朋友。2002年4、5月我卸任的意願已決，同吳院長談起，他問我卸任後去何處？我答回慈濟大學教書，他問我可否考慮到國衛院去。國衛院管全國醫學研究，其中有一單位「論壇」，負責檢討台灣衛生政策。當時論壇總召是醫界祖師爺大老宋瑞樓院士，他因為年高體弱，很想退下；吳院長找不到願意接任的人，因為宋院士坐過的椅子沒人敢坐。吳院長問我可否接任，我在資歷上當然沒有宋老師的分量，但在年紀上也算得上當今醫界的長輩了。

我一直覺得台灣衛生政策決策的過程過於草率，必須要經過科學的處理才可以成為政府的政策，這一點吳院長也同意，於是我決定卸任後去國衛院接宋院士的缺。吳院長也同意我將論壇擴編為一政策之研究及開發的單位。同時吳院長也同意我一星期有一天回慈濟大學教書，但我得尋找一位副總召兼執行長。因此我開始與醫界接觸，物色我的副手，後來我想到在芝加哥大學資深骨科教授郭耿南，長期以來他一直關心衛生署合作醫事人員制度問題，我打電話徵詢他的意願。他思考之後答應回來，我們二人很快開始籌備中心，二年後中心正式成立，命名為衛生政策研究及發展中心，同仁開玩笑地縮短其名為「胃發炎」中心，正式把台灣衛生政策之決策步上正軌。這個中心全面規劃台灣醫事人力，台灣緊急大醫療災害之因應計畫及指揮系統之架設、菸害防治、國際醫療

等大工程。開始幾年由我掌理，2006年我七十歲，正式退休，由郭耿南教授接任主任，大力拓展這方面的工作，而且成效卓著。2011年，郭教授七十歲正式被要求退出，中心頓時失去重心，不久也被裁減併入另一單位，好不容易建立起來的成果似乎煙消雲散。我一再主張的全民健保的研究機構，最理想的是由此單位來負責，但現在似乎一切都得從頭做起。台灣做事最可憂的是沒有恆定性，好不容易建立起來的制度，常常在最短期間內人去政息，實在可惜。

來勢洶洶的SARS

2003年4、5、6三個月，台灣經歷了歷史上最猛爆的公共衛生事件，全國陷入風聲鶴唳，危機四伏中。我受游院長及陳總統之徵召，擔任此疫作戰總指揮，與一群自動加入的戰友共同渡過平生中最恐怖的幾個禮拜。如今回想起來，餘悸猶存。事後很多人討論此戰中的英雄，有人自認功在自己，我則認為根本沒有什麼功臣之類的人，如果有的話，全民才是共同勝利者。至於我本人，我常說我只是決定開會的時間及地點而已。我認為我唯一做的工作是把零零碎碎如爆竹般的火花集中起來，把零星燃燒的柴捆綁起來，一起燃燒，一齊發光，如此而已。

在SARS期間我說了一句影響台灣社會最大的一句話。我接任後大約二個星期（5月24日），我注意到台灣社會已經慌張到隨時可以崩盤，街頭行人銳減，餐館更是乏人問津，面對著社會這麼負面的現象，加上疫情已略為控制，我做了一個非常重要的決定，也是豪賭，在對台

灣公衛的信任及社會可能之危害，我選擇了讓社會安定下來，讓它有機會提早復元，於是在參考了手上所有的疫情資料之後，我開了一個記者會，宣佈「可以恢復正常生活了」，當天晚報及次日早報，首頁都以斗大標題揭露這個訊息，一時社會沸騰起來，快速恢復之前榮景。有人問我什麼是「正常生活」，我說該上課的去上課，該上班的去上班，該做什麼事就去做什麼事，但不要無謂地聚集於公共場所以免被感染。當時政府也非常驚嚇（我過於大膽疏忽，也沒跟院長或總統報備就自己宣佈了，不該！），如果疫情因此重新燃起，那我切腹十次也不算過份。

　　SARS之疫雖然短短地只有幾個星期，但因為兵慌馬亂，很多所做所為都非按牌理出牌，非常非典型作業模式，因此在SARS期間甚至於過後不久，社會上有諸多不同見解，也有頗多誤解。不久，7月25日我在《自由時報》寫了一篇〈非典型委員會〉的文章，今收錄於下：

　　2003年5月5日因游院長電召，我由美國回台。早上七點抵中正機場，帶著行李就直接進駐到在愛國東路的行政院衛生署大樓，衛生署同仁已把我的臨時辦公室準備好（是李龍騰副署長辦公的地方）。當天早上我去見游院長，院長除了告訴我要我負責抗SARS工作之外，給我看了一委員會的組織架構圖。我的第一印象是委員會名稱怎麼會這麼長：「行政院嚴重急性呼吸道症候群防治及紓困委員會」，二十一個字，真夠非典型。粗略一看，從行政院長、副院長起，幾乎涵蓋了所有的部會，陣容之浩大也夠非典型。

　　第二天陪同院長、副院長、祕書長去總統府見總統，在座的除了總統之外還有呂副總統、邱益仁祕書長等多人，經過將近二小時的討論之

後，總統指示由我擔任「委員會副召集人兼防治作戰中心總指揮」，這個頭銜也是怪怪的，哪裏委員會內又有作戰總指揮，這也不是很典型的。次晨，行政院院會通過這個委員會總指揮的任命，院會後馬上召開記者會宣佈。整個的過程前前後後不超過四十八小時，非典型的快速。

此後這個委員會指揮部開始驚心動魄的幾個禮拜。首先，我需要一群工作團隊。行政院衛生署全體同仁當然力挺，各部會也派人相助，但現有體系在此非常時期不足因應，因此我需要一群「外籍兵團」、「外勞」。在我回來之前，已有前衛生署黃富源副署長及前台大醫學院謝博生院長的參與，專家委員會裏也已有陳建仁院士、蘇益仁教授及台大感染科張上淳教授。隨著，疫情急速上升，台北淪陷，WHO宣佈台北市為旅遊警示區，台大醫院急診處關閉，美國撤僑，萬華華昌國宅爆發疫情，高雄長庚及南部其他醫院陸續淪陷，疫情幾乎無法收拾。在這中間我不得不招攬更多「義勇軍」加入防疫作戰，於是在最短的期間內有中研院的何美鄉研究員、民進黨副祕書長李應元、前二位健保局總經理賴美淑及葉金川、陽明公衛的黃文鴻教授、特地由美國回來助援的郭旭崧教授、高雄榮總的顏慕庸醫師，以及其他更多的醫師。最令人感動的是有退休的高級公務員（趙秀琳前處長及劉丹桂參事）從一清早到晚上三更半夜，每天跟著我四處跑。這個非典型的雜牌軍居然集合了前後三位衛生署署長（本人、涂醒哲署長及後來出任署長之陳建仁院士）、六位副署長（現任的二位，以及張鴻仁、黃富源、葉金川及賴美淑四位），有擔任過大學校長的（本人），有擔任過醫學院院長的（謝博生教授）也有擔任過公共衛生學院院長的（陳建仁院士），有中央研究院研究員（何美鄉教授），有國家衛生研究院研究員（蘇益仁教授），有前後健

保局三位總經理（葉金川、賴美淑、 張鴻仁），有醫界董事長（蔡長海），有北市、高市衛生局長（後來的張衍及陳永興）。台灣醫界、公共衛生界從來沒有在這麼短的時間內動員過這麼多的國內一流高手，加上行政體制內的同仁（包括台北市歐晉德副市長），大家形成一生命共同體，合作無間，日夜打拼，真是難得的「景觀」。值得一提的是在這中間，我們經常有一批一批來自WHO及美國疾病管制局（CDC）的專家，每天在一起工作，合作至為愉快。

我們這個「雜牌軍」真的是匆促成行，沒有時間找工作的地方，沒有上、下班，沒有時間填表格，也沒有時間採購任何東西。在那遍地烽火的時刻只有不顧一切，全心抗煞。幸好我擔任過衛生署長，與衛生署同仁相處愉快，他們提供了各式各樣的支援，包括多位秘書、汽車（含司機），甚至於提供我在台北的臨時住處（是向文建會陳郁秀主委借的官邸）。最有趣的是我們這一群義工，因為沒有固定的工作地方，白天各人回到各自的工作地崗位，有的則到各醫療院所、或到機構查巡或協助解決疫情問題。晚上大家又回到中心來，就如一群奇怪的動物，白天消失無蹤，入夜又一個個跑出來，而且生龍活虎。

委員會的工作模式除了沒有固定的工作地點、人員之外，每天八點鐘開始例會，首先是醫療及疫情小組（衛生署）人員先進行檢討有關業務，尤其是每天疫情之報告及分析；九點起則是跨部會的工作協調，經常參與例會的是內政部、國防部及陸委會。早期來的是各部會次長，其後疫情趨緩則各派代表參加。其他部會有經濟部、新聞局、教育部、交通部、退輔會、法務部等單位的人。第一個禮拜，這個團隊在衛生署十四樓會議室舉行，沒有掛任何牌子，外面的人以為沒有一個團隊，像

防災中心那一類堂堂皇皇的指揮中心，因此部分大學校長在報紙上聯合發表了一份建言，建議我們要設立，我們也從善如流，在CDC（疾病管制局）地下一樓設置了一臨時場所。本來應廣為宣傳說是什麼中心，但是因為是以前就有了，只是沒有掛牌而已，所以只把它稱為聯絡處。這個委員會的第七次會議就成為此聯絡處（指揮中心）的第一次會議。在我們這個國家，實質的東西似乎不大重要，要的是看得到、聽得到的表面事物。

例行的會議之後，我們每天早上十點左右都有一個記者招待會，報告疫情進展以及一些新的決策，或已定政策的修正或調整。十一點左右，開始分道揚鑣，核心團員共十幾個人，到晚上才又集合在一起，通常是在行政院SARS例會（下午六點半～八點半）之後。我們自己的會通常從晚上九點鐘開始，快的話十一點，慢的話午夜結束，有一次晚上十點半就提早結束，十一點回到家太太還怪我這麼早就回家。

核心人員之夜會是整個委員會最重要的時刻，每人有一整天的工作要報告，有隔天的工作要商討，有十分火急的、有牽涉至為廣泛的，就是沒有一樣是輕而易舉的。晚上，經過一整天的奔波，大家拖著一個疲憊的身軀，有的眼睛都張不開了，但不少還是精神抖擻的。最有趣的是我們沒有固定的開會地點，不是在衛生署署長室就是在會議室。在署長室裏只有一個小白板、小會議桌、一套沙發，十來個人坐在一起，經常有三分之一到一半的人在打電話或接聽電話。電話有日內瓦來的、有美國來的，國內有上自總統、院長的，下至各醫院各醫師的，總之，所有問題都非得馬上解決不行。就在這個看起來極端沒有秩序的會議中，一群台灣醫界、公衛界的菁英有條不紊地做出結論，找出隔天要做的事

項，分配好哪一位明天去哪裏，哪一位明天要做什麼。會議沒有議程，沒有記錄（後來有簡要記下來），沒有表決，沒有決議，只有腦力激盪及共識，很難相信台灣的SARS疫情就是這麼解決的，而且只用了短短幾個禮拜。

這個非典型委員會還有一樣非典型，自開始到結束沒有發過一份公文，也沒有刻過任何圖章，而由衛生署等單位正式發文，所使用的經費亦由衛生署代勞，沒有支付過一分半毛錢給任何人，每個人自第一天，一頭栽進去，到最後一天，不分白天夜晚，不分週日週末，只有工作工作工作，顧不得繁文縟節，奇怪的是這樣的做法居然也行得通！

我們這個團隊5月7日成軍，疫情於一個禮拜之後，5月13日達到頂峰（這中間一個禮拜的病人是5月7日之前就感染的）。幸運地自此之後，疫情持續下降，病例日日減少，疫情明顯趨緩，進來的資料分析也知道疫情已有相當的把握，都在掌控當中。十天之後，5月24日我正式向社會說了這次疫情期間影響最深遠的一句話「民眾可以慢慢恢復正常的生活了」。當時說這句話我個人也做了一次豪賭，眼見社會上人心極度慌亂，百業蕭條，路上行人稀落，商店與餐飲店鮮人問津，如果這麼持續下去，國家的損失將無法估計，未來也不知怎樣恢復。但是如果民眾太早失去警覺，疫情再起，那也無法向國人交代，我切十次腹都也無法謝罪。可是決定還是要下，幾經思考後我終於在這個團隊工作僅十七天之後（5月24日）說了那句話，幸好老天保佑使我們安然渡過。我想當時不少人，包括陳總統及游院長都捏了一把冷汗。現在回想起來，能夠讓國家提前一、二個月進入恢復期也是很好的。

5月28日（團隊工作三星期後），每日病人數進入世界衛生組織

（WHO）可以接受的範圍（每日平均少於五人），準備向WHO申請除名，自此委員會進入此次抗疫的另一個時期——與WHO層層交涉的時期。6月8日，我們幾乎沒有病人了，向日內瓦之WHO提出申請除名，經過一而再，再而三，資料一補再補，終於在6月17日台灣從世界旅遊警示區除了名，如釋重負，也算對國人有一交代。此後又經過了二十日的零病人時期，台灣終於在7月5日正式從WHO疫區除名。

委員會結束了，來也匆匆，去也匆匆。SARS像一場西北雨，突然間霹靂嘩啦來襲，瞬間又雨過天晴，但是對我們國家的損失不可說不大。如果我們這個民族要在這世界上存活下來，狂風暴雨當可給我們重生的滋潤、勇氣及智慧；如果我們是一個不能永續生存的民族，這場風暴不過是噩夢一場而已。

後記：這次本人有幸參與台灣醫界、公共衛生學界歷史上最快速、最大的動員，打了一次最猛暴的戰役，心裏有無限的感激，有數不完的人我要道謝。這個團隊的人我來不及一一說聲謝謝，也來不及互道珍重，就已各奔西東，不見蹤影，多麼非典型！在此本人謹以「珍愛台灣」四個字相送各位工作同仁，並默禱祝福。最後再次謝謝陳總統及游院長給我這個機會為大家服務。天佑吾土吾民！

關於SARS零零碎碎的事，我曾於2009年發表一小書《SARS過後》（非賣品，可向歐巴尼基金會索取，電話是：02-2356-8251），不再在此贅述。寫這書心裏的感觸也蠻深的，謹將該書序文轉錄於下：

一晃眼，SARS（Severe Acute Respiratory Syndrome，嚴重急性呼吸道症候群）迄今已經五年了，或許不少人已忘記當時聞煞色變的驚恐場景：只要有人一咳，周遭民眾無不掩鼻，快步離去，全民陷入風聲鶴唳的恐懼之中。五年來，不少人撰寫相關SARS的文章，但似乎都不完整，有些甚至不正確。

這幾年來，許多朋友都希望我能寫一本回憶錄。但我一直不認為，在這件事我有資格寫回憶錄，我真正相信，我是一個極平凡的人，SARS給我一個機會做一個知識分子應該做的事。說白了，自己並沒有什麼了不起。因為SARS已經過去五年多了，歐巴尼基金會想要有完整的紀錄，不少友人勸我把我的那一部分寫下來。

但我只寫了兩三頁，就提不起精神來。我隨即發現，隨著時間流逝，我對SARS的記憶也愈來愈淡，如果真的要寫什麼，就必須趁早。幸好，我有寫日記的習慣，對於當時抗煞防疫的過程情節還有所本。只不過，當時抗煞實在太忙了，日記所記載的內容常有疏漏之處，且不是每天都寫，日期、時間、地點可能有些出入。但還是可以成為撰寫回憶的依據。最近詳細閱讀日記，部分內容竟然自己也模糊了。

SARS結束之後，行政院成立了歐巴尼基金會，我被任命為基金會董事長，基金會著手整理當年參與抗煞的人員資料及相關過程，促使了我靜下心回顧此事，這也是我寫此書的原因。

這場抗疫戰爭從開始到結束，只有短短兩三個月，但對國家、醫界、公衛學界都有深遠的影響。根據學者統計，SARS對國家經濟影響高達數百億元，中研院社會所研究公布台灣社會消費減少了兩百三十三億元，財物損失高達了一百六十二億元。但我不知道，也沒能

力去估算確實的數目字。

事實上，連SARS死亡人數也有爭議，甚至自我矛盾。到底有多少人中煞，多少人過世，也沒有一個確定數目。由於診斷標準不斷地修改，連台灣向世界衛生組織（WHO）的通報數目也前後不一，因為在SARS爆發初期，WHO對SARS也沒有一個確定的診斷標準。

加上病情發展需要到一定程度，診斷才能確定。有些病人死亡原因並非是直接由SARS引起，而是其他疾病，如高血壓、糖尿病。在SARS期間疏於照顧而死亡的人，又該怎麼歸類呢？所以數目一直在修正。而且診斷標準一直在改變，光是suspect（疑似個案）、probable（可能個案）、pending（未決個案）等人數的前後不一，自我矛盾，確實讓人覺得一團亂。主要原因是未決個案的累積，當時衛生署疾病管制局長陳再晉，他是一名很優秀的胸腔內科醫師，但堅持己見，不輕易相信其他專家的診斷，每個病例都要由他審查X光，才做最後的確定。但他又沒有足夠時間親力親為，以致病例教人釐不清頭緒。

我接任不久，見情況不對，請他在一個星期內解決此事，不能再拖延下去，在專家學者的協助之下，共同討論確定分類未定個案，才算順利解決。不過，到了現在，似乎連死亡人數、感染人數都還有爭議。

SARS官方有不少官方記錄，中央健保也有完整的紀錄〈SARS防治工作報告〉一整套，共有十多冊。疾病管制局也有〈抗SARS關鍵紀錄〉及一部完整的論文集（SARS in Taiwan- One Year the Outbreak），衛生署也製作了一本〈台灣抗SARS記實〉。不同單位、不同的人，從不同的角度，自有不同的看法。寫這本書，目的並不是要追究責任，也不是要為歷史下定論，而是要檢討從過程中學習到什麼。書中內容不可

能百分之百的正確，因為一半憑記憶，一半靠日記，主要為當時的個人感覺。身處混亂中，人都會有情緒，不代表總指揮所說的就是最後結論，也非絕對的真理。

此書還有很多疏漏之處，例如，SARS初期，與WHO交涉的過程，陳再晉局長曾向世界衛生組織發出至少五封信，這些我都沒有參與。SARS結束之後我即離開團隊，衛生署在事後也做了不少所謂「後SARS」時期的重要改建工作，讀者若是有興趣，則需另找文獻。總之，台灣醫藥界、公共衛生界在歷經了這一次浩劫之後，可說是「打斷手骨反而勇」，也使得我們對未來更有信心。

本書分為兩冊，一為本人的回顧，一是當年有關人物的採訪。在我的部分大略是依照日期做縱式回顧，遇到特殊事件，則跳躍日期，所以會顯得有些亂，因為我想不出來更合邏輯的表達方式。

此書另外一個目的就是感謝及紀念當年曾經一起抗煞，並肩作戰的伙伴們，讓所有國人知道，就是有了他們的奉獻、牲，台灣才能安然度過SARS一劫。如果其中漏提了某些人，還請包涵。如果我的言語失真或有不敬之處，敬請見諒。

最後我要感謝最要感謝的人——我的內人廖雅慧。當衛生署長，她是背後推手；任SARS總指揮，她也是背後的推手。在SARS期間，每天回到家，雖然只有幾小時，她總是把一切事情處理得很好，累到話也說不出來，是她鼓勵我繼續撐下去。SARS末期，也是她說：「讓我們回家吧——花蓮。」

SARS期間有一個小故事，我至今沒告訴過任何人。有一個晚上，

我到國泰醫院報告流病狀況。演講前有一小女孩，十三、十四歲左右，帶了一袋東西給我，裏面有好幾個大玻璃瓶，個個裝得滿滿的紙折成的各式各樣的小星星及小動物（日本Oligami）。她說話很慢，又不清楚，醫院的人告訴我她智商有點遲緩。這些小東西只有一、二公分大小，要非常用心才折得出來。她告訴我她很害怕，每天要看我電視上的報告才可能安心上床，所以每天折。這些小東西至少有好幾百個，可能上千個，令我非常感動，也感受到自己肩上的責任。SARS之後，我搬了幾次家，清了不少家裏不重要的東西，但這幾瓶玻璃瓶我一直都保留存著，時時提醒我自己社會的責任。

很多國內外朋友問我，我們從SARS學到的東西是什麼？我都以最簡單的文字回答：「謙卑而已。」SARS讓我們深深感覺到人類是多麼渺小的物種，即使最微小的病毒，隨時都可以把我們消滅掉。當時我最大的恐懼是一旦SARS失控，全部崩盤時怎麼辦，一天數以千、萬人死亡，台灣將會從地球上消失。我常想超大火若失控，到頭會只剩下一途，就是一直讓它燒，燒到自然停止，之後再回去看剩下什麼。有什麼，就是什麼。好在台灣安然渡過，是上天保佑，是我們的福氣。

SARS期間，國內外捐了很多錢，專款專用要為SARS有關者使用，但因為SARS很快就解決了，所以這一筆錢來不及使用。SARS結束之後，政府無法使用，所以游院長成立了一基金會，名之為歐巴尼基金會（Urbani Foundation），以紀念發現SARS疾病的人，義大利醫師Carlos Urbani。這基金會是半官方性質，有基金三億三千多萬元。有十一位董事，五人由政府官員擔任，五人民間選出，游院長就指派由我擔任第一任董事長。這派任來得很突然，事後游院長才打電話給我道歉

說沒事先經我同意，後來我聽說有人在爭此缺，游院長怕夜長夢多，速戰速決之。這個基金會運作多年，主要工作是與傳染病有關之預防工作，尤其是教育，我們偏重偏遠地區之防疫及醫學教育，進行得很順利。這個基金會因名字很不尋常，有過不少笑話，有人問歐巴尼基金會與美國總統歐巴馬有無關係，有郵差來送郵件，會問說這裏是否就是歐尼巴基金會。

　　SARS中間，因為實務上的需要，陳建仁院士成為抗煞重要成員。當時缺署長人選，我介紹總統陳院士是最恰當人選，雖然是研究教授院士，非醫師出身。台灣衛生署長一向由醫師出任，所以這個安排可以說打破了慣例。在外國衛生部長經常也不是醫師出任，例如日本、美國歷任部長都非醫師，打破這個觀念對台灣醫療之未來當然會有重要影響。

　　2012年，美國出版了一本書《*Spillover*》（David Quammen, N.Y. Norton），描寫人類歷史上九大人畜共患症（zoonosis）如何由動物宿主溢出到人類，包括愛滋病等，其中有一部分詳細記載SARS疾病驚天動地橫掃過人類。我有機會身歷其境，有驚無險平安渡過，心裏上非常感謝陳總統、游院長給我這個機會服務台灣社會，非常感謝。

SARS的重要啟示

　　SARS給了我一很重要的啟示是：流行性疾病是國家安全上很重要的一環。處理不小心，一個國家很快從地球上消失。這一點，老實講，我當了署長，當時以及之後，我都沒有意識到。於是我深刻地反省，將衛生安全是國家安全這個觀念提到抬面上來，到處宣導這個觀念，尤其是希望當政者不分黨派都要有這個警覺之心。2006年10月31日美

國國土安全部（Homeland Security）在夏威夷召開了以衛生安全為主題之「亞洲、太平洋洲多邊國土安全高峰會議」（Asian-Pacific Homeland Security Summit）。我國駐夏威夷代表王贊禹先生爭取了一個機會，由我代表我國出席並做專題演講。菲律賓由國防部長代表出席，講的是貧窮是一切動亂之本，我則講公共衛生在國家安全之重要性，以台灣過去幾十年之成效及SARS為例。很多人都贊同，並得到很大的回應。主辦單位之一，美軍太平洋海軍總部司令還開玩笑說夏威夷州應該頒給我榮譽州民。

在這會中，我還得到了一令我吃驚的消息。會中貴賓有一位是美國反恐專家，Rohan Gunaratna。他手上有一百五十部塔利班教戰手冊。我有機會與他認識，並一同進午餐。餐中我問了他一個在我心中久久的問題：「台灣一直是美國小老弟，美國做任何事我們都舉雙手贊成，包括各種反恐措施。這種態度會不會激怒恐怖份子，有機會也想順便教訓教訓我們？」這個無心的一問，卻得來一令人驚奇的答案。他說在美國九一一事件之前，恐怖組織有四個方案，其中一個目標是台灣。我嚇得幾乎說不出話來，馬上再問他如果我們邀請他來台，他是否可以來台一趟向我們政府說明，他答應了。回到台灣之後，我馬上找好友國安會副祕書長王西田先生報告此事，他說他們已注意到這個人，並答應儘速邀他來台。2007年4月，Rohan來訪台，在國安會演講，我剛好有事前安排好的會議不能去參加，但國安會安排我在福華大飯店與他共進早餐。我問他上次他告訴我的事，我可以不可以在台灣公開發表，他說可以，並說可以揭露消息來源，將他名字公諸於世。之後我將此事寫成一篇文章準備投出，但因為怕引起太大衝擊，造成社會不安，我先寄給王西田

副祕書長看。他的意見是暫緩。我覺得我有社會義務將這件事公諸於台灣社會，所以記之於上。

台灣的疫苗事業

經過SARS一疫，我深深體會到疫苗是防疫中的最主要武器，可以救人民於萬一。SARS如爆發大流行，所有醫事機關無法防守，只有靠疫苗把守最後一關。因此一國家應有大量製造疫苗之能力。所以我任署長，以及後來在國家衛生院任職時，都大力促成國衛院內疫苗中心之成立。其中經行政院謝長廷院長及經建會協助，我們終於在竹南國衛院院區建立了疫苗中心（Vaccine Center），這個中心負責國家重要疫苗之研發及小量疫苗（戰略疫苗）之製造，但距離大量量產尚有一段距離。2005年世界上出現一種非常可怕的新流行病──禽流感，是經鳥類媒介的流行性感冒。在越南、印尼有小規模的流行，死亡率高到60-65%，這是多恐怖的數目字，這表示如果有一百萬人感染，六十至六十五萬人會死亡。那時唯一可以治療的只有一種新藥叫克流感（Tamiflu），是美國Roche藥廠製造的，但產量很少，雖其效果也被所質疑，全世界搶購。我們因被排除在國際衛生團體外面，採購排序上遠遠落後，一旦有事，一定無法搶購到。於是我們就決定自行製造，雖然這是違反國際藥品專利法的。國衛院很快就製造成功（小量製造），接著希望能大量生產，這又是另外一層次的難度，國衛院與台南神隆藥廠合作生產，整個決策過程我都與國安會的王西田副祕書長保持聯絡。最後決定大量生產

時我向王副祕書長說，如果有一天需要上國際法庭時，我會代表台灣出席，而我只會講一句話：「我們台灣人的生命是比大商人賺錢更重要的。」我們終於得到了國安會的首肯，從事克流感之自我開發製造。

藥物治療當然重要，但更重要的是預防於其未發，因此疫苗為上策。台灣不幸，過去大量流感疫苗製造都沒成功，國衛院之疫苗中心也只做到研發及小量生產，大量製造還是不行。2007年一天，中央研究院的何美鄉教授帶了台灣一直嘗試做疫苗的公司——國光生技公司董事長廖繼誠來找我，希望我接掌國光生技公司。這個公司歷史相當長，但一直停留在動物疫苗階段，或是所謂偏遠疫苗如熱帶性疾病、蛇毒抗劑等，對於大量製造可能來襲之大規模爆發疾病如流行性感冒之疫苗，尚無法做到。一開始我拒絕，後來疫苗界的人跟我說，目前台灣可以救國光者（國光正從事流感疫苗之嘗試）唯我一人。我再三考慮，發現可以做這一大工程的人真的寥寥無幾。最後我去找經建會主委何美玥（前經濟部長），問她願意不願意再投入國家資金，幫忙解決國光的大量資金需求，她說如果國光維持現有的董監事結構，經建會的錢不會再投入。我問她何種條件之下國家會再插手，她指著我答：「你介入國光，國家才會幫忙。」但我還是不想進入。當我回答何美鄉教授我沒意願時，我聽到電話那邊何教授那種失望的聲音，令我很感動。心想，這位「外省囝仔」對台灣那麼關心，我有什麼理由不關心（後來我才知道何教授是三芝不折不扣的台灣囝仔，只是北一女出身的她說得一口標準國語，讓我以為她是外省囝仔），我於是答應接手，隨即馬上投入流感疫苗建廠工作。

其後，近乎一年，我奔走於台北、台中之間（廠房在豐原潭子），

因為實務上的需要我們與七個國家合作建造，包括台灣本身，合為八國聯軍，這中間牽涉到國際合作廠的籌資等等，真是萬分艱難，因為深恐來不及應付蠢蠢欲動之流感，疫苗之製造廠成為迫切需要（這理論有人不贊成）。其中值得一提的是中宇公司之配合建廠，令我非常感激。國光因籌資不是很順利，一直欠中宇好幾億，中宇杜金陵董事長背著被股東責罵不收帳的罪名相挺。我則以個人名義，要求被欠債的人，看在我的面子上繼續配合建廠，款項以後絕對會付。沒想到我在2008年3月，為了代表台灣去聯合國開記者會，在紐約代表處出館後，被一快速騎來的腳踏車撞倒，頭部撞到路邊混凝土而失去知覺，被救護車送到紐約大學急診處後發現顱內大量出血，送入加護病房。其後在紐約女兒家休息了四、五個禮拜。眼見國光建廠刻不容緩，經與神經科教授賴其萬商量之後，他派了一位神經科專家尤香玉醫師赴美，帶著藥物陪我坐頭等艙回台，回到台灣後馬上又投入建廠工作。我家住新生南路三段一大廈，一樓會客室成為國光臨時會議室，一級主管都來我住處開會。我忍住劇烈頭痛及頭暈主持開會。這種作業模式只過了一、二禮拜，我就知道無法支撐下去，會誤國家大事，不得已辭掉董事長及執行長職務，改聘前署長詹啟賢接任。移交時建廠點交完成85%，我正式退出疫苗的製造。雖然壯志未酬，也算替國家完成一階段性任務。

國際醫療援助

自從擔任衛生署長之後，我一直參與衛生外交工作。起初為的是要

得到各國支持台灣加入WHO，為此我拜訪了五大洲——亞洲、美洲、歐洲、非洲、南太平洋洲，訪遍了無數有邦交、無邦交國家。最有成績的是我遊說了澳洲國會議員們，向他們動之以情，激之以義。他們問我台灣入會之機會近乎零，為什麼我還要去他們國家遊說？我回答：「台灣是西方文明孕育出來的一個民主小國家，我們二國（台、澳）有共同的文化，有相同的核心價值、共同的理想及信仰，我們都尊崇自由、平等、民主、共和，如果我不來找你們要找何人？」他們甚為感動，說我如果去澳洲競選國會議員一定會當選。不幸澳洲政府動也不動，繼續反對台灣入會。

最恐怖的一行是到巴布亞新幾內亞之行，這個國家總理據說很容易收買，但我們沒有走這一途，政府之遊說如預期無成果。最有趣的景觀是史瓦濟蘭的王妃群，國王宴請我們時（國宴陳總統），王妃九個人長桌一字排開，我連忙拿起照相機猛拍照為證，回家給Y.H.看。現在聽說已經不只九個人了，至少有十四個人了，我不知道史國國王體力怎麼那麼好。

卸任署長後，我繼續做這方面的工作，也參加了一些未開發國家的義診。漸漸地我對台灣對外的醫療服務工作有些想法、看法及做法，我也一直提供政府做參考。其中，有幾點可以在此提出：一、國際衛生工作是以外交為主軸或是以人道為主軸，政府往往遊移不定。我當然反對將有限資源用於經常罵我們的國家如巴基斯坦，但我一直相信唯有以人道為主才能得到真正的友情。二、幫助醫療基層之建設工作應該重於一時之義診工作。教人釣魚總是比釣魚給人吃好。三、零星個別援助仍舊不如區域性整合援助，所以援助中美洲、南太平洋洲諸國應有以區域援

助的構想。

　　台灣的醫療援助非常廣泛，近年來有九十多個國家間接、直接接受，經費達四、五億美元，但經常陷於欠缺整合的經營，國與國之間，醫院與醫院之間，彼此不通訊息，導致資源之浪費，效率不佳。經過幾年之溝通，我們終於成立了一平台——台灣健康服務團（Taiwan Health Corps, THC），這是以美國和平工作團為典範，是以民間為主，走入基層的模式。這團體的目標是提供一平台供政府與民間、國內與國外團體溝通之用，目前工作重點以印度之藏胞屯墾區、尼泊爾、中美洲及太平洋諸國為主要地區，但很快地就會普及至其他地方，包括非洲點滴藥廠之建立；初步受到社會很正面的回應，也受到政府積極的支持。除了幫忙對方建立良好的基層醫療建設之外，我們還訓練他們的醫療工作人員，現在已有藏人醫療人員在台灣接受訓練。我們也希望培養我們下一代的人，從事國際人道援助工作。為了進一步了解印度藏胞之醫療環境及需求，我於2010年底也到印度藏人流亡政府首都達蘭薩拉（Dahramsala）拜見達賴喇嘛，希望可以為這一位偉人做一點事。

　　國際醫療上我們經常會碰到很困擾的事情。在醫學上最基層的醫療叫primary care（一級診療），難一點的病後送到大一點診所或區域醫院，稱secondary care（二級診療），最嚴重的疾病送醫學中心，稱tertiary care（三級診療），所以愈嚴重疾病之處理，愈在高級數地方。但是傳統上我們以為一級診處遠比三級診療好，因此造成很大混淆。有一次醫界大老宋瑞樓教授在演講中提到醫學中心為三級診處（tertiary ccare center），坐在身旁的幾位記者小姐頻頻搖頭說宋教授怎麼會犯這個錯誤？這種錯誤經常可見於我們社會。例如傳染病等級分表，在台灣

總共分六級，第一級最輕，情況愈嚴重級數愈高，升級到最嚴重是六級疫情。反之，在中國總共分四級，最輕之流病是第四級，特別重大者為一級。連我們經常在注意疫情者都會錯亂，老百姓更會愈聽愈糊塗。美國的分級、歐美各國的分級也都不一樣，流病是世界各國都關心的，希望WHO統一分級，令各國可以相互比對。

「可以恢復正常生活！」李明亮此話一出，受到各大媒體重
視，給予大篇幅報導。

1. SARS期間宣佈可以恢復正常生
活，2003年5月25日。
2. 總統府動員月會報告SARS疫情。

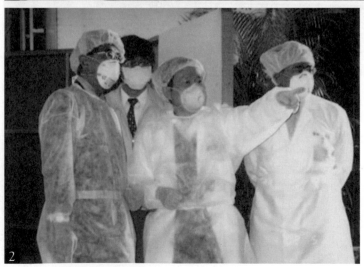

1. SARS初期指揮中心之晨會，右一：陳建仁院士，右三：總統府祕書長陳哲男，右四：陳總統，右五：行政院長游錫堃，右六：副院長林信義，2003年5月19日。

2. 查巡萬芳醫院，2003年5月，左一為作者，右一為今衛生署邱文達署長。

3. SARS除疫，與行政院游院長舉行記者招待會，2003年7月6日。

4. 行政院院長游錫堃贈送紀念品，顏水龍瓷雕，2003年7月9日。

5. 國家衛生指揮中心（NHCC）成立，與陳建仁院士（左二）、衛生署侯盛茂署長（右二）及疾病管制局局長郭旭崧（右一）合影，2005年1月18日。

1. SARS結束後行政院感恩茶會，2003年7月9日。
2. SARS結束後行政院茶會，與Y.H.合影，2003年7月9日。
3. SARS後，新書《回首SARS》發表會，左邊小女孩是SARS高峰時出生的，老大悅舟的二女兒Charlotte，2007年。
4. 赴SARS後在聯合國記者協會演講會，右為台灣駐紐約代表夏立言，2003年。
5. 聯合國記者協會發表演說。

邀李明亮演說抗煞經驗
聯國記協不畏中國惡勢力

台灣經驗 聯國分享

1、2. SARS後，總統贈予勳章，2003年9月25日。

3. SARS之後，阿扁總統頒發勳章，與SARS團隊合照。2003年9月25日。。

1、2. 老三結婚，2002年8月10日。

3. 老三結婚時全家合照，左一、二：
   大女兒夫婦，左三：Y.H.，左四、
   五：老三夫婦，右一、二：老二
   夫婦，右三：作者，2002年8月10
   日。

4. 訪印度泰姬瑪哈陵（Taj Mahal），
   2006年12月。

5. 訪巴布亞新幾內亞，我右手拿的是
   真手槍，2007年5月。

6. 訪日本京都，2009年4月。

7. Time to Say Good-bye，日本立山黑
   部，2010年。

VI｜生命觀

當我走到生命終點，
那個時候我一定還不知道我來自何方，
也不知道要往何處去。
我不要任何追悼會，更不要大人物來演講，
我只要有一個小地方，有好的音樂設備，
我會事前剪接一些我最愛的音樂，片片斷斷連結起來，
大聲播放，讓大家在音樂中珍重不再見。
我想，上帝也會給我鼓掌。

我的人生觀

一個人可能生在富有家庭，含金湯匙而來；也可能生在家徒四壁的貧窮人家庭，三餐不繼。一個人可以生來天資聰穎，舉一反三、過目不忘；也可以天生駑鈍，一事無成；一個人可以生在高度文明的社會，優質的成長環境；也可以生在戰亂不斷，永無寧日的社會。

回台灣之後，每年暑假我們都會回美國。小孩子會去海灘，每次我注意各種各樣人群，有男有女有小孩有老人，甚至於經常看到身障人士，也看到唐氏症人，但就是極少看到黑人。因為在海灘上嬉遊的人代表一群生活還過得去的人，經濟上有餘力的，但有些人就沒有這個機緣，因此長大後我們就很少看到黑人泳將，這也是這一群人先天短困的地方。這些都是未生之前上帝就安排好的，你沒有商討、妥協的空間，簡單地說，即是命運。這命運是無法改變的，無論你如何努力，你流的血永遠是父母給你的血、給你的基因，你只有接受這大框框與你一輩子共存。

在無法改變的大框之內有無數的小框框，例如求學、建立家庭、發展事業，這些小框框就是你可以揮灑的空間，你的生命是可以創造的。一個人不能改變自己命運，但是可以創造生命。這二立足點是我一生經驗之總結論。

1963年我到美國不久就拿到紐約州駕照，第一個週末，我就獨自一人開車到麻省波士頓哈佛大學醫學院。當時我想如果我是出生在這國土，這個學校應該是我畢業的地方。我在校園逗留了半小時，我就決

定揮揮手，毫不猶豫離開它，因為我很快領悟到這是我大框框以外的地方，沒有什麼值得留戀的。

我出生在二次世界大戰中的日本殖民地——台灣。我當了日本帝國二等公民八、九年，這是我不得不接受的大框框。我有不錯的基因，生在一個中等小康的家庭，在戰亂中長大，這也是我的大框框，我毫無妥協的空間。在這空間內我認真求學、選擇不一樣的專業。在學校中我專注於生物分子的研究、DNA遺傳問題之探討。由分子出發，其後我發覺更重要的是人，所以我由試管生涯（基礎醫學研究）轉入臨床疾病之研究，面對的是人的個體、對於個體之照顧。其後我進一步領悟到更重要的應是培養更多治療人的人，於是我轉入教育界，成為醫學院院長、大學校長。但是教育還是有其侷限性，止於一時，止於一校，於是我轉到更高層，政府衛生單位可以主導整個國家人民的醫療政策。由於踏入政府組織，我參與了自己國家以外其他國家人民的健康，更進一步踏進了國際醫療衛生之研究及行列。

在有形無形中，我一生居然有一大主軸，沿著這主軸而移動，由單純的分子研究，轉變到國際人民健康之關懷，可以說一路走來，始終不如一。這與現代人常引以為傲的一路走來始終如一，似乎有完全相反的律動。如果說後者是堅持原則的人，我就是最不堅持原則的人。但原則的堅持有不同的層次，例如自甲地到乙地，一個原則是走最短的路，此路之外一概拒絕；另一個原則是要盡快到達乙地，因此不管路途多遙遠多曲折，都可以走，也必須要走，只要早一點到達，這是另外一原則。每個人都有自己的原則可以堅持，大可不必跟他人相同，如果異於他人，也不必自責。我的始終不如一，是我一直尋找我自己的結果。

不碰酒，也曬不得太陽

我一生最大的遺憾是不會喝酒，不知何故，家人有這一個不可恭維的基因。

醫學院畢業前一夜，我的論文指導老師潘以宏教授請我吃飯慶祝，他帶我到西門町一日本料理店，問我要不要喝酒。我告訴他我家裏沒有一個人會喝酒。他說啤酒酒精含量很少，何不試一試？！我就要了一瓶啤酒。喝了大約三分之一杯，我就覺得身體不適、噁心，於是提議回宿舍。我連奔帶跑回到宿舍，找到水池，哇一聲大吐一場，當晚身體開始發紅疹（urticaria），全身癢得受不了，過了幾天才好。

1964年到杜克大學小兒科當住院醫師，每個月有一次所謂的journal club，是論文研讀會，通常有準備一些小點心、冷飲及一大碗punch（冰塊＋水果＋一點點酒），沒有酒味，我也要了一杯。沒多久，我眼視線開始模糊、頭痛，於是我跑到洗手間，照了鏡子，發現面頰赤紅、二眼佈滿了血絲，我就知道喝到酒了。我連忙跑回去，問了主辦人，他們答說：「啊，只有一點點，根本談不上什麼含不含酒。」這時我才知道我敏感到可以當生物試劑：看一件東西有沒有含酒精。他們連忙送我到急診處，打了一劑血管收縮劑（epinephrine），馬上奏效，當晚也沒有起疹，所以我也知道以後要怎麼治療了。

酒精的代謝很簡單：由乙醇（ROH）到乙醛（RCHO）到乙酸（RCOOH），氧化過程經過二酵素，我的問題是處理乙醛不佳引起之副作用。這個先天性欠陷，有人說反而是好事，保證我不會變成酒鬼，或酒精中毒，但我卻不同意這說法。每次社交場合我都要花大半天向人解釋為什麼我不喝酒，人家也經常以一種驚奇的眼光看著你，似

信不信。後來我乾脆向人要茶或是可樂，加點水，沖淡一點顏色，手上就拿著一杯不大正統顏色的假酒，在人群中穿梭，面部帶著一股得意的傻笑。雖然解決了一些窘境，但我還是覺得這是我人生最大的遺憾，沒有辦法享受李白酒杯上的樂趣。記得1972年我們到德國慕尼黑（Munich），往火車站走去，還不到車站數百公尺前就聞到酒味，因為有不少人到火車站喝酒，在路上走來走去。車站裏可以買到500西西的大酒杯，而且到處是大酒桶，自己裝，要喝多少就喝多少，我則到處找可樂。這種遺憾也是很少人可以體會的，我願意以10點IQ去抵換這喝酒的能力！

與此類似的是對陽光之過敏，一曬皮膚就癢。中學時打網球因找不到球場，常常利用中午，日正當中，大人不用球場時，我們小孩子才可以上場使用，也沒什麼過敏的問題。當了兵，不分日夜在戶外也沒覺得有何不適，奈何到美國一年突然變成千金小姐，見不得陽光，平添生活上不少麻煩。

每次去美國，小孩子邀我們到海濱去，遺憾的是出生於熱帶海洋國的我居然曬不得太陽，但是也不願意讓孩子及孫子們失望，還是「忍痛」參與。到了海濱，我全副武裝，長袖上衣、長褲子、大頂帽子，如一海濱怪獸，躲在影子底下或陽傘之下，不是下水游泳（我泳術非常差），而是靜坐在那裏，不是看人間百相，而是看世間人相，欣賞各種各樣的人體變異。我發現到，不分年齡、不分種族，人體形狀怎麼都走了樣，尤其是長寬之比。上帝造人設計是完美的，為什麼會走樣到這個程度？這個變異，可以說完全是人為的。人體長寬比之失調最主要的是油脂過多，多則滿，滿則溢，溢則流，流則崩，崩則潰，潰則回去見上

帝。上帝的設計完美中總會留一些欠口，讓我們自己跳進去，難怪台灣女人平均每人一生中有十七年在減肥，減肥似乎是人生必經之路，上帝要我們回去，總要留幾條路子給我們走，如是，我們也只好欣然接受了吧。我對酒精之過敏及特異之體質，讓我有機會對人生有更深一層的認識，也可以說是額外的收穫。

今年（2013）孫子們由美回台，我帶他們去宜蘭冬山河親水公園，見到年紀小小的小孩，已經有三分之一進入胖子的行列。我當署長的時候，曾經有一段時期想強力介入，禁止學校出售糖分超過一定含量的冷飲，鼓勵小孩子以水代之，但是在法律上站不住腳，也可想像利益團體的反彈，所以我一直沒有實行。我相信這些小胖子半個世紀之後，個個會在特殊門診進出，應該也會大聲指責當年的署長或是小兒科醫師，為什麼沒有阻止他們的壞習慣，讓他們慢性中毒？他們是可以告當年的署長失職的，只是那個時候我早就離開，他們也找不到怨主了。

我用五十年在尋找我自己，雖然我不知道最後是否尋找到我自己，但最少我試過了。雖然我不知道成果是好、是壞，最少我創造了我的人生。每個人都可以創造他自己的人生，是好、是壞都掌控在自己手中。我們同班同學有一半畢業之後陸陸續續出國，且大部分都到美國去了，很多都是比我優秀的，無論是學識、能力都是在我之上。而這些同學差不多都退休了，或者是已經半退休了。很多人都曾經有過回台灣服務的念頭，但都不得其門而入。經常有同學問我是怎麼回台灣？我也沒什麼特別祕方或撇步，一切都好像有人事先安排好的。所以說命運是不能改變的，創造的層次可高可低，但每一成果都可能是璀璨的。就如一棵樹有分枝，每一分枝再有分枝，愈分愈細；但每一小分枝都可以有其尖

端，有機會享受到最多的陽光，大可不必一定要是中間、最高、最頂尖的那一個分枝。

不斷流動的中心思想

我出生在一非常幸運的家庭。父母親給我一個完全不用擔憂經濟的環境，雖然不是家財萬貫，但是我最少沒有任何經濟壓力。我遺傳了一套中等以上的基因，使我學習時候又快又省力。我常想我有三世積來的德，我可以是一樂觀主義者，但我給自己的答案似乎又是相反的。

有一年夏天在女兒家，偶然看到電視報導有一個十二歲小孩子與物理學教授在爭辯量子物理（Quantum Mechanics）之事。量子物理是二十世紀愛因斯坦之後物理界一重大支流。我沒有修過這一門課，但我自己看了這方面一些書，對於物質（matter）組成之粒子（particles）及其間之相互作用我也沒完全了解。一個十二歲小孩子不但了解它，還可以與物理學專家爭論，令我很慚愧。於是我開始查起書來，到書店買了本哥倫比亞大學的物理學及數學教授Brian Greene的書，《*The Elegant Universe*》（優雅之宇宙），才知道困擾了愛因斯坦幾十年得不到解答的所謂統一場論（Unify Theory）之答案。翻開書來，居然看到一把提琴及其弦振動之圖解說明：愛因斯坦之地心引力（gravity）及量子物理二者之統一學說（雖然還沒有完全被確認），稱為 Superstring Theory（超琴弦理論），即物理界數不盡之基本粒子都是如由一小段不停抖動的能量弦線構成，而各種粒子彼此之差異只是這弦抖動之方式與形狀之不同而已，所有粒子都是質地相同的弦。我因此回想起在距我們普林斯頓家不遠的Mercer Street 12號，愛因斯坦苦思了二十年含恨離開不可解

之祕，現在終於有人提出了解答。令我很難想像的是這個基本數學及物理的問題，居然可以用我所喜愛的琴弦之振動去了解，並稱之謂String Theory。

人的中心思想會不斷改變，未回國前我告訴自己回台灣要堅持三不：不打小白球，不打麻將，不唱卡拉OK。回台不久，有一晚宴，有朋友一直強迫我要唱卡拉OK（他醉了），我推辭不行，公開吵起來，令現場甚為尷尬。回到台灣之後，我發覺我的想法很不切實際，不少好朋友都會做上述的三不，我也慢慢可以接受了。代之而起的三不慢慢改為不看報紙、不看電視、不聽廣播。原因是我發現電視、報紙說的很多皆不是事實，或者已經受到扭曲。當署長之後，慢慢地我也會看電視，尤其是運動節目、紀錄片，也很喜歡聽到不少人批評我們的笨政府。現在我的三不是不違反自然、不反對抽象（abstractism），以及不相信中華文化——太狠太假太虛偽太殘忍。

自然（nature）不但不要反對，不可以反對，而且是要被愛的；認識自然的這過程是要看、要聽、要思考。抽象，以前我不知怎麼愛法，年紀愈大愈能了解愛因斯坦年輕時為什麼那麼欣賞抽象，宇宙的抽象，音樂之抽象，人腦之抽象，可以連結成自然最美的東西。

我過了七十歲思想才漸成熟，也才慢慢定型下來。對於抽象我可以領悟，也體悟到抽象不是虛無漂渺的，是超現實的。宇宙至高無上的美是愛因斯坦所謂的絕對的美（absolute beauty），而這絕對美是科學與哲學很harmonious的妥協，其終極之境界是抽象之實在。慢慢地我也更進一步去追尋，去思考這絕對之美之物理及化學之基礎（physical and chemical basis），是那一條路可以引導我們到此抽象的極

限？對我來說，我同意笛卡兒（Rene Dercates, 1596～1650）的想法，即音樂是數學的一部分。我也一直相信答案應存在於數學及神經科學（neuroscience）上。我深信神經科學是通往人類至高無上認知的唯一法門。很可惜，這一道門要再等一、二百年才可以開啟，而我活到那個時候的機率不會高於零。

我常說我活了五百歲，因為我活過的四分之三世紀，這世界的變化比之前五百年的變化更多。一個人由明朝活到清末看到的世界變化不見得比我多。我坐過牛車、騎過陽春腳踏車，後來由簡陋的汽車到火車、到噴射機、到高鐵。記得我到劍橋時他們給我看一台電腦，佔去了一個小房間，是二次大戰末幾年，MRC之J. Kendrew教授等幾人用來計算肌蛋白（myoglobulin）結構的東西，現在放在手掌上的電腦比那電腦功能更大更好。人可以登陸月球，去其他星球。坐在你的小房間內，按一下手上的按鍵，便可以把十萬八千里外躲在山洞裏的人消滅，這是完全不一樣的世界了。我想我祖父做夢也想不到會有這麼大的改變，這不是三世修來的福嗎？

健全的悲觀主義

不管一個人之大框框如何、小框框如何，他一定要面對生、老、病、死，這是一條無法避免之路。而無論是生、老、病、死每一階段都是苦的，二千五百年前的釋迦牟尼佛就悟出這真理了。用現代科學的觀點來看，人因不斷受外界之影響，是一open system，人是大自然的一部分，因此會遵循大自然之法則。大自然之基本法則其實很單純，就如愛因斯坦所言，自然傾向簡單的對比（nature prefer simple ratio），所以

最最基本的法則是很簡單的，很自然的。自然的法則是什麼？

1. 宇宙整體而言（in it's totality），是一封閉的系統（closed system），因為沒有新的能量再加入（no new energy is injected into it），但是地球卻不是一close system（因接受外來之能量，如太陽能）。

2. 宇宙的entropy（熵）是持續在增加中（steadily increasing），終歸會導致於宇宙熱之死亡（heat death），因此entropy在沒有外加的影響下是單方向的，永不自動減少。

3. 宇宙之能量總含（total energy content）是恆定的（a constant），而總entropy這無法應用的能量是永遠在增加的，所以有人說要看木星上有沒有有生命的東西存在。最好的方法是去尋找其entropy有在減少或倒反中（reversal of entropy）。

4. 演化（evolution）基本上是複雜性之增加之過程，因為生命代表著entropy之減少或者是隨機（randomness）之減少。

所以任何解釋生命現象都不可違背上述的基本的自然法則。從entropy的觀點出發，生命同時有二道力量在交互作用，自胚胎到個體之成熟（包括腦組織發育完成），可以說是randomness一直遞減，也就是entropy之持續減少。另一力道是entropy之不斷增加。當後者增強到超過前者之力道就是死亡的開始，其終點是entropy達到極大限（maximum）。Entropy之減少是違反自然的，但其顯明的原因是有外來能量之注入。1935年諾貝爾得獎人Erwin Schrödinger 說有其他的法則（other laws of physics）在運作，而當這個other laws被揭開時，這個paradox我們知道它也是會回歸到自然的基本法則。Entropy可以是無

規則（disorder）之累積，因此老化（aging）可以了解是身體之entropy之增加。自另外一觀點看，生命之axiomic consequence是一entropic prorcess，是time-dependent、irriversible之過程。所以無論是生、老、病或死，其過程是單方向的，而其推進的力是entropy的累積。Entropy會不斷累積，但有一個極限，自然的歸宿是推展到最穩定的狀態，即entropy之無限大。最簡單的例子是生命的過程有如積木之累積，每積一層，entropy增加一分，總有一天entropy會增加到系統無法負荷，而整個積木垮下來，使entropy增加到無限大，即最穩定的物理狀態。因此崩潰是一必然的終結，是生命中intrinsic的一部分。上述這個道理我思考了幾十年，直到有一天在一偶然機會我看到Schrödinger之小書《*Whati is Life*》（1944年出版），他也是以Entropy解釋生命：

Entropy=k log D，或 −（entropy）=k log（1／D）

k=Boltzman恆數，D=disorder，因此1／D=order，他又稱之謂negentropy，負entropy。但是Schrödinger沒有延伸到entropy之歸屬是毀滅。雖然我慢了Schrödinger六、七十年，慢了佛陀二、三千年，但我很高興可以在他們二者之中找到一接線。也令我想到聖嚴法師說的有關宗教的一句話：「所有法門都是一致的。」科學所有的思維也有其共同之處。

我相信生命是生物、化學、物理之偶然，是自然的偶然。後來我在看Schrödinger生平的時候，也看到這一位理論物理學家對生命的看法。他說生命不是單純物理、化學反應之總和，心靈也不單純是電化學命脈

之總結（Life is more than the chemical and physical exchanges, the mind is more than the electrochemical impulse）。

知道了Schrödinger的想法之後，我憂喜參半。喜的是我這個小人物，自己憑空亂想推演出來的東西竟然與大物理學家相似；憂的是這個entropy學說很可能是不成立的，因為如果是正確的理論，這六、七十年來早就出現了，但是我沒看到，同時我也沒看到推翻這個理論的論述，可以說這個理論沒受到大家的接受，只是一個泡沫而已。如果是這樣，那我的想法不也就是泡沫一個，只是慢了幾十年而已。

大框框既然不能改變，生命的終點又是毀滅，那人生的本質自然是悲觀的，這是第一層次的人生觀。但是在小框框就不同了，小框框是階段性的，局部性的，因此未必要遇到終結點，即毀滅可以是不見到的，自然地我們就可以創造自己的空間，而且這空間可以是無限大的，是每個人都可以擁有的，這也是人類文明的大方向，每人盡量去做，去創造人類的文明，即使其存在的時間不知有多長，但至少在我們有生之年是可以存在的，所以我是一健全的悲觀主義者。這一點我不否認尼采（Friedich Nietzsche, 1844～1900）對我的影響。

不久之前，我重新看了一次卡爾維諾（Italo Calvino, 1923～1985義大利人，住古巴）之書《給下一輪太平盛世的備忘錄》（*Six Memos for the Next Millennium, 1988*），他談到五種不可缺少之文學價值——輕（lightness）、快（quickness）、準（exactitude）、顯（visibility）、繁（multiplicity）。他說整個世界都在硬化成石碩，一種緩慢的石化過程。生命存在的沉重必須以輕盈的態式來承擔（引自吳潛誠譯文）。這使我想起另外一本書，捷克作家米蘭．昆德拉（Milan Kundera）《生

命中不能承受之輕》（*The Unbearable Lightness of Being*）苦澀地承認了「生命中不可逃脫之重」。對卡爾維諾來說，「輕」伴隨著精準與確定，而不是模糊或隨興。空與實體是一樣的具體，而深思熟慮之輕可以使我們承受不能承受之重。

人類的文明是所有個人創造之總合，長久長久之後，文明的終結自然也是毀滅，因為毀滅之總合還是毀滅。人類的文明終歸毀滅，宇宙亦然。但期間，以我們生存的尺碼來量，是無限的，宇宙之終歸毀滅是幾億萬年後之事，因此我們可以不必去擔憂它，也就是說健全的悲觀還是值得存在的。

以上的論述，也許大家會認為我是一無可救藥之悲觀主義者。非也！上帝為了要彌補大框框之終極毀滅論，賦予人類創造小框框近乎無限的能力。這些個別小框框創造之總合，可以匯成一股足與大框框毀滅相抗衡的力量，形成一微妙的平衡。每個人都應該好好運用其潛能，創造生命之極限。

我與科學／哲學

我一生可以說遊走於科學與哲學之外緣，一輩子以懷疑的眼光透視形而上學，metaphysics。亞里斯多德認為Thales of Miletus（希臘，624～546B.C.）是西方哲學之始祖，始終以科學的演化去解釋神話，他是天文學家、幾何學家、思想家。他的「arche」指物種原始，指所有物質都始自一原始物質，而這個物質有和諧的結構（harmonious structure），而此結構是人類智慧可以合理地去理解的。我對認識論（epistemology）的看法是科學是哲學的源頭。

在西方的哲學家當中，康德（Immanuel Kant, 1724～1804，德國）說有二件事讓他充滿敬畏：一是滿布星辰的天空，二是內心的道德法則（這二則刻於康德的墓碑銘文上）。牛頓說海邊的沙粒讓他對世界自卑，達爾文說自然界無窮盡的奧祕讓他產生對世界的敬畏。這樣看起來哲學與科學的源頭不是同源嗎？

我對物理（physics）有很大的好奇及興趣，但我卻很害怕古典哲學中的形而上學。知難行易，或者是知易行難，雙方都可以舉好多例子，正如性本善或性本惡，爭論一輩子也得不到結論。科學最重要的不但是它可以被證明是存在或不存在的，而且對於我們這種頭腦簡單的人，科學是比較容易理解的。很多對科學有興趣的人深入研究，結果發現的是哲學。奇怪的是再進一步從哲學深入研究，發現竟然回到科學。看起來科學與哲學門道是通的，也是一個銅板的兩面。正如一個井，愈挖愈深，但看到的愈來愈少，也如洋蔥，愈剝愈沒有東西。難怪有人說哲學是科學的極致（supreme ruler），是science of sciences，終極的目標是要達到如數學的精準性（mathematical precision）。因此歷史上科學家與哲學家經常並存。如康德、笛卡爾是物理學家也是數學家。Gottfried Wilhelm Leibowitz（德，1646～1716）是哲學家，更是數學家，Bertraud Russell（英，1872～1970）是哲學家兼數學家。

我在學校時期熱中於哲學，大學畢業後出來游走於科學。六十五歲以後似乎又回到了原點，哲學。好像白忙了一輩子，但我一點也不後悔，我認為由科學進入而去找哲學的答案是最正確的。

每一門學問都經歷了歷史上多少有智慧的人深耕過的、累積的，也是經年累月的智慧，哲學對我而言，也是門外的東西，是我的紅線之外的東西。在這個不可以隨便踏過人家紅線的時代裏，我最好也不要隨便談這個領域。

我與音樂

音樂是我的生命中重要的一部分，也是我可以買到的最便宜的紓壓劑及興奮劑。

我對音樂的投資不大。中學時期的小提琴是姨母少年時用的，沒人要，雖然每星期要一點學費，但數目不大，時間上的投資倒是相當可觀。小時候我每天要練琴一、二小時，而且從不間斷，無論颱風下雨，無論大考、小考，練琴是我生活的一部分，正如三餐一樣。年紀愈大上述的改變愈來愈大，比如金錢的投入愈多，但精神上的投入卻愈少。自從五十歲我改學大提琴，每天卻愈拉愈少；但對樂器及音響的投資愈不手軟。幾年前我花了一百萬元買了一把一百多年的英國老琴（琴商說是義大利老琴，但我知道那應該不是義大利老琴，因為至少要十倍價錢），但是我一年拉不到一、二次，到現在已經整整二年沒把琴箱蓋子打開過；最近也花了一百萬架設了一套很好的音響設備，但音樂卻愈來愈少聽。這是一個很奇怪的心理現象，我的自我解嘲是，隨著年紀的增加，腦細胞持續萎縮，無形中漸入老年憂鬱期，一切都打不起精神了，可悲。

　　我聽的曲子範圍不廣，即使在所謂的古典音樂裏面，1800年前的真正古典時期如巴哈、莫扎特，甚至於貝多芬早期我都沒有很大的興趣，與愛因斯坦剛剛相反。很多音樂家說巴哈的音樂才是真正的音樂。Y.H.是個巴哈迷，但這個時期的音樂對我而言，除幫助睡眠之外沒什麼特別的吸引力。我真正喜歡的是貝多芬中年以後（1800年），也就是他的耳朵開始失聰之後的音樂，同時繼之如舒伯特、布拉姆斯等所謂浪漫派的音樂。這些年輕人喜歡的音樂，我至今還保留著對它的迷戀，我一直質問我自己，為什麼我的喜愛止於這時期？奇怪的是拉赫曼尼諾夫（Sergei Rachmaninoff, 1873～1943）在二十來歲時寫了一首極為動人而浪漫的大提琴Sonata（g小調，OP.19），幾十年來我一直愛不釋手，但Rachmaninoff本人長大後卻不喜歡這一作品，說他已超脫了這個年齡。為什麼我超脫不了？

　　十九世紀下半期及二十世紀初期的音樂家如Jean Sibelius（芬蘭，1865～1957）、Charles Ives（美，1874～1957）、Carl Nilson（丹麥，1865～1931）、Ralph Vaugh Williams（英，1872～1958）、Bela Bartok（匈，1881～1945）、Gabriel Fauré（法，1845～1924）、George Gershwin（美，1898～1937）、Leos Janacek（捷克，1854～1928）、Leonard Bernstein（美，1918～1990）、Heitor Villa-Lobos（巴西，1887～1959）、Alberto Ginastera（阿根廷，1916～1983）等，我還可以接受，但更近期，甚至於二十世紀下半期的如Aaron Copland（美，1900～1990）、Karlheinz Stockhausen（德，1928～2007），我幾乎無法聽進去。

　　更奇怪的是學醫的人喜歡音樂的特別多，什麼原因我也不曉得。我

有一醫界朋友，是相當有成就的心臟病學家，是超級的布拉姆斯迷。布拉姆斯有四首交響曲，通常灌成三張CD片合成一套，每一指揮家到一程度都會錄這一套，我這位醫師朋友收集有三十六套布拉姆斯交響樂版本，比唱片行還多。

貝多芬最晚期的一批作品（opus 127～135之五首弦樂奏）被喻之謂貝多芬與神之對話。語言無法表達的，文字可以；文字無法表達的，音樂可以；音樂無法表達的，哲學可以；哲學無法表達的，自然可以；自然無法表達的，神可以；神無法表達的，人可以。我絕無意指說人比神力量大，只是說神造人也給他們一些非常奇怪的東西。為什麼說人的表達會高於神？並非人真的高於神，而是神只會做善事，不會做惡事，而人，尤其是成人，什麼惡事都做得出來。這也是愛因斯坦為什麼寧願與小孩子戲遊，而不願意與成人交流。

音樂是聽覺反應之一部分，聽覺就如同其他感官，其感受必定要回歸到大腦的一部位，也如同其他感覺，中間必有某種受體（receptor）做媒介，如視覺上有視網膜上之各種受體；味覺有舌頭上的各種味蕾受體；聲音之受體細胞必定在內耳（cochlear）的hair cells。如視覺受體對不同波長有不同反應；味覺對甜酸苦辣有不同受體；聽覺受體也有各種接受不同波長聲音的細胞。目前內耳細胞，以現在可以分析的能力，我們分不出這些細胞的差別，事實上這些內耳細胞非常多種，不同種類負責不同聲音波長之反應。有些人辣味味覺細胞特別發達，他們對吃辣就特別敏感。同樣地，不同個體有不同波長受體多寡之分，低波長receptor多的人，對低音之感受就較完整，因此有喜歡高低音不同的人。但這還是無法解釋為什麼他喜歡這一首曲，她喜歡那一首。對音域

高低的感受我也經驗了一很奇怪的現象，就是年輕時候喜歡音域高的聲音，如小提琴，但年紀大了，反而喜歡音域低的聲音，如大提琴，這個現象我知道不少朋友也有同感，其原因我也不清楚，是否不同頻率之受體之數目隨年齡而有所改變？

動物對音樂，或者音之高低，也有特定的偏好，雖然動物沒有發展出語言，但由人類的研究看來，音樂與語言在腦的功能上應有相關重疊的地方，但也有許多研究證明它們不是完全重疊的，因此有人說音樂是腦的一個global function，人可以說是語言之物種（language species），也可以說是音樂之物種（musical species）。

音樂因此是未來腦科學研究中很重要的一環，如何由對單純的聲音的感覺變成不同人有不同心理反應，是大家很想知道的答案。另一個重要問題是為什麼人會喜歡音樂？音樂在生物演化上扮演何種角色？一定有很重要的生物學上的理由，音樂才會跟著生物演化而留下來。我們知道辨識聲音對生物生存是很重要的，母親要知道哪個聲音是她子女的聲音；動物要知道友人及敵人之不同聲音才可以早點脫離險境，所以辨識不同聲音是物種競爭留下來的特質。

由視覺轉變為聽覺又是一件很有趣的事，很多音樂家看到譜就如同聽到音樂，馬上可以辨識該曲是好是壞，這是我一直望塵莫及的。布拉姆斯二十來歲時，拿著他的第一首交響曲去拜訪舒曼（Robert Schumann, 1810～1856）及其夫人克拉拉（Clara Schuman, 1819～1896）。正巧他們不在家，布拉姆斯於是把譜放在舒曼家便離開。不久克拉拉回來，看到這譜，連忙跑出去，沿路大喊Johannes。因為她看到一位極有天分的作曲家。

　　對於布拉姆斯及克拉拉這二人的關係，歷史沒有詳細記載，因為布拉姆斯把他們之間的書信大部分銷毀了。所以，他們真正的關係至今還是一個謎。二、三年前，台灣年輕大提琴家張正傑先生，曾經嘗試了一很特殊的演奏會，他一面解說他們的關係，一方面各自介紹了布拉姆斯及克拉拉的先生舒曼之音樂。一個年輕青年愛上了他的老師之妻，愛得那深、那麼久，畢竟是很不尋常的一件事，無論在哪一個社會都不容易被接受。於是我和張正傑先生商量，要看看我們社會對這一對男女戀情接受的情形。我們設計了一套問卷，看看聽眾是否可以接受這一份感情。非常有趣，絕大部分（70～80%）聽眾都可以接受，而且認為他們應該持續下去。交叉分析結果顯示，男女不分，師生不分，學校不分，回應都大致相同，也就是說我們社會對他們這一份愛情是可以接受的。

音樂家之死

　　作曲家多短命，指揮家卻多長壽。莫札特活了三十五歲，舒伯特三十一歲，貝里尼（Vicenzo Bellini, 1801～1835）三十四歲。貝多芬活到五十六歲算很長壽了。

　　貝多芬的病及死因是很多人一直很好奇的，他生長於祖父、父親都嚴重酗酒的不甚和諧之家庭，因此自小心理發展就不是很健全，養成了他一生孤癖的性格。貝多芬少年時期得過天花，二十八歲耳朵開始出問題，常常嗡嗡作響，並有重聽，此後三十年他一直深受困擾，四十八歲就幾乎全聾，而且開始使用「交談手冊」代替口頭交談。與此差不多同時，他還有很頑固的腸胃問題，腹絞痛、拉肚子，聽起來很像是今天所知之大腸過躁症候群（irritable colon syndrome）。此病使他後半生近

三十年受盡苦頭，醫生一個換過一個，一直需要醫療照護，但又不理會醫生的囑咐，憤世嫉俗，愈老愈孤僻，是標準的「麻煩的病人」。貝多芬還有一個大問題是喜歡喝酒，加上曾經得過肝炎（1821年），皮膚經常出現黃疸的顏色，而且慢慢有腹部積水的現象，1825年有嘔血現象（肝硬化併發症），死前三個月曾抽出七‧七公升之腹水，以後還有三次腹部穿刺抽水。1827年（五十七歲）3月26日下午六點四十五分肝衰竭死亡。

維也納大學醫學院收有不少歐洲名人的病歷或／及屍體解剖的紀錄（包括希特勒、甘乃迪、列寧、佛洛伊德、希勒及貝多芬）。1988年該院病理教授Hans Bankl集資料成冊《*Woran Sie Wirklich Starben：Krankheiten und Tod historischer Persoenlichkeiten*》，共三冊，是德文的，很可惜沒有英譯本，書內有貝多芬屍體解剖的詳細報告。最主要的結論是他確實有肝硬化現象（肝炎＋嗜酒），肝縮小到原來體積一半，硬如皮革，且有四公升咖啡色混濁腹水，脾臟腫大，這些多是肝硬化的標準病狀。

貝多芬耳聾也是大家想知道的問題。當我剛開始學遺傳醫學的時後，我就很確定他患的是很常見的耳小骨硬化症（otosclerosis），是單基因顯性疾病（autosomal dominant disease），二、三十歲開始重聽，四、五十歲全聾，但我一直找不到貝多芬家人有此疾病，直到我看Bankl這份報告之後才認為病理專家的推斷更正確。他們的推論是貝多芬患有一種骨頭過渡增生疾病，稱為Paget疾病，最主要的證據是貝多芬多處骨頭都有病，尤其是頭殼骨有正常人二倍厚（13mm vs. 6mm），不過這也不一定絕對正確，所以，我們還是沒有找到正確的答

案。另外，他還患有梅毒（當時文化界的人共有的通病）及高齡者常有的腦萎縮症，只是五十多歲有點太早老化了。是不是天才會提早老化就完全不得而知了。

　　詩人也短命，拜倫（Lord Byron, 1788～1824）活三十五歲，雪萊三十歲，天才多短命嗎？還是天才頭腦的運用耗損身體，因用腦過度而枯竭？多年前我到維也納郊外去看一公墳，其中有一小區塊，收集了幾位音樂史上大天才的骨頭，樹立墓碑，有貝多芬、舒伯特（Franz Schubert, 1797～1828）、布拉姆斯的、史特勞斯（Johann Strauss, 1825～1899）等，踏在其上，我不敢相信腳底下有貝多芬的骨頭，有布拉姆斯的骨頭，很想跪下來謝謝他們。上帝造人常常不忘開玩笑。

　　二十世紀末期，台灣音樂界由天上掉下來一個大禮物——一名指揮家亨利・梅哲（Henry Mazer, 1917～2002），他由芝加哥交響樂團副指揮退休後，餘年都奉獻給台灣音樂界十六年。他來台灣（六十八歲）訓練並帶領台北愛樂室內及管弦樂團，從零到成為揚威國際之一流樂團（走遍二十個國家及五、六十個都市演奏），最後客死台灣。就如樂人楊忠衡先生所言，梅哲是過客，也是台灣心靈歸人。梅哲晚年多病，屢有中風徵兆，數次進出加護病房。因為年老，親人又不在身旁，雖然音樂家熱心人士如賴文福醫師及俞冰清女士夫婦熱心照護，梅哲晚年還是頗為痛苦。

　　2002年夏天某日，我收到愛樂團一通電話說梅哲久留醫院，給醫院一些困擾，包含經費的問題，問我是否可以署長名義向醫院說明一下。我拿起電話，直接向醫院高層表達，梅哲先生把晚年交給我們台灣，我們不應該無情無義，希望院方可以特殊考量，讓他安祥走到盡頭。8月1

日（2002年），我自署長退休之前三、四星期，梅哲因多重器官衰竭病
逝於國泰醫院，我也喪失了一個機會向他表達衷心的感激。死後他的遺
體火化，骨灰由俞冰清女士送到梅哲家鄉美國西維吉尼亞州維林小鎮，
安葬在他摯愛的妻子與女兒身邊。

　　有一次我為了要講馬勒（Gustav Mahler, 1860～1911）第三交響
曲，需要查一特別指揮的版本。在一小鎮唱片行尋找時，一位其貌不揚
的中老年人來問我需要幫忙嗎？他說他已經聽到馬勒第五交響曲之稍慢
板（Adagietto）。這一樂章他是那麼喜歡，因此停在那裏不再往下聽
（這位老兄聽音樂的方法是一個樂章重複地聽，聽到熟悉了再往下一個
樂章聽）。我非常震撼。一個看起來像老邁工人之Oh-Zhi-San（日語）
文化水平卻是那麼高，讓我自歎不如。文化畢竟是人類智慧千百年之結
晶，絕不是超短路可以隨便速成的。

盡心力推廣古典音樂

　　大約我當署長的時候，在一個偶然的機會，我聽到台灣一位很了不
起的音樂老師劉岠渭教授講解古典音樂。他多年經驗發展出世界上獨
一無二的教學方法，將樂曲詳細分析，把聽眾一步步帶入樂曲內。我
聽過中外不少樂曲講座，但沒有一位可以和劉教授比。我們這些喜好音
樂者中很多都不是職業的音樂家，很快就遇到瓶頸，無法再往上提升。
劉老師的教導帶引我們進入另一境界，所以他的講座非常受歡迎。劉
教授不只教我們如何聽音樂，他更帶領我們了解德國藝術史家如Johan
Joachim Winckelmann1717～1768）的質樸中之高貴（Elde Einfalt, noble
simplicity）及寧靜中之宏偉（Stille Groesse, quiet grandeur）之境界。

　　音樂中我最喜歡的可以算是室內樂。室內樂是音樂中的詩，簡潔有力。雖然只有三、五把樂器，但各有各調，聽似紛亂，但亂中有其極致的和諧。貝多芬五十歲之後進入晚年，1820年後開始寫他最後三首鋼琴奏鳴曲（作品109,110,111），也完成了曠世大作，第九交響曲合唱交響樂（1824年，作品126）。但最令人不忍卒聽的是1825年後他集中精力完成的一套所謂晚期四重奏（late quartet，作品127,130,131,132,133,135）共六首。這幾首室內樂是經典曲子。其中經典中之經典作品135，很多人說是貝多芬與上帝的對話。當你聽到他最後一首（作品135）之第二樂章（慢板，lento）及第三樂章，其小提琴高音部分之合音複雜到無以復加，可以聽到貝多芬對生命之懷念，對上帝感恩及對命運之抗議。在進入最後樂章（第四樂音）之前，貝多芬在樂譜上寫上了非常驚人的與生命的自我對話。他知道這是他最後的聲音，很猶豫下筆，所以他在樂音譜上寫：Der Schwer gefasste Entschluss（The difficult decision），表示他非常難下筆，他不想結束，所以他在譜上問道：「muss es sein？」（must it be？需要這樣嗎？）然後自己回答：「Es muss sein」（It must be，一定要這樣！）最後，他抬頭挺胸，步入另一個世界，第四樂章，好像向上帝說：「我認了，我輸給你了，你把我收回去吧！」於是曲子由第三樂章之刀刀切你心臟的音符轉為開朗、明亮，世界不過如此的聲音，很難置信這是一個將死的人最後聲音。有人說貝多芬這個對話是在問房東催交房租要這麼緊嗎？如果你用心聽他這首最後的曲子如何由第三樂音轉為第四樂音，就知道貝多芬是與上帝在講話的。之後，貝多芬就沒再寫曲子了（雖然他作品號碼135之後還有二、三首作品到138號，這是以後的人在整理他遺作時發現到

有些未完成者，補成的）之後他的身體急速衰退。以我對貝多芬的了解，我想他過世之後，一定還會跟他的主人上帝大吵一架的。

貝多芬最後這六首四重奏不是很容易了解。美國一近代作曲家 Elaine Fine有過一些建議：她說要知道貝多芬晚期作品弦樂四重奏，要先了解他早期（作品18之6首）及中期（作品59, 74, 95）之作品。她建議最先聽他的作品18之4（C小調），再聽18之1（F小調），再聽59之3（此曲聽Mozant作品K465會有很大的幫助），然後作品59之2，再59之1，再來作品74及95，最後才聽他晚期的六首。可知道聽音樂也不是很簡單的！

最近我又聽到劉教授的一講座，講布魯克納（A. Bruchner, 1824～1896）的第九號交響曲。這首曲子是他晚年的作品（1894年），是一個身經這個世界大風大浪，接近他生命終點時的作品。一般交響樂都有四個樂章，這個曲子只有三個樂章，寫到第三樂章慢板他就不再寫了，劉教授說聽了這段就可以聽出他最後要講的話都講了，尤其是第二主題。劉教授中西文學造詣極深，他以中文一對聯來解釋：

寵辱不驚，若庭前花開花落
去留無意，望天上雲捲雲舒

十年前我聽了劉教授演講多次，我覺得這種講座應該開放讓更多人聽，而且我可以預想到劉教授年紀會愈來愈大，體力、記憶都會慢慢衰退，我們的下一代就沒這麼幸運聽到了。我相信他的教導應該是屬於國人的財產，不是一小部分人獨有的，所以想辦法要保存下來。剛好那個

時候有一位台中企業界鉅子，佳美食品工業公司游昭明董事長有同感，於是在他的號召下，再和幾位醫師，我們共同設了一音樂教育基金會，取名「財團法人樂賞音樂教育基金會」，英文名之為「poco a poco」（慢慢，一點點之意），有計畫地以DVD方式錄製劉教授之講座。我們準備每年錄十部曲，十年一百部，將古典音樂中經典的經典紀錄下來。一來分送各圖書館推廣古典音樂，二來為子孫保留一點財產。現在十年過了，我們已錄了一百多部樂曲，比計畫中的進度超前。這也可以算我對推廣古典音樂之小奉獻（樂賞音樂教育推廣基金會設於台北市中山區民權東路一段55號7樓，電話：02-2598-1266）。

醞釀中的台灣頌

我曾因緣際會遇到了奇美博物館館長高玲玲女士，而有機會再度參訪台南奇美新博物館，也拜訪許文龍創辦人。非常高興地得知許董事長提琴之收集已有一千三百多隻，令人嘆為觀止。在拜訪中，我注意到許董事長收藏的古琴中有一組大、中、小提琴，是義大利Bresia鎮提琴製作家Giovanni Paolo Maggini的琴，這一全套是當今世界上唯一的一組（Maggini家只留下幾隻中提琴、六隻大提琴），是極為難得的。如果以此為招牌走向世界，可以以Maggini之音（Sound of Maggini）為名，由一世界級的四重奏到世界各國去演奏，當是非常難得的一件事。第一，可以讓世界的人知道台灣人之高瞻遠矚，有這種超級的收藏；第二，讓世界的人聽到純粹的Maggini聲音（Maggini sound）。因此我與台灣一群傑出音樂家（全為台裔美國人）接觸，他們合組一四重奏演奏團，名為「Formosa String Quartet」，曾於2006年第10屆倫敦國際

大賽贏得第一大獎及Amadeus獎，可以說是最適合的演奏人選。今年（2013）他們回台在花蓮主持音樂訓練營，台北也有場演奏。演奏結束後我向他們提出Maggini之音這一構想，他們商量之後也願意接受這一委託。

另外一項與此有關的是，我一直在尋找一首台灣人的歌或是福爾摩莎之歌（Song of Formosa），就像芬蘭有芬蘭頌，法國有馬賽曲。台灣人過去有不少民歌，但往往相當悲情，有「哭調仔」的味道。我認為台灣人應該走出這個悲情，抬頭挺胸，邁向世界。所謂的台灣人絕對不是本省外省之分，只要認同斯土斯地，都是台灣人。這個曲子我找了很久，不得，直到有一天我去聽一場蘇聯交響樂來台，演奏蕭泰然教授的1947序曲，聽到最後四分鐘是「台灣翠青大合唱」，我突然頓悟到我一直在尋找的福爾摩莎之頌不就在這裏嗎？我真的希望台灣人會唱自己的台灣頌。如果這個曲子可以改成弦樂四重奏，由Formosa String Quartet來奏，用世界獨一無二的Maggini一組琴來奏，不是天作之合嗎？

至於如何改編這首曲子，我有一個idea。德國音樂家Joseph Haydn（1732～1809）曾寫有一弦樂四重奏曲子，稱為皇帝四重奏（Emperor, op. 76-3，C大調）。其第二樂章是行歌式的慢板，他將一主題（即今奧國國歌）改編為賦格曲，其中有大、中、小提琴的輪流獨奏。這個模式讓我臨機一動，台灣翠青改編後也可以有一樂音是類此之賦格曲，主題可由小、中、大提琴輪流獨奏。這個方式有二個好處：第一，一再的重複可讓更多聽眾熟悉這個曲子；第二，由各種樂器單獨獨奏，可讓聽眾單獨聽到Maggini大、中、小提琴各自不同音色。當然這個改編要是世界級高手的編作，音樂的結構要有某種程度的複雜性，不是簡簡單單民

謠式的曲子，也就是不可以太簡單，也不可以太前衛。

　　如果以上各種構想都可以達成，我會認為我對台灣這個社會也出了一份大力，所以我把這件事當為我這個老兵的最後一戰！

　　當我走到生命終點，那個時候我一定還不知道我來自何方，也不知道要往何處去，我不要任何追悼會，更不要大人物來演講，我只要有一個小地方，有好的音樂設備，我會事前剪接一些我最愛的音樂，片片斷斷連結起來，大聲播放，讓大家在音樂中珍重不再見，我想上帝也會給我鼓掌。

我對台灣教育的看法

　　教育及健康為國家之資優財（merit goods），一個進步的國家二者欠一不可。我一生有幸有緣參與二者的工作。在醫學上，我看病人都是在教學問診看，一邊看病，一邊教學。在國內國外，都是如此，我也自認自己是一個很不錯的教育家。

　　我回國已經二十二年了，這期間，即使任衛生署長，工作都與教育有關，只是對象不同而已。雖然我沒有下工夫去探討台灣教育之良窳，但是因為在英美住了三十年，可說對國內的觀察比較客觀。目前我可以感覺到的國內教育的得失記之如下：

1. **重細則、輕原則，淡邏輯。** 我們頭腦內塞滿各種各樣facts（事實），西元××年有什麼大事發生等等，但沒有人教我們湯恩比

（英，Arnold Tombee, 1889～1975）的Study of History。我們不知道世界文化如何交錯發生，只知道三國演義，不知道羅馬帝國如何興亡；我們知道世界有哪些大河流，但不知道它如何孕育當地的文化。學生背的是沒用的東西，只會答選擇題，不會答問答題，這樣子的教育是教不出大思想家的。

2. **我們一直教don't，不教do**。老師、家長常常喊小孩不可以這樣，不可以那樣，但很少教他們要怎樣，因此缺少創新的思維。我們有好的電子代工，但是缺少大發明家；我們可以有少康，有中興，但沒有亞歷山大帝國；我們有很多好的小弟，但教不出可以稱霸一方的大哥。

3. **太多自由，太少自律**。我們的社會經常聽到「只要我喜歡，有什麼不可以！」「是誰怕誰啊！」這聽在耳裏多麼恐怖啊！台灣的社會曾幾何時淪落到這個地步？教育界諸公沒有責任嗎？三流的教育方法教育出三流的公民，三流的公民選出三流的政府，三流的政府引導致三流的命運！

　　十八世紀哲學家康德，一輩子大聲疾呼自由即自律。我們的社會有太多的自由、太少的自律。他說人是教育的結果，自由是道德的要素，自由意志是以理性為基礎，他更進一步說沒有內涵的思想是空的，沒有概念的直觀是盲目的（Thoughts without content are empty, intuitions without concept are blind.），所以他經常反省：我可以知道什麼？我可以做什麼？我能希望什麼？

不教自律只教自由是慢性的墮落，是社會慢性的自殺！

4. **我們給小孩答案，不給問題。**我們要求的是學生可以迅速反射式的對答，而不是探求為什麼這麼答，也不追蹤有沒有別的答案。每次大考，都有所謂標準答案的爭議，而不知標準答案是根本不存在的。標準答案之外我們不給予任何空間。

5. **人文教育之忽視。**學科學的看不起人文教育，學人文教育的也看不起人文教育。現在社會之敗壞，領導人要負很大的責任，這些領導人很多是台灣大學畢業的。台灣大學是一群台灣優秀學生的學習場所。我們社會亂成一團，台灣大學學生，尤其是法律系及政治學的學生怎麼教的？沒有責任嗎？我曾經有一次跟台大人文學程主任黃俊傑教授討論，我指責台大為什麼教出那麼多不良學生？好好的原料進去，出來的產品怎麼那麼差？我的看法是台大長久以來忽略人文教育的惡果，到現在還是急急忙忙於解決目前的問題，如何成為百大，如何發表更多SCI論文，但忽略了更根本的問題，台灣這個國家如何百年建設？人民品質如何提升？國家之根基要奠於何處？缺少人文的教育，人民就沒有靈魂，一群沒有靈魂的人所建立的就是現在的社會。

6. **一個沒有成熟大人的國家。**每次世界各種競賽，我們的年青人總是抱走幾個金杯幾座銀牌，不是全球名列第一就是第二。但是到了成人沒有一樣上得了台，台大連亞洲十大都不是。為什麼我們

不成熟？運動方面也有類似情形，少棒拿世界冠軍，青少棒、青棒也不輸人家，為什麼到了成棒，連小小一個國家古巴我們也打不贏？運動方面我們可以說別人成熟後的體力比我們成熟後的體力更強，是我們種族上先天不如人，但為什麼我們諾貝爾得主比例上仍大不如人？

　　華人人口約佔世界人口五分之一，照理講，每五位諾貝爾得主就要有一華人，但我們只有鳳毛麟角，海峽兩岸的教育學家不用負很大的責任嗎？我們社會充斥功利至上之心態。事情不分大小都是以現實為出發點。書店不謂不多，但是銷售的書不是旅遊就是什麼瘦身美容，再不然就是如何速成什麼專家，或如何減少壓力，多麼現實啊（So pragmatical）！

7. **一個沒有mentor教育之社會。**可以指引人的人（mentor）是教育中非常必備的一群人。沒有mentor之學習如同失去指南針的船在大海中隨運氣飄流，運氣好的靠天上星星，勉強可以到達目的地，但大部分會迷失在航行中。我一生之成長都是靠自己摸索，不知枉費多少時間在探索當中，我覺得就算尋找自己也要人指引。漂流過程中也許讀了不少書，但也枉讀了不少書，所以我在慈濟大學時一直鼓勵學生找他們的mentor，我也願意做他們的mentor，甚至於辦公室大門全開，學生可以隨時走進來，但令人失望的是很少有人會找上門來。

8. **我對中華文化之省思。**我沒有否認我是華人，來自福建，是台灣

第八代的外省移民（而且有原住民血統），我更不能否認自小浸
潤、被教導的中國文化。中國文化淵源五千年，佔有地球五分之
一人口、自有其過人的地方，但對我而言，對這個文化我卻有相
當的保留。

　　牛津大學教授Peter J. King曾於2004年出版一本講述世界一百
位大思想家、大哲學家的書。他將人類思想史大略分為古代期
（公元前至公元四百年）、中古期（medieval, 500～1600年）及
近代時期（1600年文藝復興之後），其中他列出了中西歷史中
一百位思想家。早期選有不少中國的思想家，諸如孔子、老子、
墨子、孟子及韓非子，中古期只剩下一位朱熹，過了十七世紀至
今居然沒有一個人。可見我們的祖先自春秋戰國大鳴大放之後，
就鮮有思想家出現。

　　當然你可以說洋人對中國有相當大的偏見，但最少對早期的
華人是相當尊重的。無可否認地我們的思想自孔孟之後逐漸凋
零，至今可以說是已經乾涸。為什麼？我很少看到具體之檢討，
最多聽到的結論是西方注重物質而我們是注重精神文明，言下意
旨是重點之不同，並無重量上的差別。是事實嗎？君不見世人對
中國之認識是Chinese Food。台北街上三步一小吃店，五步一大
吃店。我們在聚會中最常聽到的討論題目是哪一個地方的哪一道
菜好吃，哪一年的哪一種酒好喝，似乎很少人在討論哪一本書很
好，好在哪裏。

　　談到中國文化的科學更令人不解，英國劍橋大學教授Joseph
Needham在他的巨著《中國科學思想史》中說，在中世紀整整

一千年中，當歐洲人對科學的製圖法一無所知時，中國人卻逐步發展自己的製圖傳統。但是為什麼自明朝之後我們的科學卻停滯不前，如被冰凍般？這中間雖有利瑪竇（Matteo Ricci, 1552～1610，意，天主教神父、天文學家、地理學家、文學家）、湯若望神父（Jonann A. S. von Bell，德，1591～1666），以及南懷仁（Ferdinand Verbiest，比利時耶穌會傳教士，1623～1688），但中國對這些新的思想接受度不大。

英國的大英百科公司（Encyclopaedia Britannica）曾經出版了一本書，列出一百位世界最重要的科學家，裏頭竟然找不到一位華人。同樣地，Mark Handerson也於2011年列舉了「史上最重要的一百個科學思想家」（包含物理、數學及遺傳學），一樣也找不到一個華人。

類似上述這種對科學之忽視，也表現於我們的日常生活上。舉一個最簡單的例子，大約六、七十年前，藥界出現了一種抗組織胺（antihistamine）Benadryl（學名diphenhydramine），是過敏治療中很好的藥，但是副作用很大（例如嗜睡等），其後不久各種改良藥品不斷問世，由diphenhydramine 而chlorphenlamine，而loratadine而fexofenadine（allegra），而levocetirizine（xyzal）而cetirizine（zyrtec），幾乎十年一新藥，副作用愈來愈少，藥效愈來愈佳。反觀我們死抱著老祖宗大腿，幾百年前的產物《本草綱目》（1578年，明朝李時珍著）緊抱不放，好像愈古愈好。

保守的心態阻礙文化的進步，也讓我們今天只有在後面緊追

的份。這一點講起來，對岸的政府似乎比我們更有長進。

更有一層之argument是這些古早老藥方供中華民族存活了幾千年。值得注意的是非洲土人沒有本草綱目也照樣活了幾千年，還有我們的近親黑猩猩沒有這個綱目也活了幾萬年。

歷史的巨輪是無情的。念念不忘於過去祖先之光耀只提醒後輩之不爭氣。沒錯，牛車曾經帶領過我們走過無數之艱辛年代，有其光榮的歷史。但是當有人在發展每秒鐘可以穿過幾萬公里的太空梭，我們為什麼要花時間去改進牛車的功能呢？

中國文化中孔老先生對我們的影響是巨大的，老師、父母卻教我們要行「中庸」，一切中規中矩，不敢大膽創新，於是我們的社會愈來愈保守，人們只有在保守中互爭。看了歷代帝王皇宮中之鬥批，你會驚奇地發現保守中之殘酷、陰狠以及虛偽，當一個人被批為無能者時，你卻可以引經據典解釋為「大智若愚」，真是不可思議，文化可以墮落到這個程度嗎？

9. **給年輕學醫的人的建議，無論走哪一條路都不要忘記神經科學**（neuroscience）。神經科學是二十一、二十二世紀人類研究的重要課題，幾乎各種科學都會匯集於此，人類所追求的智識最重要之根源在此。這領域未來一百年最少會有一、二十個人拿到諾貝爾獎。我剛自美回台籌設慈濟大學時，一心一意想引領慈濟大學成為神經科學的重鎮，教授團隊也以神經科學為主，例如解剖主任是神經解剖之曾國藩教授，藥理主任是神經藥理學之邱鐵雄教授，生理方面有神經科學之郭博昭教授夫婦，生化及分子生物

方面有我本人，臨床方面神經內科方面有賴其萬、賴明亮教授，以及後來分子遺傳學之劉怡均教授，就是希望各科都圍繞在神經科學上。但不久因為各種理由，包括我個人之離開，這個構想慢慢瓦解，神經科學在校內也不被重視，真是可惜。最近一、二十年看到台大在這方面急追上來，是跨科系的整合，期許這幾個單位要繼續維持下去，不然台灣未來只有在後面追趕之份。

10. **對小孩子的教育，我主張的是放風箏方式。**我們放風箏都是盡量要它高飛，但又不希望遺失它，因此要有夠長的繩子，讓它盡量飄遊。但繩子不可抓緊，以防斷掉，因為放鬆反而不會斷；但必要時你可以收回來，如果沒有這個繩子你是收不回來的。我對三個女兒就是完全採取這個養育方法，她們要到哪一個大學唸書，我完全讓她們自己決定，我只是告訴她們不是好的學校我不給錢，後來，一個唸華沙女子學院，一個唸哥倫比亞大學，一個唸麻省理工學院。畢業後要不要繼續唸書也由她們自己決定。

　　值得一提的是三個人當中沒有一個選擇學醫，大概看到這個老爸一天到晚忙得不像個人，拒而遠之。她們長大結婚，先生也是自己的選擇，我不介紹，更不主張一定要嫁何種族群的人，結果是一個嫁給愛爾蘭後裔律師（兼工程師）；一個嫁給祕魯後代整形外科醫師，今在印弟安那大學醫學院任教；一個嫁給來自英國劍橋大學畢業的工程師兼銀行家；三個都是她們的自由選擇，我們毫無條件地接受。我不敢說三個小孩子的教育

絕對成功，但她們的線沒有斷過，我也沒有過要收線的時段。

11. **教人憂心的資源分配和教師培育**。台灣這半個世紀以來的教育可以說問題百出，教育的目的、目標、方法，一直被扭曲，資源的分配、師資的培育也一直讓人有很深的憂慮。每一個家長無不批判補習之過，但哪一個家長不是天天逼著小孩上補習班的元兇？我們不是每一個人都隨波逐流嗎？著名的社會學家嚴長壽先生在近作《教育應該不一樣》裏頭說：「缺乏遠見的教育政策在選票壓力下慌亂無章，家長抱持過時的觀念，繼續綁住孩子，學生找不到方向，大量追尋沒有實力的文憑，台灣的教育已是所有人必須一起承擔的『共錯結構』。」今日我們很好的全民健保搖搖欲墜，不是「全民共犯」的結果嗎？天天罵健保的人不是與天天濫用健保的人同樣一批人嗎？這一切的一切都是教育的失敗。解決之道當然是全民要一起重構，但我認為要負起最大責任的應是諸多教育大學，尤其是國立台灣師範教育大學，因為這些大學教出不合實宜的中小學老師，這些老師再教錯我們的下一代又一代。

12. **必須的經典之書**。我有幾本書介紹給當今大學生，不管學文、學理都要看的書：

a. Jacob Bronowski（數學家、詩人、發明家、劇作家和人道學者），《*The Ascent of Man*》（Little, Brown and Co., Boston, 1974），有關人類進化歷史之描述及分析。

Jacobe Bronowski（1908～1974）是一波蘭猶太裔之英國人。

本書是1973年英國紀錄片，再轉寫成書。他告訴我們人類
如何自非州一步一步上昇演變到今天，也提到很多人類之長
處，卻沒有警告我們人類已經慢慢由頂峰往下滑走，他告訴
我們的聰明，卻沒有提醒我們的愚蠢。

b. Daniel J. Boorstin，《*The Discoverers*》（Random House, NY,
1983）

　　Boorstin為歷史學家、美國國立歷史及科技博物館館長、
芝加哥大學歷史教授。這一本七百多頁鉅著記述了人類數千
年來對世界及人類本身之追尋，上自天文、地理，跨及數千
年前之西方及東方文明。他告訴我們歷史是一沒有完結篇的
故事（a story without end, the world remains a boundless stage
for discoveries to come）。對於我這一個想像力有限的人，
人類歷史中有三件事我還是百思不解：1.Nicolaus Corpenicus
（1473～1543）為什麼知道我們的地球是繞著太陽走的？明
明太陽由我們這一邊出來，跑了一大半圈由另一邊掉下去
的，怎麼會是我們圍著它跑的？2.怎麼有人會發明腳踏車？
明明騎上去就會掉下來，怎麼會知道騎久了就不會掉下來
呢？3.這個世界上怎麼有人想到提琴的木箱子這個結構，可
以發出那麼完美的聲音？上帝那麼深奧的祕密怎麼會被人拿
到呢？

c. Alan Lightman（著有《*Einstein's Dreams*》一書）在*The
Discoveries*（Pantheon Books, NY, 2005）一書裏，記錄二十世
紀最重要之發現，共二十二項，其中與生物學、醫學有關者

共八項。

　　Alan Lightman是寫給學生物、醫學甚至於學物理的人看的，這一本書告訴我們一個事實：每個大發現之前，必有無數重要之小發現，這些小發現之累積勢必演進成熟，而使大發現成為必然，但是這個大發現需要一個right person, at the right time, in the right place，也就是能力加上機運。我常說成功很難定義，成功的因素也非常複雜，健康、智力及機運缺一不可。其中各自之比重，我認為可以下列簡單的數學方程式表之。S=success（成功），I=intelligence（智力），L=luckiness（機運），H=health（健康），Q=quoefficent（係數或商數）：

$$S=（HQ）^1+（IQ）^2+（EQ）^3+（LQ）^4$$

　　努力之外，機運其實是非常重要的，不幸看起來我是蠻宿命論的。

d. *Clifton Fadiman and John S. Major*,《*The New Lifetime Reading Plan*》，（Harper Collins 1997），人生必讀的一百多本鉅著之簡介及指引。世界名著，無論是文學、藝術、思想等，多到無法勝舉，以有限的寶貴時間要都看到實屬不可能。其實最根本的困難還是在於有哪些書是必看的，這本書就是告訴我們必看的書有哪些、書的大概內容、重點在哪，甚至於哪個地方可以略而不看。上從荷馬（Homer，800 B.C.）、孔子（Confucius，51-479 B.C.）到佛洛伊德（1856-1939）之選集，到魯迅（1881～1936）之短篇小說，總共列了一百三十

多本。一個近代的知識份子，我覺得最少要細看過其中一半的書。我不知道本書有沒有中譯本，沒有的話，教育部要找一人好好地把這本指引的書譯成中文。中學以上之圖書館，尤其是大學最少要有三、五本此書。

這些書記錄人類進步之軌跡，是勉強可以替代mentor之書籍。每一大學圖書館都要有，最好都有好幾本，以便多人可以同時閱讀。以我的看法，每個學生都可以視為必藏之藏書，可隨時閱讀。

1. 與柯錫杰（左一）、台大
   醫院謝豐舟教授（左三）
   合照。
2. 攝影家柯錫杰先生用我們
   的傻瓜相機拍攝的Y.H.與
   我，2011年。
3. 與台灣工銀總裁駱錦明夫
   婦合照（左一、二），右
   一：杜恆誼董事長夫人，
   攝於巴黎，2009年6月29
   日。
4. 與好友蔣金村醫師（左
   一）、周理悧教授（左
   二）、高雄市陳菊市長
   （左三），以及比利時何
   康美（右一）合照，2012
   年。

1、2. 與達賴喇嘛見面，印度，達蘭薩拉，2010年10月。
3. 與慈濟大學副校長賴滄海教授全家合照，日本京都，右一、二是賴教授夫婦，右三、四
　 為其二位女兒，2009年4月。
4. 喜馬拉雅山，為藏胞義診，2009年11月。

第三波健保改革研討會 - 醫療資源分配正義的探討

民國一百年四月十六日

1. 監察委員黃煌雄提出健保建言案，舉行第三次改革研究會，動員了前前後後七位衛生署署長，右一：邱文達，右二：葉金川，右三：楊志良，右四：作者，右五：黃委員，右六：江東亮院長，左一：林芳郁，左二：陳建仁，左三：張博雅，2011年。
2. 台大醫學系畢業五十周年同學會合照，2012年12月8日。
3. 媒體幾乎一致公認：Y.H.和民進黨前黨主席蔡英文教授有百分之九十相似度，2012年。
4. 訪法國Beaune舊城，2009年6月。
5. 攝於法國 Cote-Stjacuges，2009年6月。

1. 與六個孫子（三男三女），合照於紐約市河邊公園，2010年。
2. 與三個女兒及女婿，右一、二為大女兒夫婦，右三是Y.H.，右四、五是二女兒夫婦，左
   一、三為三女兒夫婦，左二為作者，2001年5月12日。
3. 悅舟跑完紐約馬拉松賽，成績四小時二十一分三十七秒，2011年。
4. 大女兒悅舟之二個女兒（右：Amelia，左：Charlotte），2011年。

1. 二女兒康舟全家，女婿 Roberto Flores任教於Indiana 大學醫學院整型外科，2011 年。
2. 整型外科之子，把玩父親的 醫藥用物，Indiana大學醫學院，2011年。
3. 三女兒培舟全家，2010年。
4. 六個孫子女齊集一堂，攝於培舟家後院，2011年。

1. 李家五個兄弟姊妹（前排）與配偶（後排）合照，2012年5月26日。
左一：三弟明典，左二：作者，左三：大哥明星，左四：妹妹春芳，左五：小弟明道。
2. 閒遊，花蓮七星潭海邊，2012年。

【後語】
流浪之後

我十五歲之前不懂事，再歷經一甲子，現在我已七十七歲，總算略為懂事，一眨眼而已矣。兒時作文，學子莫不以「光陰似箭」開頭，但箭已經太慢了，於是有科技頭腦的人就以「光陰似噴射機」開頭。現在我們已知道噴射機還是太慢，台灣到地球對面的紐約要十三到十五小時，不停地飛繞地球一圈也要二十四小時。如果以光年來計算，宇宙幾億光年也飛不到盡頭，但對地球來講畢竟還是夠快的，一秒鐘可以繞地球七圈半，所以形容光陰還是恢復本位「光陰似光」最貼切，不知台灣小子知道可用否？不管怎麼估計我的一甲子似乎也沒留什麼痕跡就過了。

我一生當過九年的大日本帝國的小國民，十八年不自由的「自由中國」國民，將近三十年的潛逃（其中二十年的美國公民），1992年回到台灣又做了二十一年不像中華民國的中華民國國民，再過幾年又不知道又要變成什麼國的國民。我美國有家，台北有家，台南有家，三個女兒也都有家，父母親在台灣也有家，說處處是家，到頭來還不是處處無家。雖年年難過，一晃六、七十年也是年年過。音樂家馬勒曾說：「猶

太人說我是奧國人，奧國人說我是波希米亞人，沒有家的猶太人，永遠在流浪。」有家的人也不保證永遠不在流浪。生逢此世此地的知識份子命苦的多得很呢！我真的還是要感恩才對的。

人生七十古來稀，今日的科學令人不七十古來稀也難。稀不稀本不重要，莫扎特活了三十五歲，舒伯特三十一，貝里尼也只有三十四歲，拜倫三十五，雪萊三十，短命的人多得叫人不敢相信，但是短命的人放射出來的光輝也叫人難以忘記。我已活過四分之三世紀，孔子說老而不死謂之賊。他對「老」之定義是七十五歲，從此之後我是合乎老夫子的賊級人物了。明年我是賊一歲，後年賊二歲。目前台灣男人平均壽命是七十五歲，所以明年以後我的歲月都是借來的，也可以以借一歲，借二歲算之。

如果說自己一生一事無成，白活了，也未免低估了自己。說自己有什麼豐功偉業，也膨風得令人嘔心。我自認沒有一樣是一流的，我是二流的教育家，三流的醫學家，四流的研究家，五流的行政家，六流的郵學家，其他都是九流或九流以上的。

父親沒有給我天才的基因，但是他教我認識自己，認識天才。記得中學時練習小提琴背不下琴譜，對自己非常生氣，為什麼這麼「無路用」，一不小心國罵（罵自己×蛋）也會跳出來。我學習時，無論大、中學都很少需要記筆記，有時忘了重要的事，自己會氣得怒吼。有一次父親看到我這個激烈反應，只靜靜地告訴我幾個字：「天才不是一代造成的。」我當時不了解他說這句話的意思，現在了解他是說不要埋怨，他給我的基因也是不壞的，好好地走，我的下一代會比我更好。父親的話已過了半個世紀，我之後代也有二代了，這二代中也看不出有什麼

「天才」出現。學了遺傳學知道天才是多因子性（multifactorial）所產生的。遺傳學原理告訴我們所謂天才是不會遺傳的，因為天才是偶然的結果，偶然是不會遺傳的。君不見莫扎特的後代，愛因斯坦、畢卡索的後代都是跟我們相差不遠的平庸。雖然羅馬之形成不是偶然的，但引領到羅馬之途也是偶然的。我雖然沒有什麼特殊的才能，但我有一自我認知之能力，使我一路走來知所取捨進退，這也是父親給我的天才的一部分吧。

如果勉強要找個一流的，我該是一流的甜食家。我愛吃甜，人人皆知。我的祕書小姐經常會在我桌子上擺個甜點。無論中西餐，甜點都是最後一道，我覺得這是本末倒置。我一向有個主張，第一道菜應是甜點才對，因為肚子餓的時候應該先吃最好吃的才對。如果有人問我我的gene什麼最值得clone？我說吃甜的genes。我在杜克大學當小兒科住院醫師時，不想自己做晚餐，常常回家的路上順便買盒甜pie，晚上不吃飯，就吃pie，不曉得嚇壞多少天下好漢。我吃了七、八十年的甜食，身材還是勉強合格，一百七十公分，六十四、五公斤，BMI還是可以接受的範圍（22～23）。父親五十年的糖尿病，到頭來還不是過世與糖尿病無關的病，我如果活到百歲，二、三十年的糖尿病應該也壞不到哪裏去。當過衛生署長的人講這種話，實在很不衛生，也很不負責任，大前題是大家要先知道自己的基因是否可靠。我相信基因，基因不就是命運嗎？最近，我個人健康有了很大轉折。顯然地我的血糖（飯前145mg%），HgAlc 7.2%，已正式步入糖尿病名單中，我向Y.H,說我已吃了七十五年的甜食，從今之後，我可以少吃點甜的了，Y.H.說我吃人家二、三倍甜食，因此已吃了二百多年甜食了，應該可以封嘴了。上個月

在一篇文章上看到林語堂大師也是超愛吃甜的，心中竊喜，覺得吾道不孤，英雄所吃略同，也減少了一些罪惡感。前幾個禮拜在紐約街頭報攤上看到2013年8月份國家地理雜誌之封面標題〈為何無法抵擋甜食〉，趕緊買回來一看，結果也沒找到答案。文章上提到人類早期必定非常依賴水果為營養來源，因此對果糖有很好的生化機制遺留下來，這是非常合理，也非常容易了解的。但是仍沒有找到我喜好吃甜的可以讓我信服的理由。法國哲學家笛卡兒有句名言「Cogito ergo sum」，我思故我在。很多人，包括我在內也相信「我吃故我在」。最不可告人的是我更進一步想應該是「我吃甜故我在」，林語堂大師如果還在，我一定去問他是否有同感。

我一生運氣真好，沒有為錢勞心過，也沒有太多錢令我煩惱，窮得恰到好處，也富得恰好，不是三世修來的嗎？我一生遇到過的人絕大多數都是好人，甚至於多是貴人。不見得都會拔刀相助，但最少都不會背後捅我一刀。能有那麼多好朋友，不也是前世修來的嗎？我不相信輪迴，有那麼好的運氣我需要找個理由說服我自己才是。

我剛回台時住在花蓮。常常碰到朋友，他們會問我什麼時候回美國？到美國時碰到朋友，也會問我什麼時候回台灣？後來搬到台北，朋友問我什麼時候回花蓮？回美國？在花蓮，他們問我什麼時候回台北？回美國？到美國也是一樣的變奏曲。總之，好像沒有人要我們，沒有人問我們什麼時候回來，好像沒有人要認領我們。雖然是言語上之瑕疵，但也表示人家潛意識中的意念。賀知章的〈回鄉〉，「笑問客從何處來」，古詩今譯應是「笑問何時回何方」。

人來此世界，只來一次，是好是壞，三分天注定，七分靠打拼。走

一回，瀟灑最好，不瀟灑也無須怨天尤人。不管如何，我走過了。

　　人生是一永無終點的旅程（a journey without destination），我們把知識一代一代地交棒下去，但不知道往哪裏走，不知道終點在哪裏？何時可以停下來？我還在美國的時候偶爾會有台灣學者到我研究室來進修，其中有一位南部醫學院來的老師，要回台灣時來到我辦公室謝謝我。我說：「你不必謝我，你沒有欠我任何東西。你可以踩著我的肩膀往前走，也可以踏著我的頭過去，但唯一的條件是你要讓你的後輩，踩著你的肩膀往前走，踏著你的頭過去。你沒有欠我，你欠你的後代。」生命就是這樣一棒一棒交下去的，我總算走過我的一段路程，也可以交棒了。

　　最近我與Y.H.特地跑到東京，聽德國Bayerischen Rundfunks樂團演奏，由Mariss Jansons指揮的貝多芬交響曲全部（1號到9號），數次眼紅，尤其是最後一曲第九交響曲（合唱交響曲），有貝多芬的音樂，有席勒（Friedrich von Schiller, 1759～1805）的詩快樂頌（An die Freude），有Jansons的指揮。最後，Jansons乾脆把指揮棒放下，緊握雙拳在空中揮舞。曲終後，聽眾暴出如雷掌聲，久久不已。當Jansons低下頭來答謝時，可見他的頭髮有如剛剛淋過大雨的濕，可以說是人間極景，也使我深深感到席勒所言，在神之前四海之內皆兄弟也（Steht vor Gott, Alle Menschen Werden Brueder）。我只能說上帝要給人的東西我都看到了。

　　我有一個夢想：將來台灣理想國家成立，全民慶祝，我會雇一部大卡車，放貝多芬第五交響曲、命運交響曲，大聲遊行於大街小巷。我會站在車上，車上放一個超大的大鼓，當樂曲由第三樂音進入第四樂章貝

多芬那一段穿透黑暗奔向光明的鼓聲，我會用棒球棒猛擊大鼓，直到倒下為止。

生命是自然之偶然，是生物、化學、物理之偶然，偶然之結束也應是偶然。離開人間之後我不願再佔用這世界任何一角落，我最後的留言將是「這裏來過一個小孩子」！雖然我還是不知道我的家在哪裏？我的國在何方？

四分之三世紀悄悄地過了，其中大部分的時間我是胡裡胡塗地在尋找自己，也可以說是無止境地流浪。到現在我還沒找到菩薩，也沒找到上帝。有一天我猛然發覺我找到的是宇宙間最小最小的粒子——上帝的粒子（Higgs Particle）。

回去之後，我會見到大老闆，我會問他三個問題：第一，你給了人類足夠的聰明創造文明，為什麼不給他們保存這些文明的智慧？第二，你讓住在台灣的人（不分族群）受苦四百多年，請問你還要他們受苦多久？第三，你賜給我窺探神經科學的敏覺，為什麼不給我一把開啟它的鑰匙？

離開了這個世界，我還不知道要往何處去。天上各層我不敢說絕對可以上去，地下各層必要時我也可以下去居住。我曾經聽過一個故事：有一個人平常窮兇極惡，被主人發放到地下十八層。當他不大情願下去之後，他發覺他的地下為什麼那麼吵，經由玻璃地板往下看，居然看到一群××黨高官政客在底下熙熙嚷嚷，還蠻擁擠的。除了這一層之外，我覺得天上、地下任何一層我都可以接受，但也不知道是否需要預先訂位。最後，我有一個請求：「主人啊！我遲早會回去找你的，你怎麼一直沒告訴我怎麼回去？最少也要告訴我你的地址啊！ok？」

【Y.H.的話】

樹與葉

廖雅慧（Y.H.）

草地人的我，童年是山中的一片綠。成人後，樹是我找厝的指標。後院儘是高林，傍著巨石，四季就以這兩種形式展現。

春天是滿樹輕柔的新葉，撒下的陽光把石塊照成深淺不同的灰色，如一群群斑鹿在靜伏恬息；夏天滿院濃綠，少有陽光穿透，石頭夏眠而長苔，樹梢吹過東西南北風，風大時，綠葉頂著藍天奏出如海浪的聲音；綠音伴著藍調；秋天走過石塊間，滿腳落葉沙沙作響，舉足乍現青草自在地綠著；冬天則是黑白的線條、平面與立體，像中國水墨，像巴哈的音樂。

因此樹成了我生命中不可分割的一部分。看書會看到樹，讀書也讀到樹，這些不會說話的，向會說話的主角及讀者展現了何等的奧妙。

樹如父親、祖父、曾祖父，而世代即是時間。

此生即葉脈一片，樹與葉共度了春夏秋冬，在樹頂觀照人生，久遠

李康舟繪，普林斯頓的家

李明亮夫婦

之後，樹會枯，葉會落，在晴空下順風滑翔，緩緩落地，俯貼著青草安眠入夢，化成樹不可分割的一部分。

> 時間是一棵樹（此生即葉脈一片）
> 愛是晴空，而我為你
> 就如此，夠如此久遠。
> ——康明思（e. e. cummings）

廖雅慧（Y.H.）

【附錄一】

簡歷

1936.6.26 出生於台南，台灣

1940　　　遷台東糖廠

1942　　　母喪。回台南市和樂幼稚園

1943　　　遷台南縣新營烏樹林糖廠，進安溪寮國民小學

1944　　　遷歸仁，入歸仁國小

1946　　　遷回烏樹林糖廠，入安溪寮國民小學；遷水上南靖糖廠，入
　　　　　水上國民小學

1947　　　遷台南市，入立人國民小學

1948　　　入台南一中初中部

1951　　　入台南一中高中部

1955　　　入台灣大學醫學院醫學系

1962　　　台灣大學畢業，入陸軍49師生衛生連任醫官

1963　　　退伍，赴美國紐約State Island Hospital任實習醫師

1964　　　轉北卡州杜克大學任小兒科住院醫師

1965　　　入佛羅里達州邁阿密大學醫學院生化學/分子生物學研究所，
　　　　　指導教授Karl Muench

1969　　　獲博士學位

1969　　　以Helen Hay Whitney基金會獎學金赴英劍橋大學Medical
　　　　　Research Council, Laboratory of Molecular Biology任博士後研
　　　　　究員，指導教授Brian Hartley

1971　　　台灣國科會客座副教授，任教台灣大學醫學院生化學科

1972	佛羅里達州邁阿密大學內科助理教授
1976	Maryland州Baltimore, Johns Hopkins大學醫學院內科遺傳學部任Chief Fellow，主任Victor Kckusick教授
1977	New Jersey州立醫牙大學小兒科，遺傳學副教授、主任
1981	New Jersey州立醫牙大學小兒科教授、遺傳學科正教授、主任
1992	台灣花蓮慈濟醫學院籌備處主任
1994	慈濟醫學院創校校長
2000	慈濟大學首屆校長
2000	中華民國行政院衛生署署長
2002	國家衛生研究院特聘研究員、論壇總召
2002	慈濟大學名譽校長
2003	抗SARS總指揮、外交部無任所大使
2004	Urbani基金會董事長
2005	國家衛生研究院衛生政策研究發展中心主任
2007	自國家衛生研究院退休
2007	國光生物科技公司董事長兼執行長
2010	台灣健康服務協會理事長
2011	中華票券金融公司獨立董事
2012	台灣工業銀行顧問兼銀行波士頓生物科技公司董事長

【附錄二】

英文簡歷

Education:

1969 PhD, Molecular Biology/Biochemistry, University of Miami School of Medicine, Miami, Florida, U.S.A.

1962 MD, National Taiwan University College of Medicine, Taipei, Taiwan

Board Certification:

American Board of Medical Genetics （Clinical Genetics）, December, 1981

American Board of Medical Genetics （Cytogenetics）, June, 1987

American Board of Medical Genetics （Biochemical Genetics）,June, 1987

American Pediatric Society, Honorary member, 1997

Board of Pediatrics, Taiwan, April 1993

Board of Medical Genetics, Taiwan, February 1993

Board of Endocrinology / Metabolism, Taiwan, August 1994

Licensure:

Taiwan: License No. X0411069

Florida: License No. 22842

New Jersey: License No. 34381

DEA No.（USA） AL 8052261

Scholarships, fellowships, awards:

2003   Presidential Award （總統中華民國景星勳章）

2003   Minister's Award （衛生署一等衛生獎章）

2002   Prime Minster Award （行政院一等功績獎章）

2001   Johns Hopkins Medical School. P. Asper Award

1969-72   Helen Hay Whitney Fellowship
          Medical Research Council, Laboratory of Molecular Biology, University of
          Cambridge, Cambridge, England

1965-69   NIH Postdoctoral Trainee Fellowship University of Miami, Florida, U.S.A.

Membership in Professional Societies:

1997-Present   American Pediatric Society, Honory Member

1993-present   Taiwan Medical Genetic Association

1991-1992   Fellow, American Federation of Clinical Research

1987-1992   American Institute of Chemists

1985-1992   New York Academy of Science

1983-1992   New Jersey Academy of Science

1981-1992   American Society for the Advancement of Science

1979-1992   Society of Craniofacial Genetics

1977-present   American Society of Human Genetics

1975-1992   American Society of Biological Chemists

1969-1972   British Biochemical Society

Experience:

2010.5-   Chairperson, Taiwan Health Corps

2008-present   Board member, National Health Research Institute, Taiwan

2003.5-2007   Ambassador-at-Large （無任所大使） R.O.C.

2003.5   Commander-in-chief, SARS Task Force

2003.5-2008   Consultant, Executive Yuan （行政院顧問）

2002-2007   Chairman, Forum, National Health Research Institute, Taiwan

2002-present   President Emeritus and Professor, Tzu Chi University, Hualien, Taiwan

2000-2002   Chairman of Board, National Health Research Institute, Taiwan

2000-2002	Committee member, National Science Foundation, Taiwan
2000-2002	Minister, Department of Health, Taiwan
1998-2000	President, Tzu Chi University, Hualien, Taiwan
1996-present	Board Member, Pediatric Society, Taiwan
1995-2001	President, Society Medical Genetic, Taiwan
1992-1993	Director, Planning Office, Tzu Chi College of Medicine, Hualien, Taiwan
1985-1992	Graduate School Faculty, Rutgers University Graduate School, New Brunswick, New Jersey, USA
1982-1993	Tenured Professor of Pediatrics and Chief, Division of Medical Genetics, University of Medicine & Dentistry of New Jersey-Robert Wood Johnson Medical School, New Brunswick, New Jersey
1977-1982	Associate Professor of Pediatrics and Chief, Division of Medical Genetics, Department of Pediatrics, Robert Wood Johnson Medical School, New Brunswick, New Jersey
1976-1977	Chief Fellow, Division of Medical Genetics, Johns Hopkins University Hospital （on leave of absence from University of Miami）
1972-1976	Assistant Professor of Medicine, Division of Genetic Medicine, Department of Medicine, University of Miami School of Medicine, Miami, Florida
1971-1972	Visiting Scientist, Department of Biochemistry, National Taiwan University School of Medicine, Taipei, Taiwan
1969-1971	Helen Hay Whitney Research Fellow, Medical Research Council Laboratory of Molecular Biology, University of Cambridge, Cambridge, England （under Professor Brian Hartley）
1965-1969	NIH Postdoctoral Trainee, Department of Medicine, University of Miami, Miami, Florida
1964-1965	Pediatric residency, Duke University Medical Center, Durham, North Carolina
1963-1964	Rotating internship, Staten Island Hospital, Staten Island, New York

1962-1963	Military service, Chinese Army （Second Lieutenant）
1962	M.D., National Taiwan University College of Medicine, Taipei, Taiwan
1958-1960	Research assistant to Dr. I. Pan, Professor of Microbiology, National Taiwan University School of Medicine, Taipei, Taiwan

Other Professional Experience:

1986-1990	University Executive and Research Committee, UMDNJ-Robert Wood Johnson Medical School, New Brunswick, NJ
1985-1988	Clinical Research Center Planning Committee, UMDNJ-Robert Wood Johnson Medical School, New Brunswick, NJ
1984-1992	Executive Committee, Department of Pediatrics, UMDNJ-Robert Wood Johnson Medical School, New Brunswick, NJ
1984-1992	Promotion and Appointment Committee, Department of Pediatrics, UMDNJ-Robert Wood Johnson Medical School, New Brunswick, NJ
1984-1992	Chairman, Finance Committee, Department of Pediatrics, UMDNJ-Robert Wood Johnson Medical School, New Brunswick, NJ
1983-1989	Reviewer, American Journal Medical Genetics
1982-1988	Reviewer, American Journal Human Genetics
1981-1984	University Foundation Grant Review Committee, UMDNJ-Robert Wood Johnson Medical School, New Brunswick, NJ
1981-1982	Reviewer, Journal of Autism and Developmental Disorders
1981-1984	UMDNJ Robert Wood Johnson Medical School, Institutional Review Board
1980-1981	Chairman, New Jersey Task Force for Genetic Service
1980-1981	UMDNJ Rutgers Medical School , Committee for Evaluation for Faculty Performance
1979-1980	Chairman, Subcommittee of Clinical Genetic Service, New Jersey Task Force for Genetic Services
1979-1980	Scientific Advisory Committee, New Jersey Chapter of Citizens for Mentally Retarded

1979-1985	Advisory Board, New Jersey Chapter of National Huntington's Disease Association
1977-1992	Consultant, New Jersey State Department of Health Neonatal Screening Program
1977-1985	Reviewer, Biochemistry

Others:

Peer Reviewed Publication and Abstracts：155

Books：3

Chapters in Books：3

Medical Essays：13

【附錄三】

日內瓦第54屆World Health Assembly演講詞

Health Care in Taiwan: Past, Present and Future, May 14, 2001

Introduction

Mr. Chairman, Distinguished Guests, ladies and gentlemen:

I am honored and privileged to be here. But first of all, let me convey, on behalf of the people of Taiwan, our most sincere greetings to you who care about and reach out to the people of Taiwan by inviting me here. Thank you very much for your presence and support.

This is our fifth visit. For the past four years, we had been striving for the same goal－Taiwan's representation at the WHO. Today, we have come with the same determination, for none other than that has been our persistent aim and trial for all the people of Taiwan. Yet again politics, not health, prevailed.

It is a universal truth that health checks no boundaries, that humanitarianism cares no boundaries, and that disease heeds no boundaries. Furthermore, it is decreed that the highest aim of the medical profession be the pursuit of the best health for all the people of the world, regardless of racial, religious, political, or economic differences. But for thirty years, Taiwan has not been admitted to the organization, even though Taiwan is more populated than the three-quarters of its member nations.

But, we in Taiwan are compromised in matters of global health policy discussions, of technical connections, of disease control and prevention. We cannot receive due information and offer prompt collaboration, nor contribute to the global system to benefit its family members. For the basic rights of healthcare of the twenty-three million people in Taiwan, for the dutiful contribution of Taiwan as a member of the same family, we should give, and hope we be given the due opportunities to show our goodwill.

Dare to Care: Taiwan Cares

The World Health Organization sets its yearly campaign theme on mental health for the first time in the first year of the new millennium: Stop Exclusion, Dare to Care. Its purpose is to encourage the member nations to publicize the need of mental health, to help people understand, accept and care for the patients. We in Taiwan respond to the call with full zeal. We dare to care: Taiwan cares. Creative competitions and exhibitions on mental health are held in campuses around the country, the activities being intended to root the acceptance of and the understanding for mental health patients in the heart of every student. Society would be more loving and more accommodating for the less empowered group of people.

Health Care in Taiwan

Now, I would like to take this opportunity to briefly talk about the history of health care in Taiwan, its past, present and future. Taiwan had seen great developments in public health during the past one hundred years. Those of 72 years for males and 78 years for females replaced the life expectancy of 39 years for males and 43 years for females in 1906 in the year 1999. The infant mortality rate was 84.1 per 1,000 live births in 1906 and dropped to 6.1 in 1999. The maternal mortality was 7.6 per 1,000 live births in 1906 and dropped to 0.1 in 1999. Physician delivery rate was 7.8% in 1951, but 99.8% in 1997. All the data illustrated the results of higher education, more trained health workers and midwives, effective population control, more spreading immunizations, better nutrition and higher steady economic development.

There are also great changes in the cause of death and the disease patterns during those hundred years. The threats of communicable diseases receded, replaced in large shares by accidents and the chronic and geriatric diseases. Malaria, tuberculosis and gastroenteritis made up the top three causes of death in 1906, which were supplanted in 1999 by malignant tumors, accidents and cerebral vascular diseases. The changes were effected by the same causes as mentioned before —environmental improvements, better health education and health habits, immunizations, improved health care and medical technologies. For instance, the tap water provided 1.4% of water supply in 1906, but 89.5% in 1997.

Within the last twenty years, Taiwan had reaped many successes and achieved many breakthroughs. As a result, the health condition and life quality of Taiwanese people were elevated to a new height, and some of the achievements are the models for the other countries to learn from. For examples, prevention and eradication of epidemics, the use of iodized salt against the thyroid endemic, control and eradication of malaria, family planning, maternal and child health, prevention of hepatitis and hepatitis B vaccination, research and prevention of black-foot disease and arsenic poisoning, strengthening of primary care system, setting-up of general medical network and emergency medical network; and, above all, the implementation of the National Health Insurance Program. Those are the major accomplishments in public health in Taiwan.

The Challenges of Health Care in Taiwan

Yet in spite of the eradication of many communicable diseases, as the developed countries have done, Taiwan faces yet episodic outbreaks of Dengue fever, Enterovirus infection and/or Hunta virus infection. Therefore, we should keep up our watch. In Taiwan there are relatively few cases of AIDS, but those of drug-resistant tuberculoses are on the rise and will challenge our readiness.

Taiwan in the twenty-first century, however, will also be impacted with the globalization, urbanization and IT transformation. Sexually transmitted diseases will be at the front of the epidemiology. Rapid transportation and international exchange will force Taiwan to protect itself against every alien disease from every corner of the world.

Taiwan in the twenty-first century will also face the healthcare needs of an aging population. Threats of cancers and cardiovascular diseases have not abated, nor the cases of psychological and neurological diseases. Those chronic yet incurable degenerative diseases will certainly generate a great burden on society and create great drain for the medical resources.

With the advance of knowledge and technology, Taiwan in the twenty-first century will have to meet the increasing demands from the people for the better quality of healthcare. People in the old time would have satisfied with little healthcare they could have, and happy with more if possible; now they expect better. Predictably the cost of healthcare will escalate.

Taiwan in the twenty-first century must actively promote the health education to cultivate good living and diet habits to prevent degenerative diseases. As a member of the global society, Taiwan should bring forth the international cooperation in disease control and prevention; we should also set the pace for better quality and better efficiency of the healthcare system.

In short, Taiwan in the twenty-first century must carry out the mission of prevention-oriented medical education. We must aim to elevate the quality of medical care in order to provide every individual a healthy, rounded living environment.

Conclusion

As a member of the world, we believe Taiwan can work with every member of the world, to offer our years of experience in public health, to strive to realize the goal of the weal and health for all, and to make the world a truly good and healthy place to live in. We dare to care because Taiwan cares.

Lastly, I thank you all again with all my heart for inviting me here.

Thank you and good health to you all.

【附錄四】

日內瓦WHO新聞俱樂部講詞

Health：A Fundamental Human Right for Taiwan, May 15, 2001

「The enjoyment of the highest attainable standard of health is one of the fundamental human rights of every human being without distinction for race, religion, political belief, economic or social condition,」 proclaimed in 1946 The Constitution of the world Health Organization, which also noted that 「the health of all peoples is fundamental in the attainment of peace and security and is dependent upon the fullest cooperation of individuals and States.」 For the access to the highest standards of health information and services, a prerequisite for guaranteeing every person's basic right to good health, the WHO must be able to draw on the collective and coordinated efforts of all participants. With rapidly increasing globalization, advancing technology, and international trading, the universal participation of every entity is therefore that much more urgent than ever. Taiwan is no exception.

Although Taiwan was forced to withdraw from the WHO in 1972 where it as Republic of China had been a founding member for 24 years, Taiwan continues to abide by the WHO principle of equality, fraternity and 「health for all.」 Yet Taiwan's health officials, scholars and medical professionals have been blocked from the WHO forums and workshops on the world health policies, from the exchange of medical information, biomedical advancement and from the active participation in research or aid projects. For mutual benefits to the world and to 23 million Taiwanese, Taiwan must be included in the global health network.

Vectors of disease recognize no national boundaries. Crucial disease prevention and control depends upon effective health surveillance networks of global scale, in which no single entity should be left out like a discriminated lone soul among a sea of multitudes. Taiwan is one such soul, even though it is one of the largest trading countries in the region with tremendous quantity of goods dispatched in and out of it at a daily basis; even though Taiwan locates at the juncture of important maritime route between Northeast and Southeast Asia, and a main outbound tourist country with over seven million people traveling to other countries. · Any outbreak anywhere would not be controlled and contained in the most efficient ways without inclusion of 23 million people in Taiwan with official channels to the prompt WHO response. One case in point , during the 1998 enterovirus outbreak many of the children's lives could have been saved if Taiwan had not been refused WHO information and medical aids on the ground that it has no membership in the Organization. It was a stark contrast to the immediate assistance the WHO sent to Hong Kong for its avian flu outbreak in 1997.

It is therefore not only to the benefit of the 23 million ion people of Taiwan, but also in the interest of the health of all other peoples that Taiwan be included in the world's health system. The absence also prevented Taiwan from participating in many important institutions such as the FAO/WHO Codex Alimentarius Commission, an organization to protect the health of consumers and promote coordination of all food standards. The recent 911 tragedy and the anthrox cases in the United States remind the world the ever presence of violence and bioterrorism. Yet again, Taiwan was left out of the world health network to fend for its 23 million people alone.

Taiwan nevertheless continues to give to the world as reciprocations for the helps it received during its poorer leaner years. Taiwan is a place of free and mature democracy, ranked14th in trading and 21st in economic entity, and above three quarters （ or two third ） of the 191 WHO members by population. With US $ 14,000 per capital income with the third largest foreign reserve in the world, Taiwan certainly has the capacities to contribute to the less fortunate peoples in the world.

Unconditionally and purely with the humanitarian concerns, Taiwan has by official and non-governmental contributions since 1995 given over 100 million US dollars — over $1 million in technical assistance and trainings in healthcare, over $66 million in medical aids and donations , and over $33 million in humanitarian aids-to over 90 countries, with or without diplomatic ties, in Central and South America, Africa, west Asia and Asia Pacific Region, North America, and to organizational like Rotary International, Kiwanis international, Medicin du Monde, Knightbridge International and etc. Most recently, for the 911 victims, the Taiwan Tzu Chi Foundation volunteered manpower, relief funds, goods and cash donation of over $1 million to the New York City.

In another occasion, Taiwan dispatched a team of very high-level officials with its people's donation of over 1.5 million to the people of the United States, conveying its fraternity and solidarity with USA in time of antiterrorism. During the antiterrorist war, Taiwan gave over $17 million to the Afghanistan relief, including the medical supplies, trucks, and other relief goods from the NGO Taiwan Tzu Chi Foundation, personally delivered by its volunteers. But the health professionals and volunteers have risked their life on site because they cannot expect any protection from any international organization or treaty.

Even so, at present four Taiwanese medical teams service in Burkina Faso, Republic of Malawi, Republic of Chad and Republic of Sao Tome and Principe. Besides the AIDS prevention programs Taiwan has helped set up and run in Burkina

Faso and Kingdom of Swaziland, it has also made a pledge of one million US dollars for the Global Fund to Fight AIDS, Tuberculosis and Malaria, in spite of Taiwan's forced isolation in the global family.

Taiwan also contributes in the field of consultation, research and development. Taiwan has provided experts and scientists since the 60s when the WHO, the UNICEF, the US AID, the US Agency for International Development, and the Rockefeller Foundation successfully helped Taiwan to eradicate malaria, control the birth rate, prevent tuberculosis and promote general health. Thus the Taiwan experience in birth control, hepatitis B prevention, research and training, and the public healthcare can be used to make healthier the other areas in the world.

For healthcare universality, the Taiwan Health Insurance covers 97% with a 70% approval, of its population, the very program the Economist Intelligence Unit of London ranked in 2000 second only to that of Sweden. Taiwan has shown to the world a feasible way of fulfilling the WHO ideal of 「health for all.」

During the world Health Assembly at Geneva in May 2001, US Secretary of Health and Human Services Tommy Thompson stated publicly the United State's support to Taiwan'5 participation in the world health organization. The Geneva press for the first time published the motion for Taiwan's observer status at the WHA, in addition to several reports on the issue. Since Taiwan's first trial in 1997, many nations began to have a better understanding of the nature of Taiwan's strife. On May 28, 2001, President Bush signed a resolution in support of Taiwan's participation. In Europe, many voices were raised around the capitals echoing Taiwan's right to health. The medical professionals also stood up to call for their governments' actions to support Taiwan. For examples, the Standing Committee of European Doctors and the Council of World Medical Association respectively in September and October 2001 passed resolutions to endorse Taiwan's observer status at the WHA.

However, Taiwan's fair and just quest for its people's fundamental human right to health has been impeded by the People's Republic of China, in spite of the non-political nature of health. Taiwan's application does not challenge the political reality nor implies any political maneuver. This is humble humanitarian quest, not a political scheme. The fact that Palestine, the Holy See, Liechtenstein, Sovereign and Military Order of Malta , and International Red Cross are observers of the World Health Assembly（WHA）warrants a serious reconsideration on Taiwan's qualification and application.

In conclusion, it is morally right to grant Taiwan due representation with observer status as a health entity at the WHA, because the WHO Constitution emphasizes :「The health of all peoples is fundamental in the attainment of peace and security and is dependent upon the fullest cooperation of individuals and states.」

【附錄五】

第22屆亞太聯合醫學會演講稿

Medical Education in the Twenty-first Century（Sixth Takemi Oration）, Nov.2001

First of all, on behalf of the government of Taiwan, ROC, I like to welcome you all to Taiwan. To my knowledge, this is the first time that the Takemi Memorial Oration is held in Taiwan. As for myself, I am much privileged and honored to be the speaker for this oration today.

For many years, I have heard of Dr. Takemi Taro, a giant from our neighbour country, Japan. He had dedicated his life to the care of society and of common people, and taught us not only how to become a good physician, but also how to be a good citizen. He ever exhorted us that physicians should not forget their social responsibilities. Although twenty some years have elapsed since his departure, his illuminations will stay for generations to come. Standing in front of the giant, especially to make a speech on medical education, I am truly humbled.

My topic today is medical education in the twenty-first century. In medical education I had engaged professionally for 40 years without interruption till my appointment as Minister of Health in May 2000. Even during my tenures in administration as dean of a medical school and president of an university, I continued my teaching and educational work. Being both teacher and administrator, I had witnessed the evolution of medical education in the later half of the twentieth century. With my personal experience and observations gained during the three quarters of my professional career of 40 years in the United States, and a few years in Europe, I have had deep understandings of the differences of medical education in different systems of different societies with different cultures. And because of those years abroad, I have been able to approach the medical education with a broad spectrum. Most importantly, the new millennium ushers in a new age of global relation, science, technology, and medical practice which is drastically different from that of the conventional medicine. New era needs new types of physician. And the cultivation of good new physicians demands good medical education with new approaches.

What defines a medical education as new? What different path should it follow?

Firstly, our future physicians need to know how *to adapt themselves to the new demands of medical practice*. In the new millennium we have to face different foci of disease: new infectious agents like Ebora, Hunta and Nipah virus; new mutations of old infectious agents, such as influenza viruses, drug-resistant microorganisms; re-emergence of old diseases like small pox, hemorrhagic plague, anthrax, possibly by bioterrorism; prominence of age-related, chronic, multifactorial, etiologically complex disorders requiring medical as well as ethical decisions; and the upsurge of mental disorders including aberrant social behaviors. Ever increasing mental burdens only induce more stress, resulting in higher degree of anxiety and depression. Introductions of new types of work may also create new environmental hazards and cause new health problems.

Against those changes we should design the curriculum to prepare our future physicians. Let us forget not that infectious diseases will never be totally eradicated, no matter how potent our anti-viral or anti-microbial devices. The design of nature is such that the structure of nucleic acid is constantly altering, albeit slow and random. Physicians need thus to be fully awared of and prepared to breast the unexpected challenges, lest epidemiological disasters might occur. Similarly, human biology requires a fresh approach with particular attentions to the physiology and pathology of aging and molecular and cellular biology of mental process. Alongside the knowledge on human genome, medical genetics and genetic medicine become prerequisites for the future physicians to apprehend the disease etiology in a new light. On the other hand, preventive medicine and health promotion will weight more than the disease diagnosis and treatment in conventional medicine. As a result, public health will become an essential knowledge for medical practitioners.

How about the newly emerged environmental hazards that we have never encountered before? Asian countries in general are amidst of transforming from agricultural to agriculture-industrial, and to industrial countries. Unseen land, ocean and air pollutions cause new physical symptoms and disorders: chronic respiratory problems by air pollution, ophthalmologic and orthopedic illness by long office hours, and chronic intoxication by the waste product of IT industry, just to mention a few.

But as the medical complexities increase, the decision whether to perform a particular test, to medicate or to operate will become more uncertain than ever before, especially when physicians have to practice with limited resources, either in a free market system or in a social insurance/welfare system. They can no longer afford not to aiming at efficiency and balance of cost and benefit, failure of one or both can indeed compromise the quality of care. On the other hand, incidence of medical error already ranks 7th or 8th cause of death in the United States, and will most likely to continue to rise. In short, higher incidence of medical error and aims of efficiency and balance of cost and benefit in a better informed public with a keener awareness of physicians' legal liabilities make the practice more taxing and more time-consuming.

Secondly, new generation physicians need *to learn how to learn*. We had been going through knowledge explosion in the past decades, and undoubtedly, the trend is going to accelerate and its pace quicken. The knowledge we have and will have acquired is estimated to have only a half life of no more than 6 years. Its transiency will but force them to learn by themselves, continuously through life. Since the human brain has only certain capacity to manage certain amount of knowledge, the aid of an 「external brain」 to integrate, to analyze, and to utilize it becomes essential and indispensable. Therefore, the twenty-first century medical students need to be well trained in the information technology, the IT. Since the degree of proficiency in the IT can very well be the determining factor in their future success, excelling in this technology becomes mandatory not only for medical academicians but also for general practitioners.

Thirdly, future physicians must realize that the *integration of all medical disciplines* is unavoidable, for the rapid specification and expansion of medical information have become barely humanly manageable. But the ways of biochemical reaction, physiological function, even pharmacological process and pathological development never operate independently. Since they are all parts of a holistic system which can best be comprehended in a holistic manner, basic sciences should orient toward human-as-a-unit biological science. Similarly, all branches of clinical sciences can best be appreciated when they are integrated into a bed-side oriented clinical science.

Such knowledge integration is indeed a formidable task that proposes reforms with strong administrative supports. Key persons should first be identified who are visionary, enthusiastic and knowledgeable, with no less measures of courage and resolve. These few key persons should have good, thorough trainings to function as the seeds of reform in the institution. Every department should have its own team, material reorganized, and physical settings for teaching redone if needed. Intermural collaborations and sharing of both successful and failing experiences can greatly facilitate the reform. Among all those changes, mind-set is the most difficult to alter, but financial incentive can be a key to success. Once the psychological and physiological barriers removed, the integration can ensue. To my experience, the strongest resistance comes from the faculty members, especially the seniors. The students actually very much welcome the change and have found the newly formed courses logical, fascinating and stimulating.

No doubt the integration process is difficult, costly and time consuming. Individual models must be tried out, institution by institution, country by country. Nontheless, the trend is clear, the sooner the reform the easier and less costly it will be. Even though not a single ideal program has yet emerged, once the reform starts, it can never be stopped, urged on by the advance of science.

Fourthly, new physicians need *good skills of communication*, professionally as well as socially. 「Words, words, words,」 Hamlet of Shakespeare said nonchalantly; but words can heal, and words can kill. Medicine is the most dynamic profession requiring much human interaction. Physicians need not only to learn in order to know, but also to teach in order to heal. They must be able to talk with genuine concerns to patients and their families, failure of which could result in disputes. With no less importance, learning how to speak must presuppose knowing how to listen. Listening well conveys a message of care and concerns. Furthermore, the patient education demands accurate, and succinct presentations. For good communication, linguistic and rhetoric training is essential. Repetitive exercise and training under specialists' guidance can be the keys to success.

How about written communication in medicine? A complete, clear and accurate medical record of patient's condition should be considered as one of the most fundamental training in medical school. Medical records are often nothing but physicians' illegible scrabblings, which are illegal and unethical. Good medical writing, just like verbal communication, requires strictly supervised and carefully guided lessons. Perusal of well written medical reports can be of great help in acquiring skills of good writing.

The geographic distance diminishes steadily as the transportation become more rapid, convenient and affordable; resultingly, the diseases can no longer be chartered by boundaries. Among nations or areas with different languages, communications both verbal and written take on a greater importance. In a foreseeable future, English will stay as the international language, making good English ability another important qualifier of success.

Fifthly, new physicians ought *to have a great social conscience* and stern obligation to their social responsibilities, the good lessons that Dr. Takemi has taught us. Physicians are a group of people with high social status, not because of their income, but because of their honorable profession. Whatever taken from society should be given back to society, directly or indirectly, and proportionately. They must not violate this social principle. If elites in a more and more capitalized world of the twenty-first century have no social conscience, the public health system will collapse, and social polarization ensue. Laurie Garrett, a well known Pulitzer Prize-winning reporter, recently published a book 「 Betrayal of Trust, Collapse of Global Public Health 」 in which he candidly illustrated this phenomenon. It becomes eminent that future medical curriculum must emphasize humanities more than ever. This is particularly true in Asia, where students are admitted to medical schools directly from high schools. Often time slots allocated to humanities are transgressed to accommodate the professional courses. The humanities, in my opinion, should include philosophy, logics, general and medical history, sociology, literature, art and ethics. Only when physicians understand society and culture can they become good healers and good teachers.

Lastly, physicians must *keep themselves fit and healthy*. To be a physician demands tremendous physical stamina for tremendous physical and mental pressure. The students should learn how to maintain their own physical fitness, not necessarily through vigorous exercises, but rather via their routine, regular and consistent regimens. Physicians have to keep their physical parameters （pulse rate, respiratory volume etc） normal in order to teach it effectively to their patients. Equally important is the mental wellbeing. A hobby in art, music, drama or traveling is especially beneficial, as W. Somerset Maugham wrote of the protagonist doctor in his novel Of Human Bondage: 「It always comforted him to get among pictures. He looked at none in particular, but allowed the magnificence of their colour, the beauty of their lines, to work upon his soul. 」 Thus in their medical school years, students must be consistently encouraged to cultivate their own interests. A well-rounded human being prefigures a better and kinder physician.

May we also be mindful that in the persuing of the new and of the future, we should not forget our great teachers through ages who have inspired us. In his sacred oath, Hipocrates said, 「To hold him who has taught me this art as equal to my parents, 」 「in purity and holiness I will guard my life and my art」 and 「I will keep them （patients） from harm and injustice. 」 The father of internal medicine, sir William Osler reminded us of physicians' essential virtues of imperturbability and equanimity under all circumstances. Recently deceased American physician, medical educator, and essayist Dr. Lewis Thomas reminded us that the word 「medicine」 itself is from the root 「med, 」 「mederi」 in Latin, meaning to look after and to heal. The English words 「moderate」 and 「modest」 are also from the same root 「med, 」 implying that doctors being modest must practice with moderation because the cognate of human is humility. All those teachings are universally true in east or west, transcending time and space. Practicing medicine, they taught us, should be a humbling experience.

In conclusion, time has come that we recognize and meet the new medical and social demands in a new century. We need to understand anew genetically the human physiology and pathology. Above all, we need to prepare the medical educational system to cultivate better professionals to better undertake their shares of social responsibility.

Finally, I like to conclude this presentation with a saying from Dr. Felix Marti-Ibanez, a renowned Spanish physician, writer and medical educator, 「To be a doctor is to be an intermediary between man and God.」 In other words, be humble, be resolved, be caring, be prepared.

I thank you very much for your attention.

【附錄六】

New York 聯合國國際衛生記者會演講詞
Dare to Care: Children in Taiwan, May 8, 2002

Distinguished guest, Ladies and Gentlemen:

Good evening! Welcome and thank you for coming to this gathering, allowing me to share with you my view on child health in the world and what we have been doing for children in Taiwan.

No doubt there are massive inequities between the rich and the poor in the burden of ill-health and premature death in the world. The recent report of The Cape Town Call to Action: Vaccination for Every Child calls for the accelerated efforts for the vaccination of children against major communicable diseases, especially for the 13 million children in the South Asia and 11.6 million in the Sub-Saharan Africa. Children bear the greatest share at 70% of the total deaths of over 3 million of vaccine-preventable diseases. Fifty-eight percent of deaths from infectious diseases occur among the poorest 20% of the world's children. In turn, this discrepancy accelerates the widening of economic gap between rich and poor countries. Every untimely death is heartrending, especially when the vaccinations for those diseases are readily available. But to many the newly developed vaccines make the affordability even that much slimmer. Health and wealth thus play a vicious game of cause and effect.

In my view, the vaccinations should not be solely financed by users, in keeping with the current policy of the Global Alliance for Vaccines and Immunization, because the vaccinations benefit not only personally but also nationally and globally. Therefore societies and the world should bear the cost of vaccinations jointly. It takes not only a village but also the whole world to safeguard every child's health.

As a father, pediatrician and medical professor, I am proud of what Taiwan has achieved in taking care of young Taiwanese. They have free prenatal screenings for metabolic abnormalities, free immunizations, including Hepatitis B vaccination at birth, free medical care through age 3, and comprehensive programs in nutrition, child development and mental health. What we have done for our children can easily be taught and transferred to the less developed areas, either on site or at free workshops.

As an educator and an ex-president of a university, I keenly realize the importance of information sharing among institutions worldwide for advance of teaching and research and for up-to-date medical findings and life-saving procedures, all required for globally concerted health promotion and disease prevention for our children. Thus Taiwan has provided experts and scientists since the 60s when the WHO, the UNICEFF, the US AID and the Rockefeller Foundation successfully helped Taiwan to eradicate malaria, control the birth rate, prevent tuberculosis and promote general health. The Taiwan experience in birth control, Hepatitis B prevention, research and training, and the public health can be used to make healthier the other areas in the world.

As the Minister of Health of Taiwan, I have the honorable obligation to look after the health of my people, especially the young. Taiwan was forced to withdraw from the WHO in 1972 where it as the Republic of China had been a founding member for 24 years, but Taiwan continues to abide by the WHO principles of equality, fraternity and "health for all." Crucial disease prevention and control depend upon effective health surveillance networks of global scale, in which no single entity should be left out like a discriminated soul among a sea of multitudes. Taiwan is one such soul. Any outbreak anywhere would not be controlled and contained in the most efficient ways without the inclusion of 23 million Taiwanese.

As a free mature democracy with US $14,000 per capital income and with the third largest foreign reserve in the world, Taiwan certainly has the capacities and more than enough goodwill to give to the less fortunate peoples in the world. Taiwan's official and non-governmental contributions since 1995 have totaled over 100 million US dollars to 78 countries and to non-governmental organizations. For example, for three years Taiwan had given, through the Rotary International, 1 million per year to the polio vaccination fund.

Good healthcare goes beyond simple vaccinations. Timely treatments for common parasite infestations and diarrhea-induced malnutrition and, most importantly, universally available healthcare system are essential. For its universality, the Taiwan Health Insurance Program covers 97% of its population with a 70% rate of public approval. The Economist Intelligence Unit of London ranked in the Year 2000 Taiwan's health care second only to that of Sweden. Taiwan has shown to the world a feasible way of fulfilling the WHO promise of "health for all."

In spite of those accomplishments, Taiwan still needs help from the World Health Organization, as best attainable health standard can only be achieved through global collaborative efforts. Thus Taiwan will try again for the observer status at the World Health Assembly. The application does not challenge the political reality nor imply any political maneuvers. We are humble, our strivings are just, and Taiwan's 23 million individuals deserve due representation at the World Health Assembly. The WHO Constitution emphasizes that the health of all peoples is fundamental in the attainment of peace and security and is dependent upon the fullest cooperation of individuals and states, simply because, to quote Shakespeare, "a touch of nature makes the whole world kin."

Therefore I am asking your assistance in realizing Taiwan's aspiration to become an observer at the 55th World Health Assembly. Specifically, I hope that you would help Taiwan join the organization as a "health entity." Such an approach I believe would minimize the procedural difficulties in issues of sovereignty and statehood. This is a simple quest for fundamental human rights. The fact that Palestine, the Holy See, Liechtenstein, Sovereign and Military Order of Malta, and International Red Cross are observers of the World Health Assembly warrants a serious reconsideration on Taiwan's qualification and application. Granting Taiwan an observer status would also effect "the enjoyment of the highest attainable standard of health··· without distinction for race, religion, political belief, economic or social condition" for the 23 million people in Taiwan. But the most benefited would be our children, our future generations and the children of the world.

【附錄七】

2002日內瓦IRFD討論會演講詞

Health Care System in a Transitional Society: A Taiwan Experience, June 26, 2000

Mr. Chairman, Distinguished Guests, Ladies and Gentlemen:

Good afternoon, I'm very honored and pleased to be here today to participate in this conference. I was the President of the Tzu Chi University when appointed as the Minster of Health on May 20, 2000. My responsibility has thus been shifted from educating medical students to taking care of the health of the entire population in Taiwan. "Health Care Policy in a Transitional Society" is just the challenge I have to breast since that day on. Yet the world never stops and the health needs of the people have become more complex. More compassion and wisdom are needed in making decision. On September 21, 1999, Taiwan was hit by the greatest earthquake in a hundred years. When it happened, most areas of the island were out of power, water supply and telecommunication, but within an hour, the government formed a crisis management team. Our emergency and health care network also responded immediately to the injured. Thus the crisis situation was under control within three days. It showed that a well-placed functioning system played an important role in our recovery. Now, I will first talk about the development and achievements of healthcare in transitional society of Taiwan and then move on to our current concerns and future directions. Your comments and suggestions will be highly appreciated.

The development and achievements of health care in Taiwan

History of public health in Taiwan

For the first stage of the development of public health in Taiwan, we have to look back to the period of the Japanese occupation from 1895 to 1945. The Japanese attended to the local public health problems: they built up hospitals, set up the first medical school in Taiwan, and effected the communicable disease control. Their efforts not only reduced the Japanese soldiers' death rate but also improved the health status of the general public. Right after World War II, Taiwanese life expectancy was only 54.8 years with the infant mortality rate of 44.7 per 1,000 live births. Of a total population of 7.8 million then, 1.2 million had been infected with malaria. Fortunately, with the generous help of many international organizations such as the WHO, the UNICEF, and the US AID from 1950 to 1972, we were able to build up a health care network that served as the foundation for the current health care system. Even though Taiwan left the UN in 1971 and theWHO in 1972, Taiwan has miraculously progressed far both in economic development and health care programs. There are four major achievements in healthcare during this transitional period that I wouldlike to mention to you.

1. Prevention and Control of Major Communicable Diseases

During the 1960s, communicable disease control was the highest priority of the public health policy in Taiwan. The government eradicated or well controlled some communicable diseases such as malaria, plague, smallpox and rabies. In

1965 the WHO officially declared that Taiwan was free of malaria. An intensive program for the control of hepatitis B began in 1982 and immunization against hepatitis B was implemented in 1984. A study showed that the hepatitis B carrier rate of 10.5% before the immunization program had reduced to only 1.7%, a decline of 84%. Our experience in these areas could be of help to other countries facing similar medical situation to fulfill the Copenhagen Commitments.

2. Success of Family Planning

A Family Planning Program was initiated in 1964 to improve the quality of life. The program has slowed down the growth of population, and has also enhanced the social participation of women and promoted equal rights between the sexes. Survey finding showed around 82% of all married women aged 22 to 39 practicing contraception. With fewer children, people are enjoying higher quality of life, better education and fairer distribution of social resources.

3. Enhancement of Medical Care Resources

The death rate fell during the 60s, non-infectious cases of diseases had outnumbered those of acute communicable diseases. Meanwhile, the Taiwanese people prospered. As a result of the Taiwanese prosperity, the demand for health care in Taiwan has increased rapidly since the 1970's.

Health policies in the 1970's in Taiwan aimed at exploring the health care resources to meet the challenge of the rising demand. First, the government decided to increase medical school enrollments to develop high-quality medical care manpower. Now we have 1200 medical graduates per year. In 1983, the government initiated a group practice center program, in which the government would assign medical scholarship physicians to serve in rural areas. Secondly, the government continued to build and expand public hospitals to provide health care. The government set up a medical care development fund to encourage private sectors to establish by subsidized loans medical care institutions in medically underserved areas; while in 1985, a national medical care network program to oversee the fair distribution of health care resources, including both public and private sectors. Currently, we have approximately one physician per 700 population, though the distribution is still far less than ideal.

4. Implementation of National Health Insurance Program

In March 1995, the National Health Insurance（NHI） Program was implemented to make health and

medical care available to all citizens. By the end of 1999, 96% of the total population had enrolled in

the NHI program, under which the previously uninsured elderly and young children were covered. With about 94% of all private and public medical care institutions contracted with the Bureau of NHI, our

people now have easy universal and equitable access to quality health services without any financial discrimination. Survey showed that the public satisfaction with the NHI Program has risen from 33% at

the beginning to 75% at present. With the universal enrollment, better access to medical care and higher public satisfaction, the NHI has accomplished its objectives, a similar goal of the Copenhagen Commitments.

Current Health Status

As of 1999, 23 million Taiwanese have a life expectancy of 72.28 years for men and of 77.97 years for women, an increase of 20 some years over the last forty years. The crude birth rate was 12.89 ? and the crude death rate, 5.73?. The infant mortality was 6.07 per 1,000 live births and the maternal mortality was 8.46 per 100,000 live births. Our health status was comparable to that of the industrialized countries. Indexes of health status in Taiwan ranked the 13th worldwide in the survey of the British journal, 「The Economist」. However, with the changing society, we are also facing similar challenges and tasks as other countries. At present, about 8.5% of the total population in Taiwan are aged over 65. Among them, 90,000 （about 5.5%） are not healthy enough to live independently; and 840,000 （50.2%） though not healthy, can attend to their daily life. It is expected that by 2020 14% of the total population will be over 65. Therefore, population aging is a major concern not only in our health planning and policy but also in our social and economic ones, a potential great burden for all the developing countries.

Future Directions

With the coming of the 21st century, our health care system is facing some new tests and challenges. In addition to continuing the current health care programs, we will gauge and fine-tune our health care policies by the actual needs of society. During the past month, I kept asking myself, what could I do to help patients and society avail themselves to the full benefits of our health care services? How do these services and the way they are delivered improve the quality of health care and how will they improve the quality of life of the people who receive them? I think, the following areas will need immediate attention.

1. Reforming the NHI Program.

Since the implementation of the NHI, we have made great progress in providing near total population with equal access to health care. Although there is high public satisfaction towards this program, the rapid growth of health expenditure has forced us to encounter greater financial difficulties. Therefore, reforming the current system is an immediate task for me. To guarantee the rights of the public to appropriate health care and ensure the lasting management of the program, I have established a task force to evaluate the program and to propose, within six months, solutions for both the short-term and long-term strategies. The plans being considered now are global budget system, DRGs and medical expense account.

2. Seeking Efficiency and Quality of Health Services

Although Taiwan has already had a higher quality of health care compared with other countries, we still need to review the quality and effectiveness of services provided, a need stemmed from a range of pressures. Most importantly, the rapid development of new diagnostic techniques and increase of treatment options in health, together with a finite allocation of resources for health spending compel us to rethink how the health services should be better provided.

3. Improving the care of the elderly

In the last decade, population aging has been universal; Taiwan of course is no exception. Since July 1998, the government has initiated a three-year plan for the long-term care of the elderly. Firstly, we will set up a consolidated service network and establish institutional care facilities to satisfy the increasing needs of long-term care. Secondly, for those who can care for themselves, we have integrated and strengthened the community-based care facilities and trained more workers for long-term care. Thirdly, we will set up a system of accreditation to ensure the quality of long-term care establishments. Fourthly, to ensure better quality of life for the elderly, we plan to implement an universal immunization program of influenza and pneumococcus vaccination. Meanwhile, we will also focus on issues such as public education on long-term care and seek support of other related organizations. We hope to maintain a comprehensive and continual long-term care system through those plans.

4. Promoting International Cooperation

In the coming millennium, it becomes increasingly imminent to promote international cooperation, to exchange information, to share medical care technologies, and to research and train for the global promotion of human well-being. But what is more important is for those who have to help those in need; to work hand in hand with each other to promote the health and welfare of all people of the world. There is a good lesson to be learned in the September-21 earthquake. A total of 728 rescue workers from 21 countries came to help us. Love and dedication of those people transcended national boundaries and political beliefs. It once again demonstrates that caring has nothing to do with politics, race or gender. People of Taiwan will never forget their help and will always remember the compassion and courage they displayed in helping us endure and hope through our darkest hours. Therefore, we are grateful and sincere to reciprocate to the international community for what we have received from the world.

In Conclusion

While seeking better health for people in a changing society in Taiwan in the past decades, we believe we are capable and willing to share with other countries our successful experience in this and areas such as malaria eradication, hepatitis control, family planning, primary health care, national health insurance, health care information and others. We are also prepared to share with other countries our resources and experience in funding, technologies, manpower, vaccines, and medical resources. Today, I am very happy to have this opportunity to meet with you and tell you about our continuing commitments and willingness to share and cooperate with international society. I hope we could exchange and discuss our common future directions and I hope we could work together to realize the goals of Copenhagen Commitments. I thank you for your attention and wish you very best and good health.

【附錄八】

2002年致WHO執行長Dr. Brundland信

Dear Dr. Brandtland:

I am writing as a father. as a pediatrician, medical professor . president of a university and as the Minister of Health of Taiwan to seek your assistance in realizing Taiwan's aspiration to become an observer at the 55th world Health Assembly in Geneva Specifically, we hope that you would extend an invitation to Taiwan to join the health organization as a public health entity . Such an approach I believe would minimize the procedural difficulties in issues of sovereignty and statehood. It would also effect「the enjoyment of the highest attainable standard of health … without distinction for race, religion, political belief, economic or social condition」 for the 23 million individuals in Taiwan.

As a father of three daughters and grandfather of a lovely granddaughter, I can't emphasize enough the importance of good health. My wife and I had been privileged to have raised my family in the United States of America where we enjoyed the best of care without ever giving it a thought. Now as the Minister of Health of Taiwan I work hard to provide the 23 million Taiwanese as best as the care my family had received in the States. Yes we have competent medical professionals, advanced research and the newest equipment at medical centers, but good health requires more. We all need globally concerted health promotion, disease prevention, and relief efforts for the less fortunate and less healthy neighbors.

As a pediatrician and medical professor, I am proud of what Taiwan has achieved in taking care of young Taiwanese. They have prenatal screenings, universal immunization programs, hepatitis B vaccination at birth, free medical care through age 6, and comprehensive programs in nutrition, child development and mental health. What we have done for our children can casily be taught and transferred to the less developed areas, either on site or at free workshops. But at the same time, we need protect our young from alien diseases borne through the international routes, again with the help from the World Health organization under your leadership.

As an educator and a president of a university, I keenly realize the importance of information sharing among institutions worldwide for teaching and research advance and for up-to date medical findings and life-saving procedures. Our absence has hindered its retrievals directly from the WHO. Only through indirect and personal channels could we receive the needed information, yet untimely and incomplete.

As the Minister of Health of Taiwan , I have the honorable obligation to look after the health of my people. Taiwan was forced to withdraw from the WHO in 1972 where it as the Republic of China had been a founding member for 24 years, but Taiwan continues to abide by the WHO principles. Crucial disease prevention and control depend upon effect health surveillance networks of global scale, in which no single entity should be left out like a discriminated soul among a sea of multitudes. Taiwan is one such. Any outbreak anywhere would not be controlled and contained in the most efficient ways without the inclusion of 23 million Taiwanese.

The absence also prevented Taiwan from participating in many institutions such as the FAO/WHO Codex Alimentarius Commission. The recent 911 tragedy and the anthrax cases in the United States have reminded the whole world anew the ever presence of violence and bioterrorism.

Taiwan is a place of free and mature democracy, ranked 14th in trading and 21st in economic entity, and by population, above three quarters of the 191 WHO members. With US $14,000 per capital income, with the third largest foreign reserve in the world, Taiwan certainly has the capacities to contribute to the less fortunate peoples in the world. But as Taiwan still needs help from the World Health Organization, Taiwan has already been giving.

Taiwan has pledged to the AIDS Fund. Taiwan's official and non-governmental contributions since 1995 have totaled over 100 million US dollars to 78 countries and to non-governmental organizations. Most recently, for the 911victims, the Taiwan Tzu Chi Foundation volunteered manpower, gave out relief funds, goods and cash donation of over $ 1 million to the New York City. During the antiterrorist war, Taiwan delivered over $17 million to the Afghanistan relief, including the medical supplies, trucks, and other relief goods from the NGO Taiwan Tzu Chi Foundation. But the health professionals and volunteers have risked their life on site because they cannot expect protection from international organization.

Taiwan has also provided experts and scientists since the 60s when the WHO, the UNICED, the US AID and the Rockefeller Foundation successfully helped Taiwan to eradicate malaria, control the birth rate, prevent tuberculosis and promote general health. The Taiwan experience in the birth control, hepatitis B prevention, research and training, and the public healthcare can be used to make healthier the other areas in the world.

For healthcare universality, the Taiwan Health Insurance Program covers 97%, with a 70% approval, of its population. The Economist Intelligence Unit of London ranked in Year 2000 Taiwan'5 health care second only to that of Sweden. Taiwan has shown to the world a feasible way of fulfilling the WHO promise of 「health for all.」

Since Taiwan's first trial in 1997, many nations began to have a better understanding of the nature of Taiwan's strivings. During the World Health Assembly at Geneva in May 2001 , US Secretary of Health and Human Services Tommy Thompson stated publicly the United State's support to Taiwan's participation in the World Health Organization on May 28, 2001 and on April 4, 2002, President Bush signed into a law in support of Taiwan's participation as an observer. Recently, Secretary Thompson restated his support for an observer status for Taiwan.

In Europe, many voices were raised around the capitals echoing Taiwan's rights to health EU Parliarnent passed in March 2002 a resolution in favor of Taiwan. The medical professionals also stood up to call for their governments' actions to support Taiwan. For examples, the Standing Committee of European Doctors and the Council of World Medical Association respectively in September and October 2001 passed resolutions to endorse Taiwan's observer Status at the WHA.

Taiwan's application does not challenge the political reality nor imply any political maneuvers. I sincerely hope that I have convinced you that Taiwan's quest is just and humble, and that it is right to grant Taiwan's 23 million individuals due representation as a public health entity at the WHA. The WHO Constitution emphasizes that the health of all peoples is fundamental in the attainment of peace and security and is dependent upon the fullest cooperation of individuals and states, because, as Shakespeare says, 「A touch of nature makes the whole world kin.」

I thank you very much for your time. I would be honored if I be granted the opportunity to personally discuss this matter with you in greater details at a mutually convenient time.

With best regards, I am

Respectfully yours,

Ming-liang Lee, MD, PhD

【附錄九】

2005年世界小兒科醫學會演講詞
Child Health Care in Taiwan

Child health care in Taiwan has gone through major transformations in the past few decades, especially after the implementation of the national health insurance program（NHIP）. The neonatal mortality rate has reduced from 16.7 to 3.4 per 1,000 live births, and the infant mortality rate, from 39.9 to 5.9. The pattern of the cause of death has also changed from infection-related illness to accidents and congenital anomalies.

Currently, the child health care in Taiwan is provided through the following three mechanisms: National Health Insurance, public health system and the Ministry of Interior Affair.

1. National health insurance: National health coverage started eight years ago, in 1995. Before then, even though Taiwan had three insurance programs—laborer's, civil servant's, and farmer's— none covered the children. Thus more than 90% of children were unprotected, in either in-patient or out-patient care. Now with the national insurance program in effect, virtually 100% of children are covered. The insurance overages include:

   a. Preventive medicine, such as prenatal care of 10 prenatal visits for each pregnancy with diagnostic testing for thalassemia carrier, hepatitis B antigen, Rubella antibody, and one fetal ultrasound examination ; six free medical visits from birth to age four; and when necessary, early intervention and/or early treatment is offered.

b. Routine medical care of in-patient and out-patient with minimal cost to the family, 10-20% of co-payment. The co-payment is cupped at a very reasonable amount per visit, per hospitalization and per year. Ambulatory care is cupped at 6.0 U.S.$; prescription, at $5.6; diagnostic test, at $8.5; hospitalization at $676 per admission, and $1,127 per year.

c. A group of diseases, consisted of more than one hundred clinical conditions, each heavy in burden, chronic in nature, are classified as 「Catastrophic Illnesses/Injuries」. The diseases in this category are, for example, cancer, congenital anomalies, psychiatric disorders, mental retardation and genetic disease. No co-payments are required for those patients, hospital or doctor's visits. Government takes full responsibility of their care, including provisions of orphan drugs for rare diseases. Neither co-payments are required for the preventive service or for low-income families.

d. As can be expected, child health cares improve tremendously. Recent studies have shown that 「avoidable」 deaths in 0-14 year age group decrease dramatically after the implementation of the national health insurance program.

2. The second major force coming into play in Taiwan child care is the public health system, operated through agencies of the central government such as Center for Disease Control and Bureau of Health Promotion. The following public health services are provided:

a. Free vaccinations: These include routine pediatric vaccinations such as polio, diphtheria, pertussis, tetanus, BCG, mumps, measles, rubella and Japanese Encephalitis. In 1984, started with newborns of carrier mothers, Taiwan started nationwide neonatal vaccination against Hepatitis B virus, first in the world, resulting in a dramatic decrease in Hepatitis B virus carrier status from more than10% to 0.7%, and the pediatric liver cancer almost completely disappeared from our medical practice. Chickenpox vaccination will begin in this summer, but Haemophilus influenzae b vaccination is still under evaluation.

b. Early detections of diseases, which include prenatal screening for congenital anomalies, screening of neonatal metabolic diseases, and of child development for nursery and kindergarten children.

c. Implementations of accident prevention programs to improve home safety, school safety and public safety. All the works were done with the joint efforts of multiple organizations, most supported by the government and coordinated by our Bureau of Health Promotion. The projects have close consultation with experts from WHO.

d. Public health education: One of the government's responsibilities in our health care system is health education. Each township has at least one health station, each led by a physician, staffed with nurses, and public health workers. Together they carry out the necessary basic health educations, particularity for children and mothers. Home visit, community health education, school classes are routinely performed.

3. Health care for indigent children: Beside the above health care system（health insurance and public health system）, there still are missing links in our child

care network. Those are then picked up by the Division of Social Welfare and Bureau of Children of the Ministry of Internal Affairs（MIA）. Since 2002, all the co-payment（for ambulatory visit and hospitalization）for children under age three are absorbed by the government. For low-income families, insurance premiums are also exempted. The MIA is also responsible for survey, reporting and referral of the indigent.

Though much progress has been made, a great deal still needs to be done. Our teenage pregnancy is increasing, and smoking age among the youth, decreasing. Death due to accidents is now the number one cause of death for children in Taiwan. We need to pay much more attention to this. More and more children are overweight; obesity and its related problems are becoming our top medical problem. Our IDS （integrated delivery system） needs to be further improved, especially in the remote areas.

Some experiences we may share with our friends. Good prenatal care insures good start of life. We offered ten free prenatal visits and six free medical visits after birth, including free vaccinations and nutritional advices, both very effective ways of health promotion. We believe screenings of oral health, hearing deficit and visual acuity in kindergarten and nursery are also cost-effective measures.

Few areas we may suggest for international cooperation for child health care. Taiwan has a rather sophisticated newborn screening facilities and more than enough capacities. Our experience in vaccinations, especially in Hepatitis B vaccination, can be of help to others. Many public health workers from a number of countries have been trained in Taiwan, and we certainly can continue on this. In the past decades, Taiwan received great many of helps from other countries to have made our current situation possible, thus we are indeed very grateful to those who helped us. We will be honored to be given the opportunity to reciprocate to our friends.

【附錄十】

2011年第27屆亞太聯合醫學會（CMAAD）演講詞

From Recipient to Donor: How Taiwan Transformed its Healthcare System（10th Takemi Oration）

Taiwan is an island, located in the center of the western Pacific rim, south of Japan, north of the Philippines, with population of near 23 million. The island has an area of 36,000 square kilometers, 80% of which is mountainous. Population density is very high, 640/km2, and is much higher on the west coast.

In the past half century, Taiwan has gone through remarkable societal transformations in economics, politics and health care. Judging by the life expectancy, infant morality rate or per capita income, Taiwan can now be considered a developed country. Though we cannot identify which reform precedes the others, a healthy population in a healthy community certainly is a basic stabilizing force of the transformation. It worths mentioning that in year 2000, the Economist Intelligence Unit（EIU）of London ranked the healthiest counties of the world. Many health indicators were used. The results showed Taiwan as No.2 in the ranking, second only to Sweden.（Canada ranked No.3, Japan 4, France 6, UK12 and USA 20）

Public healthcare development actually started about 100 years ago when the Japanese took over the island after the Sino-Japanese War at the end of the 19th century. Due to economic constraints through and immediately after World War

II, public healthcare development had been somewhat limited. It was not until the 1950's that we began to see the transition take place. With economic reforms, which elevated per capita income from 800 US dollars to more than 20,000, and ushered in a fully democratic society, Taiwan's health care system has also gone through a fundamental transformation. Life expectancies at birth increased from 57 to 75 years for male, and from 60 to 80 for females. Other demographic shifts accompanied the changes: infant mortality rate had been reduced from 44.7 to 6.1 per 1000 live births, and maternal mortality rate dropped from 125 per 100,000 to 7.9- a 95% reduction!

Medical facilities and personnel have greatly improved as well. Before, there was only one medical institution in the country with only one medical center. The majority of babies were born by nonqualified 「helpers,」 only 3% by doctors. Now we have 12 medical schools, 20,306 medical care institutions and 20 sophisticated medical centers through out the country. Currently Taiwan has 38,000 physicians, 11,500 dentists, 30,000 pharmacists, and 125,000 nurses, which translates to one doctor for 536 people, one dentist for 2,037 , one pharmacist for 1,400 and one nurse for 184. Hospital capacity has become very sufficient, more than 30 beds for every 10,000 people, and a vast majority of babies are born by doctors in the hospital, the main reason for the reduction of more than 95% of the maternal mortality rate.

Significant epidemiological transition also took place. Supported with the WHO funds and working with WHO experts, Taiwan Malaria Control Institute was established in 1948; Mosquito Control Program implemented in 1952 and DDT spraying was carried out from 1954-1956, resulting in drastic reductions of the parasite infection rate from 10% in 1954 to 0.0006% in 1957. In 1956, of the 7.8 million people in the country, 1.2 million had suffered from malaria, but 10 years later, none were reported. WHO thus declared in 1965 Taiwan a malaria-free country, a successful example of international cooperation.

Other communicable diseases were eradicated one after the other: pest in 1953, smallpox in 1955, rabies in 1959, and diphtheria and poliomyelitis both in 1982. No typhoid epidemic was recorded after 1970. Hepatitis B infection was a leading cause of liver cancer in Taiwan then, with carrier rate of more than 10% of the population. Therefore in July 1980, Taiwan started a nationwide free neonatal vaccination program that within 15 years effectively lowered the carrier rate to less than 1%, and closer to the target of 0.1% in year 2010. Childhood liver cancer has thus almost disappeared from the medical scene.

Controls of infectious disease indeed quickly changed the pattern of leading cause of death in Taiwan. Infection-related diseases, especially gastrointestinal and respiratory illnesses, used to lead the causes of death; now the leading causes are adult-onset chronic degenerative diseases such as cancers, cardiovascular illness, hypertension and diabetes, a pattern similar to those of other developed countries.

How did we achieve these? Are there any lessons that can be distilled from Taiwan's experience?

First, health issues have to be recognized and signified as an important factor in societal development, by the public and political leaders. Health care developments need to be on the national agenda with full political support in order to generate the social mobilization. Accordingly the Communicable Disease Control Act was passed in 1946. Family Planning was included in National Economic Plan in 1965. Soon after, Regulation Governing the Implementation of Family Planning in Taiwan and The Outline of Population Policy were enacted in 1968 and 1969, respectively; Malaria Control Act, Medical Act, Health Education Act, and Water Clean Act were enacted in 1966, 1967, 1967, and 1973 respectively; and Water Pollution Prevention Law, in 1973. Many other laws and regulations were also implemented.

It should be mentioned that in the 1940's, after years of Chinese Civil War, the National Government retreated from mainland China to Taiwan with 6 million immigrants, one tenth of which were armed forces. The defense overburdened the country. Furthermore, Taiwan was forced to leave WHO in 1972, followed quickly with cessations of most, if not all, of the international aid. Under such adverse circumstances, national awareness, political determination and self-sufficiency became the most fundamental of all.

Second, public-health-based infrastructure was built and became the foundation of the development of health care system. Laurie Garrett in her book 「Betray of Trust—The Collapse of Global Public Health」elegantly pointed out that a sound public health system is vital to societal stability and development. Our basic infrastructure was very simple and direct: at least one health station/unit in every township,「Hsiang」, to bring health services as close to the people as possible. All together 368 stations were established, each led by a physician, staffed with nurses, a public health worker, a midwife, a laboratory technician, a sanitation worker, and administrative staff. The station provided primary health clinic, vaccination, maternal and child care, family planning, school children nutrition, environmental and epidemic control, and most importantly, health education emphasizing on disease prevention rather than disease treatment. Rapid eradications of communicable diseases must unquestionably be credited to the health workers at those stations.

The infrastructure alone is not enough. Systemic public health manpower development was another key to the success. With the help from WHO, UNICEF, JCRR, ABMAC, Rockefeller Foundation Population Council of NYC, hundreds of community health workers and 「neighborhood」 nurses （each covered about 500 families） were trained. Institute of Public Health, National Taiwan University, was first established in 1954, and several similar institutes such as Taiwan Malaria Institute followed. In less than a decade, hundreds of public health leaders and workers were trained, more than 400 of them abroad. Another important organization was the International Training Center for Family Planning, established in 1969, which effectively checked and controlled the population explosion of the country, providing a sound basis for societal reformation. Our family planning program has thus been ranked number one in the world three times in a row, as evaluated every five years by Population Crisis Committee of the Washington DC in 1987, 1992, and 1997.

After the basic healthcare infrastructure was built, efforts were made to guarantee universal healthcare coverage. Health insurance for laborers and civil workers was implemented around 1960, farmers insurance in 1985, and insurance for low income people in 1990. But most significant of all, the national health insurance program was implemented in 1995, covering more than 96% of the total population and successfully enjoying more than 70% popular approval. Healthcare service in Taiwan was recently ranked second among developed countries by Economist Intelligence Unit of UK, in December 2000, Sweden being the first.

Finally, perhaps most important of all, Taiwan has received significant aid from various international organizations, for which we are indeed very grateful. The aforementioned health stations were largely funded and professionally assisted by Sino-American Joint Commission of Rural Rehabilitation（JCRR）（1950-1959）. Before then, Rockefeller Foundation and Chinese Agriculture Rehabilitation Committee helped build Taiwan Malaria Control Institute（1948）; WHO, Mosquito Control Program（1952）and DDT spraying program（1954-1956）; UNICEF, WHO, University of Michigan, and NYC Population Council assisted Maternal and Child Health Center（1952）and Maternal and Child Research Center（1959）, just to mention a few. Without international assistance,

Taiwan's health transformation would not have taken place.

In January 2000, under the directorship of Dr. Brundtland of WHO, a 「Commission on Macroeconomics and Health」 was established, headed by Professor Jeffrey Sachs of Harvard University. The report was released in December 2001, in which it asked rich countries to increase the aid of extra 0.1% of their GDP, totaling 38 billion US dollars a year by 2015, an initiative we applaud. But we further believe that 「good donors」 alone are not sufficient; to succeed one needs to have 「good recipients」 as well. Taiwan is one such excellent example of a good recipient. In the past decade, Taiwan donated 120 million US dollars in humanitarian and health aid to 78 countries. Right now we have four medical teams working in Africa. We have helped train public health leaders from 27 countries in Africa, Central America and South America. Over the past half century, Taiwan has gained enormous experiences as good recipients working together with good donors. We are now ready to reciprocate, help the needy, and become a good donor.

In conclusion, Taiwan in the past half century has gone through a major societal transformation, from an under-developed country to a developed country with a full democratic society. It has healthy people in healthy communities, most of these achievements assisted by international organizations, for which we are very grateful. Though we are facing new hosts of health problems such as caring for an aging population, new infectious agents and dealing with mental health problems brought on by the new society, we believe, with good will and close international collaborations, we can jointly take up the challenges not only in Taiwan, but also in many other areas around the world.

輕舟已過萬重山：四分之三世紀的生命與思想
Thus Skimmed the Sail Through A Thousand Folds
Ming-liang Lee: My Life and Thoughts

作　　者—李明亮（Ming-liang Lee）

出 版 者—心靈工坊文化事業股份有限公司
發 行 人—王浩威
總 編 輯—王桂花
執行編輯—周旻君
美術編輯—黃玉敏

通訊地址—106 台北市信義路四段53巷8號2樓
郵政劃撥—19546215
戶名—心靈工坊文化事業股份有限公司
電話—02）2702-9186
傳真—02）2702-9286
Email—service@psygarden.com.tw
網址—www.psygarden.com.tw

製版·印刷—彩峰造藝印象股份有限公司
總經銷—大和書報圖書股份有限公司
電話—02）8990-2588
傳真—02）2990-1658
通訊地址—242台北縣新莊市五工五路2號（五股工業區）
初版一刷—2013年11月
ISBN—978-986-6112-85-0
定價—450元

國家圖書館出版品預行編目（CIP）資料

輕舟已過萬重山：四分之三世紀的生命與思想／李明亮作. -- 初版.
-- 臺北市：心靈工坊文化，2013.09
　　面；公分（Master；42）
　　ISBN 978-986-6112-85-0（平裝）

　　1. 生命史　2. 回憶錄

783.3886　　　　　　　　　　　　　　　　　　102018758